Mannheimer Geschichtsblätter

Herausgeber
Prof. Dr. Hermann Wiegand
Prof. Dr. Alfried Wieczorek
Dr. Ulrich Nieß
Dekan i. R. Günter Eitenmüller

Vorwort der Herausgeber

„Zum Sehen geboren, zum Schauen bestellt" läßt Goethe einen Türmer sagen. Und tatsächlich ist der optische Sinn des Menschen dank gewisser physiologischer Gegebenheiten sein ausgeprägtester. Welche Erkenntnisse bloßes, aber genaues Betrachten von Details bringen kann, zeigen etwa die Beiträge über winzige Veränderungen an Münzbildern oder über die Graffiti an altägyptischen Monumenten, ganze Geschichten lassen sich daran ablesen.

Sorgfältiges Hinsehen gehört auch zum Arbeitsinstrumentarium von Restauratoren und Denkmalpflegern, mit entsprechenden Gerätschaften dringt ihr Blick weit unter die Oberfläche der Dinge vor. Was dort zu erkennen ist, berichten Aufsätze über Objekte aus den Sammlungsbeständen der rem und über historisch und stilistisch bedeutsame Wohngebäude in Mannheim.

Die jüngsten aus der Autorenschaft, drei Schülerinnen des Mannheimer Lessing-Gymnasiums, sahen sich ebenfalls um, nämlich in der Vergangenheit ihrer Schule. Dies führte zum Nachfragen und letzendlich zur anrührenden Dokumentation des Leidensweges eines ehemaligen Lessing-Schülers.

Möge ein Blick in diesen Band Ihnen Erkenntnisse und Freude bringen, Sie vielleicht auch zum Nachfragen anregen.

Ein gutes Jahr 2016!

Mannheim, im Januar 2016

Prof. Dr. Hermann Wiegand — Dr. Ulrich Nieß

Prof. Dr. Alfried Wieczorek — Dekan i. R. Günter Eitenmüller

Editorial

MAV-Wissenschaft

Fördererkreis für die rem

In Memoriam

ISG-Report

rem-Wissenschaft

rem-aktuell

Impressum

Adelbert Düringer (1855-1924)
Privatbesitz

Thomas Wirth

Adelbert Düringer (1855-1924)

Im August diesen Jahres jährt sich der Geburtstag eines gebürtigen Mannheimers zum 160. Mal, an dessen Leben und Werk die Geschichtsschreibung der Rechtswissenschaft weitgehend vorbeigegangen war. Zu Unrecht, wie ich meine, denn Adelbert Düringer hat die Entwicklung des deutschen Rechtslebens im ersten Quartal des 20. Jahrhunderts nicht unerheblich mit beeinflusst. Die Schwerpunkte seiner Arbeit lagen dabei zunächst in den Bereichen des Handelsrechts und der Rechtsphilosophie. Als Abgeordneter der Weimarer Nationalversammlung hat er aber auch großen Einfluss auf die Gestaltung der Grundrechte der Weimarer Verfassung ausgeübt.

Am 11. August 1855 erblickte Adelbert Düringer als Sohn des Küfermeisters und Weinhändlers Heinrich Eduard Düringer und seiner Ehefrau Margarete, geborene Gräber, in Mannheim das Licht der Welt. Er wurde evangelisch getauft. Sein Elternhaus stand im Quadrat L 4,4 und war, bevor es der Vater im Jahr 1845 gekauft hatte, in der kurfürstlichen Zeit das niederländische Gesandtschaftshaus gewesen.

Die Schulzeit verbrachte Adelbert Düringer in München, wo er 1873 am Ludwigsgymnasium das Abitur ablegte. In Straßburg nahm er im Herbst 1873 das juristische Studium auf, wechselte zum Wintersemester 1874/75 nach Bonn und belegte dort unter anderem die rechtshistorischen Vorlesungen von Roderich von Stintzing. An der Universität Heidelberg hörte er im Sommersemester 1876 die Völkerrechtsvorlesungen des liberalen Staatsrechtlers Johann Caspar Bluntschli, bevor er zur Fortführung seines Studiums wieder an die Universität Straßburg wechselte. Seine Doktorprüfung legte Düringer am 4. Juni 1880 an der Universität Heidelberg unter dem Dekanat von Prof. Renaud mit der Note summa cum laude superato ab.

Im Oktober 1884 heiratete Adelbert Düringer Lina Heuß aus Eberbach am Neckar. Der Ehe entstammten zwei Töchter, Emma und Grete.

Nach der praktischen juristischen Vorbereitungszeit begann Düringer 1884 seine Laufbahn im großherzoglich-badischen Staatsdienst als Amtsrichter in Wolfach im Schwarzwald. Seit 1888 war er Richter in Mannheim und übernahm dort den Vorsitz einer Kammer für Handelssachen.

Mit seiner Beförderung zum Vorsitzenden einer Kammer für Handelssachen 1892 begann seine intensive Beschäftigung mit dem Handelsrecht, die reichhaltige Früchte tragen sollte. Schon als Amtsrichter hatte Düringer durch die ihm zeitweise obliegende Führung des Handelsregisters seine Kenntnisse des Wirtschaftslebens über den rein juristischen Teil hinaus zu erweitern gewusst. Im Herbst 1895 wurde er in die „Kommission zur Begutachtung des Entwurfs eines neuen Handelsgesetzbuches" nach Berlin berufen. Düringer bekam dabei einen Einblick in die Tätigkeit des Gesetzgebers und erkannte am Beispiel des HGB in den Erfordernissen des täglichen Lebens den vorwärtstreibenden Faktor und die Legitimierung des Rechts. Hier wurde der Keim gelegt für die Entstehung des großen HGB-Kommentars, den er seit 1897 zusammen mit Max Hachenburg herausgab.[1] Es war Düringers Idee gewesen, das Handelsrecht unter besonderer Berücksichtigung des bürgerlichen Rechts zu kommentieren und eine Verbindung der beiden Rechtsgebiete herauszuarbeiten. Hachenburg berichtet in seinen Lebenserinnerungen, dass Düringer eines Tages bei ihm erschienen sei und ihm den Vorschlag gemacht habe, einen solchen Kommentar gemeinsam zu erarbeiten. Darauf sei er freudig eingegangen.

Das neue Handelsrecht baute auf dem neuen bürgerlichen Recht auf. Gemäß Art. 2 EGHGB waren seine Bestimmungen durch die des BGB zu ergänzen, weshalb sich Düringer und Hachenburg zum Ziel setzten, auch die Kommentierung des Handelsrechts auf der Basis des BGB vorzunehmen, die Zusammenhänge aufzuzeigen und durch die Ergänzung dieses aus jenem ein einheitliches Recht darzustellen. Die Methode der Bearbeitung stieß auf einstimmiges, teilweise begeistertes Lob, dem Werk wurde überragende wissenschaftliche Bedeutung bescheinigt. Es dauerte nicht lange, bis der „Düringer-Hachenburg" vor den Staub'schen Kommentar zum HGB auf den führenden Platz gerückt wurde und für viele Jahrzehnte der führende Kommentar im Handelsrecht bleiben sollte.

Nach einer Zwischenstation am Oberlandesgericht in Karlsruhe war Düringer von 1902 bis 1915 am höchsten deutschen Gericht, dem Reichsgericht in Leipzig tätig. Er war dort besonders mit Fragen des Wirtschaftsrechts und des gewerblichen Rechtsschutzes befasst. Sein Senat wandelte sich zum Patentsenat und arbeitete an der Novellierung dieses Rechtsgebietes. Die Arbeit als Reichsgerichtsrat füllte ihn jedoch nicht vollständig aus. Über seinen HGB-Kommentar hinaus begleitete und forcierte Düringer die Ausgestaltung und Konkretisierung des Handels-, Wirtschafts- und Patentrechts mit zahlreichen Veröffentlichungen in den verschiedensten juristischen Zeitschriften. Seit 1907 gab er die Leipziger Zeitschrift für Handels-, Konkurs- und Versicherungsrecht heraus.

Dem 28. Deutschen Juristentag 1906 in Kiel erstattete Düringer Bericht mit dem Thema: „Empfiehlt es sich, die Verantwortlichkeit der Mitglieder des Aufsichtsrates einer Aktiengesellschaft genauer zu bestimmen?" Er äußerte sich oft aufgrund der Anfrage von Fachzeitschriften zu Gesetzentwürfen, die dem Reichstag zur Beratung vorlagen, und beurteilte ebenso fachmännisch schon verabschiedete, das Wirtschaftsleben berührende Gesetze sowie im Handelsverkehr allgemein übliche Vertragsklauseln.

Neben dem Wirtschaftsrecht beschäftigte sich Düringer auch mit den philosophischen Grundlagen des Rechts, mit dem Ethos des Richterberufs und der Modernisierung von Rechtslehre und -praxis. Dies führte ihn in eine Interpretation und Umsetzung des neuen deutschen Rechts maßgeblich mitgestaltende Diskussion zwischen Positivisten und „Freirechtlern".

Mit zwei kleinen Bändchen über Recht und Moral bei Friedrich Nietzsche[2] hatte er die Aufmerksamkeit vieler auf sich gezogen, die zu Beginn des Jahrhunderts nach neuen Methoden in der Rechtswissenschaft suchten und sich von Positivismus und Begriffsjurisprudenz lösen wollten. Juristerei um ihrer selbst willen war Düringer zeit seines Lebens zuwider. Er versuchte stets als Mittler zwischen Wissenschaft und Praxis zu wirken und betrachtete als Rechtfertigung jeder wissenschaftlichen Diskussion ihre Ausrichtung auf und ihren realen Nutzen für das tägliche Rechtsleben.

Unter diesem Aspekt hatte sich der Leipziger Richter auch an der Planung und Entstehung des „Reichsgerichtsrätekommentars" beteiligt. Dieser sollte, von Praktikern für die Praxis verfasst, eine möglichst zuverlässige und präzise Darstellung der reichsgerichtlichen Rechtsprechung und damit auch der darin verarbeiteten wissenschaftlichen Erkenntnisse sein.

Um die am Anfang des 20.Jahrhunderts aufgekommenen und inzwischen fast alle Bereiche des Rechtslebens ergreifenden Auseinandersetzungen um die Erneuerung des Rechts in eine Bahn zu lenken, in der sie möglichst effektiv fortgeführt werden könnten, gründete Düringer 1911 zusammen mit dem damaligen Präsidenten des OLG Jena, Viktor Börngen, und drei weiteren Juristen den Verein „Recht und Wirtschaft". In diesem „Verein zur Förderung zeitgemäßer Rechtspflege und Verwaltung", so der Untertitel, sollte durch das Zusammenwirken von Juristen und anderen Berufsständen die Möglichkeit geschaffen werden, das gesamte Rechtsleben „in Einklang zu bringen und zu erhalten mit dem gewaltigen Aufschwung der Entwicklung, den unser Volk fast auf allen geistigen und wirtschaftlichen Gebieten in den Letzten Jahrzehnten genommen hat". Aktive Vereinsmitglieder und Mitarbeiter der vereinseigenen Zeitschrift „Recht und Wirtschaft" waren unter anderem Erich Kaufmann, Heinrich Triepel und Hermann Kantorowicz. Düringer lenkte die Geschicke des Vereins von 1914 bis zu dessen Auflösung 1923 als Erster Vorsitzender.

Im Oktober 1915 kehrte Düringer vom Reichsgericht an das Oberlandesgericht Karlsruhe zurück – als dessen Präsident. Es blieb ihm jedoch kaum Zeit, sich in seiner neuen Stellung richtig einzuarbeiten. Schon zwei Jahre später, am 22. Dezember 1917, ernannte ihn der Großherzog von Baden Friedrich II. zum Minister des großherzoglichen Hauses, der Justiz und des Auswärtigen. Die Kriegszeiten haben es verhindert, dass unter Justizminister Düringer nennenswerte Gesetze entstanden sind. Als Minister des Auswärtigen jedoch war er zeitweise an der deutschen Kriegspolitik direkt beratend beteiligt. Denn im Bundesrat und im Ausschuss für die auswärtigen Angelegenheiten, an deren Sitzungen sich Düringer regelmäßig beteiligte, wurden die Berichte der obersten Heeresleitung besprochen und die Grundlinien der Außenpolitik mit festgelegt. Darüber hinaus wurde er über die politische Lage vom badischen Gesandten in Berlin regelmäßig informiert. Wenn Düringer auch im Bundesrat keine ausschlaggebende Rolle spielte, so kam ihm doch eine Aufgabe mehr persönlicher Art zu: Er war der Vertrauensmann des Prinzen Max von Baden und stand diesem besonders in den Tagen seiner Kanzlerschaft als Freund und Berater zur Seite.[3] Er erlebte so das Ende des Ersten Weltkrieges und damit den Untergang der Monarchie in Deutschland aus der Sicht der politischen Führung.

Am 10. November 1918 wurde Düringer mit seinen Ministerkollegen vom Großherzog in den einstweiligen Ruhestand versetzt. Er war bis dahin, wie fast alle Minister im Großherzogtum Baden, Mitglied der Nationalliberalen Partei gewesen. Er schloss sich jedoch nicht der Deutschen Demokratischen Partei von Friedrich Naumann an, da diese eine ausgesprochene Gegnerin der Monarchie und eine Verfechterin des republikanischen Gedankens war. Vielmehr war er selbst an der Gründung der deutschnationalen Volkspartei in Baden beteiligt und wurde zu deren erstem Landesvorsitzenden gewählt.

Nach dem Krieg versuchte Düringer, aus seiner Sicht die Ursachen der Niederlage aufzudecken.[4] Er fand sie vor allem in der politischen Unterlegenheit Deutschlands. Sowohl die politische Leitung als auch der diplomatische Dienst hätten versagt, und deren größten Fehler sah Düringer in dem Verlust des Kontaktes zum Volk, sowohl zum eigenen als auch zu dem der anderen Länder. Angesichts der großen Mängel der deutschen Vorkriegs- und Kriegspolitik war er zu einem Neubeginn auch unter veränderten Vorzeichen bereit. Das Volk musste in den politischen Prozess wieder miteinbezogen werden. Und dass sich die Fortsetzung von Politik mit diesem Anspruch allein auf der Basis von Parteien vollziehen konnte, war nach dem Umsturz bald offenkundig.

In der Wahl zur Verfassungsgebenden Nationalversammlung am 19. Januar 1919 wurde Düringer als einziger Abgeordneter der DNVP im Wahlkreis Baden nach Weimar entsandt. Dort konnte er sich bald als Mitglied des achten Ausschusses, der für die Vorbereitung des Entwurfs einer neuen Verfassung zuständig war, dieser vordringlichen und auch wohl wichtigsten Aufgabe der Nationalversammlung widmen. Düringer war gewillt, auf der Grundlage der neuen Verhältnisse mitzuarbeiten, selbst wenn das erklärte Ziel seiner Partei, nämlich die Wiedererrichtung der Monarchie, zunächst in weite Ferne gerückt war. Er hatte den Volkswillen, der sich für die Republik als neue Staatsform entschieden hatte, akzeptiert und wollte sich gegenüber dem Staat nicht nur loyal verhalten, sondern diesem Volkswillen auch zur bestmöglichen Verwirklichung verhelfen.[5]

In der Entscheidung für einen republikanischen Staat sah Düringer jedoch gar nicht das wesentliche Element einer grundlegenden Erneuerung. Für ihn vorrangig stand die Errichtung eines „deutschen Volksstaates". Und dies bedeutete die Ermöglichung einer entscheidungsgebenden Beteiligung des Volkes in allen öffentlichen Angelegenheiten. Ob unter monarchischer Spitze oder in republikanischer Form, ob als Einheits- oder als Bundesstaat, dies sei für den Begriff des Volksstaates nicht von entscheidender Bedeutung. Es komme allein darauf an, dem Volk zu ermöglichen, die Leitung seiner Angelegenheiten selber in die Hand zu nehmen.[6] Später zeigte sich Düringer sehr befriedigt darüber, dieses Ziel auch unter der republikanischen Verfassung erreicht zu haben: „Der demokratische Gedanke, die Herrschaft des Volkes oder vielmehr der Mehrheit des Volkes, die Herrschaft des Parlaments ist in dieser Verfassung in einer Weise durchgeführt, wie in keiner anderen Staatsverfassung der Weit. Wir haben die demokratischste Verfassung aller Staaten."[7] Düringer hatte die Republik akzeptiert. Er hatte nicht starr an dem Programm seiner Partei festgehalten, sondern sich konstruktiv an dem Aufbau einer neuen Verfassung beteiligt, wenngleich diese von seinen Idealvorstellungen teilweise beträchtlich abwich. Er hatte jedoch bald erkannt, dass sie in der Lage sein würde, die bestehenden Umstände zu ordnen und den angestrebten Volksstaat zu verwirklichen. Und dies auch ohne einen Monarchen an der Spitze.

Neben seiner Arbeit in Nationalversammlung und Reichstag, in den er 1920 und noch einmal 1924 gewählt wurde, war Düringer auch stark in die innerparteilichen Diskussionen der DNVP eingebunden. Als Mitglied des gemäßigten Flügels der Partei wurde er zunehmend von den Völkisch-Radikalen angegriffen, was ihn im September 1922 nach dem Mord an Außenminister Rathenau zum Übertritt in die Deutsche Volkspartei veranlasste. Zuvor war es mehrmals Düringer gewesen, der in den für die DNVP schwierigen Situationen die Parteipolitik vor der Öffentlichkeit rechtfertigen musste. Nach Beendigung des Kapp-Putsches versuchte Düringer, der eine gewaltsame Veränderung der Verhältnisse immer ausdrücklich abgelehnt hatte, der Regierung eine Mitschuld an den Geschehnissen nachzuweisen, da sie ihre Macht durch Verzögerung der versprochenen Neuwahlen unrechtmäßigerweise zu lange ausgeübt habe. Ob er als Redner vor der Nationalversammlung völlig freiwillig in dieser Weise argumentierte, mag hier noch offen bleiben. Zumindest repräsentierte er mit dieser Ansicht weite Kreise des deutschen Bürgertums. Darüber hinaus war er der einzige DNVP-Parlamentarier, dem die anderen Parteien der Nationalversammlung in seiner expliziten Ablehnung der Gewalt nicht Heuchelei vorwarfen. Auch nach dem Mord an Außenminister Walther Rathenau sah Düringer sich wiederum in der Situation des von allen Seiten Angegriffenen. In seiner Rede vor dem Parlament focht er gegen das ursprünglich ausschließlich gegen rechts gerichtete „Gesetz zum Schutz der Republik" und war dabei zeitweise der einzige im Plenarsaal der Nationalversammlung geduldete DNVP-Abgeordnete.

Schon im März 1919 war sich Düringer bewusst geworden, dass Teile der DNVP versuchten, ihn „endgültig auszuschalten und kalt zu stellen". Es bedurfte nämlich einiger Anstrengungen seinerseits, um für die Partei in den Verfassungsausschuss gewählt zu werden und vor der Nationalversammlung während der Verfassungsberatungen das Wort ergreifen zu können. Er schrieb in einem Brief, dass weite Teile der DNVP „einen anderen Geist" als er hätten. Und trotzdem ließ er sich für die Reichstagswahl 1920 noch einmal von den Deutschnationalen aufstellen. Er hoffte nämlich, dass Besonnenheit und Gerechtigkeit in der Partei doch noch einkehren würden. Erst als er sich in dieser Hoffnung getäuscht sah, trat er im Herbst 1922 in die Deutsche Volkspartei über.

In der Parteiarbeit der DVP, für die er auch 1924 nochmals in den Reichstag einzog, trat Düringer kaum noch hervor. Es war ihm nicht entgangen, dass diese Partei von den großkapitalistischen Interessen stark bestimmt wurde. Auch wenn er im Kapitalismus ebenso wie im Sozialismus notwendige Begleiterscheinungen des modernen Kultur- und Wirtschaftslebens erblickte und eine gegenseitige Ergänzung dieser beiden Wirtschaftsformen, gerichtet auf die Ermöglichung eines menschenwürdigen Daseins für alle, für erforderlich hielt[8], so hatte er doch immer schon offen die Auswüchse des Kapitalismus bekämpft. Denn die aus dem „Mammonismus", dem amerikanischen Kapitalismus und der Plutokratie erwachsenden Gefahren hielt Düringer für mindestens ebenso gefährlich, wie die aus einem überzogenen Sozialismus, aus dem Marxismus herrührenden.[9] Und mit dieser Einstellung lag er nicht unbedingt auf der Linie der Partei der Großindustrie. Als „idealistischer Liberaler religiöser Prägung" war ihm jedoch ein parteipolitischer Anschluss anderswo als bei der Deutschen Volkspartei kaum möglich. Er intensivierte in dieser Zeit seine Arbeit in bestimmten Sachfragen. Einen Schwerpunkt bildete dabei in den Jahren 1922 bis 1924 die Suche nach einer gerechten Lösung des durch die Inflation verursachten Aufwertungsproblems.

Einer der ersten, die Düringer in seinem Kampf um die Aufwertung unterstützten, war der Mannheimer Rechtsanwalt Max Hachenburg.[10] Seit beide zusammen 1897 mit der Herausgabe des HGB-Kommentars begonnen hatten, verband sie eine Freundschaft, geprägt von gegenseitiger Hochachtung. Für Hachenburg stellte Düringer das „Ideal eines Richters" dar, der in seiner Haltung gegenüber den Parteien immer ruhig und liebenswürdig gewesen sei, ohne dabei der Würde des Gerichts etwas zu vergeben. So berichtet Hachenburg, dass Düringer als Vorsitzender einmal, nach einem langatmigen, zum Teil langweiligen Plädoyer der Anwälte beider Seiten bemerkt habe: „Die beiden Herren haben so eingehend und so ausgezeichnet geredet, dass ich jetzt selber neugierig bin, wer den Prozess gewinnt!"[11]

Düringer zog Hachenburg, mit dessen Familie er auch gelegentlich den Sommerurlaub verbrachte, auch zur Diskussion seiner Arbeiten zu Rate; so zum Beispiel bei der Vorbereitung seines Referates für den Juristentag 1906 in Kiel. Und zusammen mit seinem Freund wurde Düringer auf dem Wiener Juristentag 1912 in den Vorstand des DJT, die „Ständige Deputation", gewählt. Der Reichsgerichtsrat als Mitglied des Vorstandes des Richtervereins, Hachenburg als Vorstandsmitglied des Anwaltsvereins. Als Düringer dann 1918 in die Deutschnationale Volkspartei eintrat, war es sein vorrangiges

Thomas Wirth

Anliegen, dass dadurch die Freundschaft mit dem Juden Hachenburg keinen Schaden nahm. Er sprach mit ihm über diesen Schritt und wurde auch auf antisemitische Tendenzen in der DNVP hingewiesen. Doch später war es Hachenburg, der Düringer vor dem Vorwurf des Antisemitismus in Schutz nahm. Er habe immer zum philosemitischen Flügel der DNVP gehört.[12]

In seiner letzten Rede vor dem Reichstag, am 26. Juli 1924, sah sich Adelbert Düringer dem von rechts erhobenen Vorwurf ausgesetzt, er habe sich nach der Inhaftierung Hitlers „geringschätzig über einen Häftling ausgesprochen, der zur Zeit in der Feste Landsberg am Lech inhaftiert sei". Mit der ihm eigenen, hintergründigen Ironie erklärte er, er habe lediglich davon gesprochen, dass in Landsberg am Lech bessere Luft sei als in Berlin!

Obwohl Adelbert Düringer lange Abschnitte seines Lebens außerhalb Badens verbracht hat, blieb er der Heimat stets auf das Engste verbunden. Während seiner Arbeit als Reichsgerichtsrat in Leipzig betätigte er sich zum Beispiel als Verfasser von Gedichten in Mannheimer Mundart, die er in der heimatlichen Presse[13] veröffentlichte und mit deren Hilfe ihm das Leben in Sachsen vielleicht leichter wurde.

S'gibt norr ee Mannem – deß is wohr
Unn jedem Pälzer is es klor
Wann's aach zwee Mannem gewe dhät
So dhät eem doch die Wahl nit leed
Kee Schtadt der Welt kann scheener sein
Als die am Necker unn am Rhein

Seinen badischen Patriotismus brachte er auch 1919 zum Ausdruck, als die Sozialdemokraten im Südwesten des Reiches den Zusammenschluss von Baden und Württemberg betrieben. Auf einer Besprechung der württembergischen und badischen Nationalversammlungsabgeordneten zu diesem Thema am 28. März 1919 im Nationaltheater in Weimar blieb Düringer der Einzige, der sich gegen den Zusammenschluss der Länder aussprach.[14]

Am 3. September 1924 erlag Adelbert Düringer, 69 Jahre alt, einem Herzleiden. Wilhelm Kahl bezeichnete ihn in seiner Trauerrede als „ausgezeichneten Förderer der Rechtswissenschaft, unbestechlichen Richter, überzeugungstreuen Politiker und unermüdlichen Mitarbeiter am Wiederaufbau des Vaterlandes". Er liegt auf dem alten Wilmersdorfer Friedhof bei Stahnsdorf südlich von Berlin begraben.

1 Der Kommentar erlebte drei Auflagen: 1. Aufl. 1898-1905, 2. Aufl. 1908-1924, 3. Aufl. 1930-1935. An der Bearbeitung der 2. Auflage, in der der Kommentar auf fünf Bände erweitert wurde, wirkten neben Düringer und Hachenburg weitere Mitarbeiter mit, die bei der 3. Auflage den Part Düringers vollständig übernahmen. Zu ihnen zählten unter anderem Prof. Julius Flechtheim, Prof. Julius Lehmann sowie die Rechtsanwälte James Breit und Karl Geiler.

2 „Nietzsches Philosophie vom Standpunkt des modernen Rechts" (1906) und „Nietzsches Philosophie und das heutige Christentum" (1907).

3 Vgl. Max v. Baden: Erinnerungen und Dokumente, S. 298ff., 438, 637; ebenso Hachenburg: Adelbert Düringer, Mannheim 1931, S. 21, der dort aus den Briefen des Prinzen an den Großherzog und an Düringers Witwe zitiert.

4 Zum Beispiel in seiner Veröffentlichung „Der Verein ‚Recht und Wirtschaft' nach dem Kriege" in Recht und Wirtschaft 1919, S. 1ff.

5 So Düringer in einer Rede vor der Nationalversammlung am 30. Juli 1919, Protokolle der NV, Bd. 328, 2089.

6 „Der Verein ‚Recht und Wirtschaft' nach dem Kriege" in Recht und Wirtschaft 1919, S. 1ff.

7 Zitat aus einem Referat Düringers auf der Hauptversammlung des Reichsbürgerrates 1922, „Staatsbürgertum und politische Betätigung", in: Deutschen-Spiegel 1924, Heft 2, S. 38ff.

8 Vgl. Protokolle der NV, Bd. 331, 3802, 3889.

9 Vgl. Protokolle des Reichstags, Bd. 361, 12699.

10 Vgl. Deutsche Juristen Zeitung 1923, 282, 343, 518.

11 Max Hachenburg: Lebenserinnerungen eines Rechtsanwalts und Briefe aus der Emigration, Stuttgart 1978, S. 91.

12 Ebenda S. 92f.

13 Neue Badische Landeszeitung vom 31.5.1907, StadtA MA - ISG.

14 Näheres dazu bei Ludwig Biewer: Reichsreformbestrebungen in der Weimarer Republik, Frankfurt 1980, S. 174f.

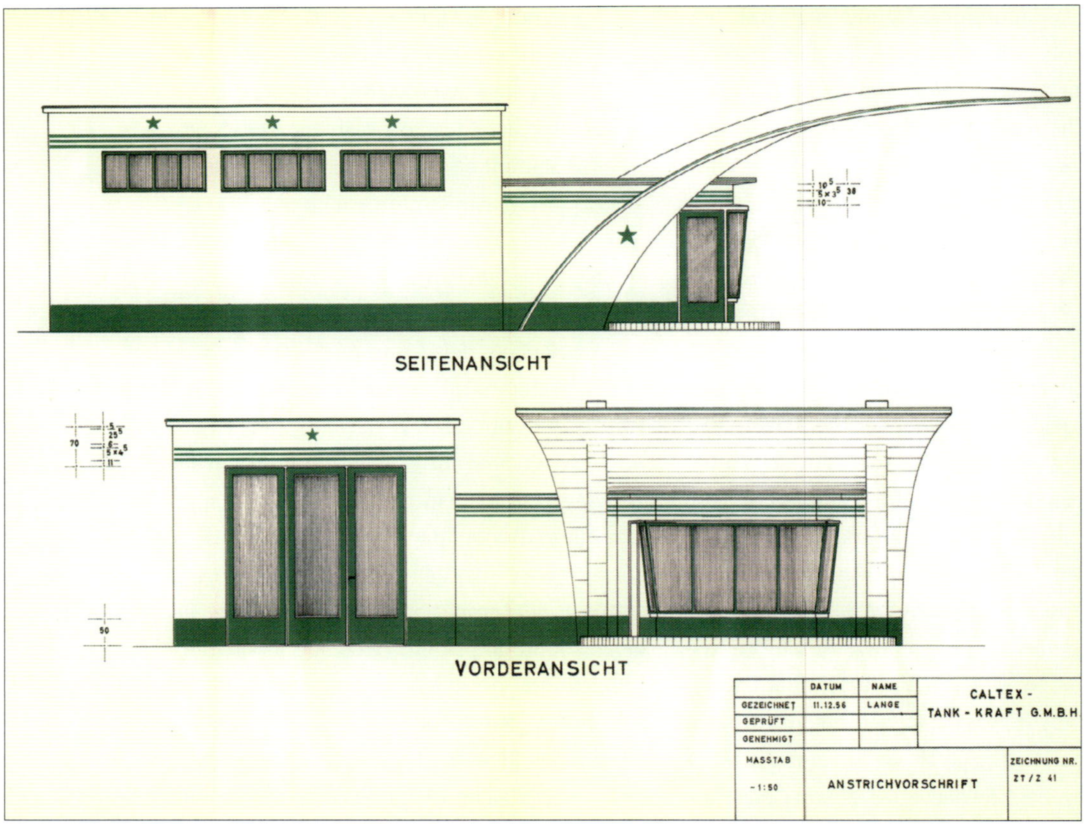
SEITENANSICHT
VORDERANSICHT
DATUM
NAME
GEZEICHNET
11.12.56
LANGE
GEPRÜFT
GENEHMIGT
CALTEX -
TANK - KRAFT G.M.B.H.
MASSTAB
- 1:50
ANSTRICHVORSCHRIFT
ZEICHNUNG NR.
ZT/Z 41

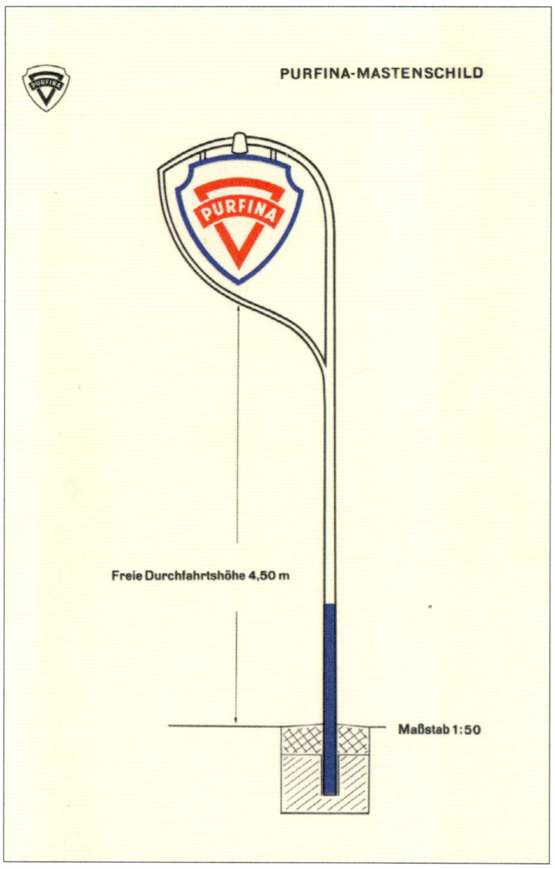
PURFINA-MASTENSCHILD
PURFINA
Freie Durchfahrtshöhe 4,50 m
Maßstab 1:50

Karl-Robert Schütze

Zwei Tankstellen – ein Architekt?

Der Bau von Typentankstellen am Ende der fünfziger Jahre und ihre vergessenen Architekten Willy H. Weisensee und Walter Hämer

In Mannheim an der Neckarauer Straße, nur etwa einen Kilometer voneinander entfernt, entstanden in der zweiten Hälfte der fünfziger Jahre zwei Marken-Tankstellen, eine von Caltex, die andere von Purfina. Bei dem damals in großer Eile, insbesondere von den in Deutschland neu auf den Plan tretenden Mineralölgesellschaften, vorangetriebenen Ausbau der Tankstellen-Netze[1] handelt es sich mit dieser Doppelung bundesweit sicher nicht um einen Einzelfall, die gemeinsame Abwicklung durch einen Architekten dürfte allerdings eine Seltenheit darstellen. Beide Vorgänge sind im Hardt-Waltherr-Hämer-Archiv[2] gut dokumentiert. So konnte bei einer ersten Durchsicht davon ausgegangen werden, dass Hämer in beiden Fällen als der entwerfende Architekt Verantwortung trug, was sich allerdings durch die unterschiedliche Gestaltung der Tankstellen auszuschließen schien. Das gründlichere Studium der Unterlagen und intensive Nachforschungen in der raren Literatur zum Thema machten dann deutlich, dass sich Hämer zwar aktiv in beide Planungen einbrachte, möglicherweise sogar die Bauplätze vermittelt hatte, aber nur bedingt als der Entwerfer zu gelten hat. Beide Tankstellen sind in den neunziger Jahren als Folge der Umstrukturierungen in diesem Wirtschaftsbereich wieder verschwunden,[3] von beiden ließen sich keine Fotografien finden, deshalb werden hier nur Pläne und Vergleichsabbildungen gezeigt.

Hardt-Waltherr Hämer (1922-2012)[4]

Der 1922 in Hagen bei Lüneburg geborene Hardt-Waltherr Hämer (2012 in Ahrenshoop verstorben) hat nach dem Schulbesuch in Berlin und Schnepfenthal sowie dem Kriegsdienst als Eisenbahnpionier von 1946 bis 1952 an der Hochschule für bildende Kunst in Berlin Architektur studiert und bereits nach der Werkarchitektenprüfung mit einem eigenen Bau[5] und durch in Zusammenarbeit mit seinem Vater, Prof. Walter Hämer (siehe unten), entstandenen Gebäuden[6] auf sich aufmerksam gemacht. Seit September 1953 war er für das Büro von Prof. Gerhard Weber in Frankfurt/Main tätig. Seine Hauptaufgabe dort war zuerst die Mitarbeit und dann die Leitung der Planung beim Neubau des Mannheimer Nationaltheaters[7], da Prof. Weber noch durch den Bau der Hamburger Oper und vielfältige andere Aufgaben gebunden war. Hämer engagierte sich während der Zeit in dessen Büro außerdem bei Vorarbeiten für laufende Wettbewerbsbeiträge[8] und weitere Aufträge. Zur besseren Abwicklung seiner Hauptaufgabe verlegte er seine Wohnung und sein eigenes Büro nach Mannheim.[9] Da er die meiste Zeit freiberuflich tätig war, entstanden außerdem noch Wettbewerbsbeiträge[10] in Zusammenarbeit mit seinem Vater. Zusätzlich war er auf der Suche nach weiteren Aufträgen.[11]

Tankstellen, so heißt es 1960, sind die „kleinsten Objekte des Industriebaus", sie sind „weder Denkmäler noch abstrakte Bauobjekte. Sie sind vielmehr Verkaufsstellen für Mineralölprodukte und bilden mit ihrer millionenfachen Vielzahl ein immer dichter werdendes Netz, das sich über die ganze Erde spannt."[12] Da galt es für die Anbieter, sich zu unterscheiden, die Kunden an sich zu binden. Der folgende Satz beschreibt deshalb das allen Marken gemeinsame Ziel: „Das Bestreben, unseren Tankstellen ein einheitliches Gesicht[13] [Abb. 1 und 2] zu geben, beruht auf der Überlegung, durch Verwendung eines bestimmten Farbschemas[14] jeden Verkehrsteilnehmer rechtzeitig auf das Vorhandensein unserer Tankstellen aufmerksam – und damit zugleich mit unseren Erzeugnissen bekannt zu machen."[15] Für einen aufstrebenden jungen Architekten lag es nahe, in diesem Bereich nach weiteren Aufgaben zu suchen, verursachte das Wirtschaftswunder doch eine stark zunehmende Motorisierung des Lebens und der Gesellschaft. Zwischen 1950 und 1960 verdoppelte sich die Zahl der Kunden, auf die der Tankwart seine Freundlichkeit verteilen musste.[16] Der Höchststand wurde in der Bundesrepublik erst zehn Jahre später, 1968, mit insgesamt 47.000 Tankstellen erreicht.

Gegenüberliegende Seite:

Abb. 1 (oben)
Anstrichvorschrift der Caltex-Tank-Kraft GmbH 1956

Abb. 2 (unten)
Purfina
Purfina-Mastenschild

Zwei Tankstellen – ein Architekt?

Hardt-Waltherr Hämer arbeitete nicht nur an einem Typenentwurf für Purfina mit, er bot den Kontaktleuten verschiedener Mineralölfirmen und interessierten Bauherren auch an, in Mannheim nach geeigneten Grundstücken zu sehen und diese dann eventuell in deren Auftrag oder für einen Mineralölkonzern mit Tankstellen zu bebauen.

Caltex[17]

Bereits im November 1955 erhielt Hardt-Waltherr Hämer den später noch telefonisch bestätigten Auftrag von Eugen Beckmann aus Hannover, ein geeignetes Grundstück für eine Großgarage in Mannheim zu finden. Die zunächst von ihm benannten Flächen kamen dann allerdings nicht in Frage. Zu diesem Zeitpunkt scheint es beim Auftraggeber noch keine Bindung an eine bestimmte Mineralölfirma gegeben zu haben. Mitte 1956 erhielt Hämer dann den Auftrag für den Bau, weil er die Grundstücksvermittlung durchgeführt hatte. Die von der Bauaufsicht positiv beantwortete Voranfrage zeigt ein gerades Dach über dem freistehenden Tankhaus (Abb. 3), es geht bereits auf einen Typenentwurf (Abb. 4) zurück.[18]

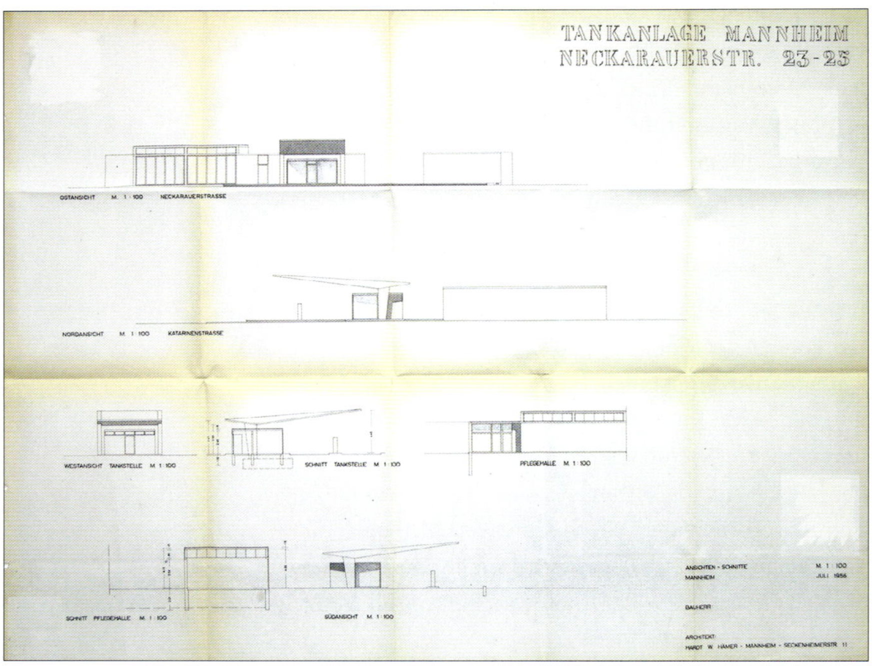

Abb. 3 (oben)
Hardt-Waltherr Hämer, Tankanlage Mannheim, Neckarauer Straße 23-25 Entwurf unter Verwendung des Daches von Typ II/1 aus dem Entwurf von Willy H. Weisensee (siehe Abb. 4) Ansichten, Schnitte Juli 1956

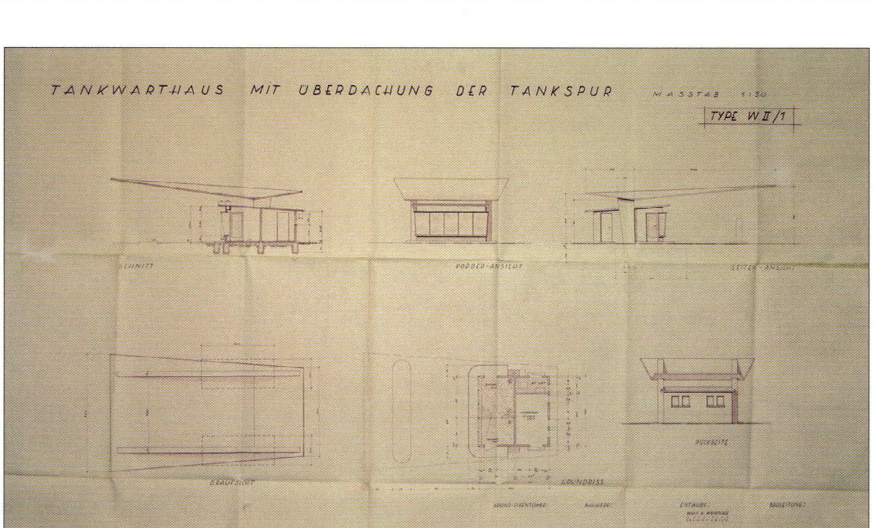

Abb. 4 (unten)
Willy H. Weisensee, Tankwarthaus mit Überdachung der Tankspur Typ II/1 Ansichten, Grundriss, Detail

Willy H. Weisensee (1923-2015)[19]

Im Jahr 1923 in Friedberg/Hessen geboren (2015 in Bad Nauheim verstorben), hat er zunächst eine Ausbildung zum Technischen Zeichner gemacht und den Beruf auch einige Zeit ausgeübt. Nach dem Kriegsdienst arbeitete er als Bauarbeiter und besuchte zusätzlich Kurse der Bauschule in Konstruktionslehre und Statik. Als Bauzeichner in einem Architektur- und Ingenieurbüro angestellt, stieg er dort zum Techniker und Partner auf, wurde schließlich Geschäftsführer und Mitinhaber eines Baugeschäfts in Frankfurt und machte sich 1949 als Bauunternehmer selbständig. Ende 1951 verkaufte er den Betrieb und arbeitete ausschließlich als freier Architekt hauptsächlich im Siedlungs-, Kirchen- und Sozialbau. Ende Juli 1956 wurde die Vereinbarung zwischen dem Architekten und der Caltex geschlossen, ein knappes Jahr später folgte der Lizenzvertrag für die zu errichtenden Typenbauten. Der Vertrag sah neben anderen Honorarteilen vor, dass bei bis zu 100 ausgeführten Tankstellen der drei zu entwerfenden Typen für jede 230 DM ausgezahlt werden sollten.

Mitte des Jahres 1956 muss also die grundsätzliche Bindung[20] dieses Projekts an Caltex eingetreten sein, da das Unternehmen seine von Willy H. Weisensee ausgearbeiteten Typenpläne[21] zur Verfügung stellte. Sehr kurzfristig trat dann noch eine weitere Änderung ein, als die Caltex sich entschloss, abweichend von den bisherigen Planungen, den Typ W III/3 (Abb. 5) mit gebogenem Dach[22] als hauptsächliche Typentankstelle zu verwenden, deren elegante Form sich dann auch erfolgreich von allen anderen Gestaltungen[23] abhob, sich aber in der weiteren Entwicklung dieser Bauaufgabe nicht durchsetzte.

Hämer hat am 8. September 1956 den Architektenvertrag erhalten und dann – wie gewünscht

– dieses neue Dach in seine Planung aufgenommen, das von ihm entworfene frei zwischen den gebogenen Trägern stehende Tankhaus auf rechtwinkligem Grundriss mit senkrechten Wänden aber beibehalten (Abb. 6) und sich vehement gegen das von Weisensee geplante, im vorderen Teil trapezförmige mit schrägen Fenstern, ausgesprochen. Ende Januar 1957 erfolgte die baupolizeiliche Genehmigung. Die Kosten scheinen der Caltex dann – zum Teil wegen der uneinheitlichen Verhältnisse auf diesem Grundstück und den damit notwendigen unterschiedlichen Gründungen – allerdings zu hoch geworden zu sein, denn es gab mehrere Besprechungen, die durch Veränderungen an dem Typenentwurf zu einer Verbilligung des Baus führen sollten. Hämer besuchte eine bereits fertig gestellte Tankstelle dieses Typs in Offenbach und erneuerte daraufhin seine Kritik an den schrägen Fenstern, die wie die damals sehr beliebten Blumenfenster aus der Wand hervorragen, und an der schlecht gelösten Beleuchtung bei Dunkelheit, hebt aber hervor: „Das frei kragende Dach ist eine überzeugende prägnante Form, die den Caltex Tankstellen ein eigenwilliges und typisches Gesicht geben wird.“ Und weiter: „Die Fahrbahnbeleuchtung – verzeihen Sie – ist barbarisch. Natürlich ist die Fahrbahn hell, man kann bei der Beleuchtung sicher tanken, aber gerade bei Nacht könnte dieses Dach, weissleuchtend durch blendungsfreies Licht, eine magische Anziehungskraft auf weite Entfernung ausüben. Die Caltex startet in Deutschland mit einem attraktiven Dach und verzichtet hier offensichtlich darauf, es zur Sehenswürdigkeit werden zu lassen. [...] Jeder optische Eindruck ist vom Licht abhängig, also müssen wir nach den Lichtgesetzen und mit Licht – als Bauteil – bauen, und das kann nicht nur für das Tageslicht gelten, denn gerade die hell-dunkel Kontraste bei Nacht bieten hervorragende Werbemöglichkeiten.“[24] Unter den dem Universitätsarchiv vom Architekten Willy H. Weisensee überlassenen Plänen sind einige für die Tankstelle Frankfurt/Sindlingen, die 1958 abgerechnet wurde, auf denen die kritisierte Beleuchtung (Abb. 7) deutlich erkennbar ist.[25] Dabei befanden sich jeweils über den Fahrspuren beidseitig der Tankinsel zu einer Linie zusammengesetzte Leuchtstoffröhren. Später scheinen dann zwischen den Tanksäulen aufgeständerte Beleuchtungswannen (Abb. 8) auf-

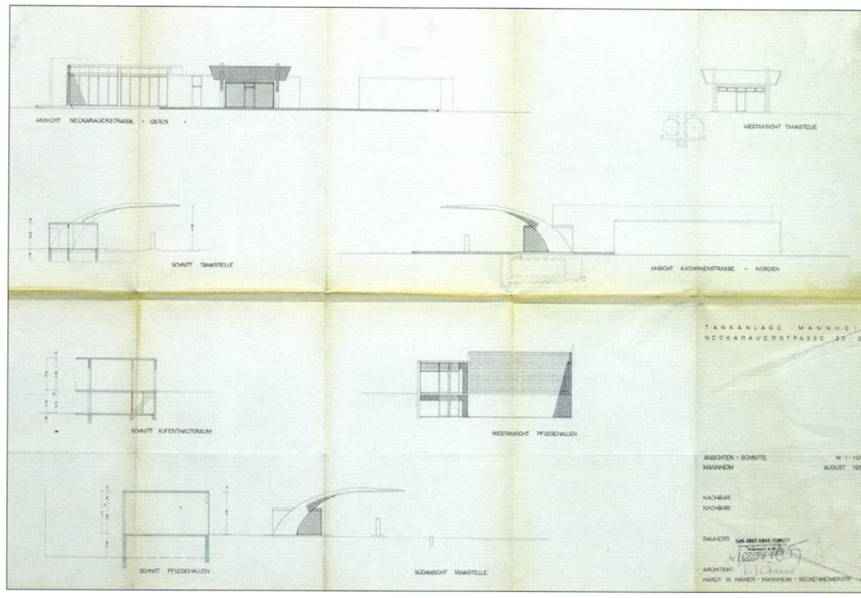

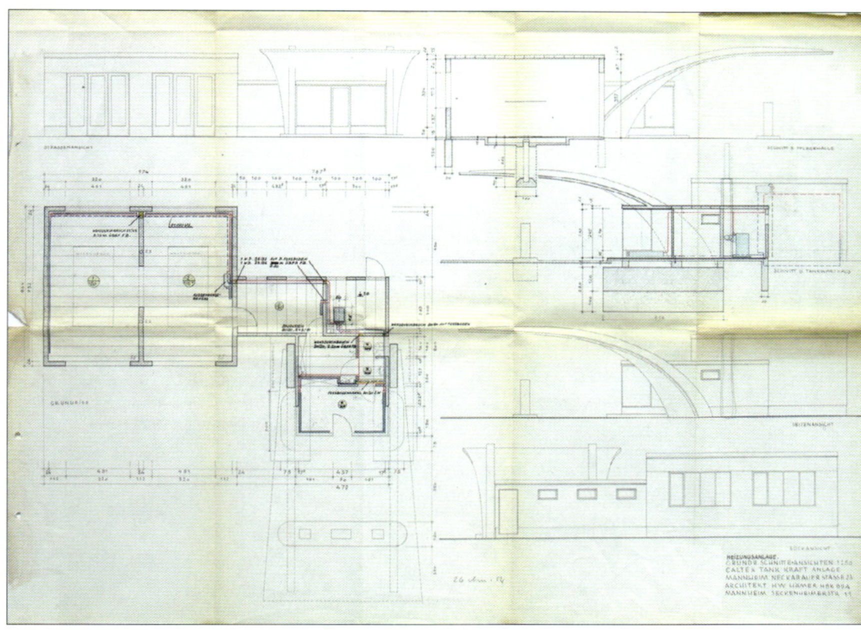

Abb. 5 (oben)
Hardt-Waltherr Hämer, Tankanlage Mannheim, Neckarauer Straße 23-25 Entwurf unter Verwendung des Daches von Typ III/I aus dem Entwurf von Willy H. Weisensee Ansichten, Schnitte August 1956 (von Hämer und der Tank-Kraft-GmbH gegengezeichnet)

Abb. 6 (unten)
Hardt-Waltherr Hämer, Heizungsanlage zur Tankanlage Mannheim, Neckarauer Straße 23-25 Entwurf unter Verwendung des Daches von Typ III/I aus dem Entwurf von Willy H. Weisensee Ansichten, Grundriss, Schnitte.

Zwei Tankstellen – ein Architekt?

Abb. 7 (oben)
Caltex-Tankstelle in Berlin-Mariendorf, Rixdorfer Straße, mit der originalen Beleuchtung

Abb. 8 (unten)
Caltex-Tankstelle in Worms mit der Beleuchtungswanne auf der Tankinsel

gestellt worden zu sein, die das Licht zur Reflexion gegen die kragende Platte warfen.[26]

Nach dieser grundlegenden Kritik Hämers ließen sich die unterschiedlichen Positionen von Auftraggeber und Architekt nicht mehr überwinden. Hämer lehnte weitere Umplanungen innerhalb seines Vertrages ab, bat um Honorierung der bis dahin erbrachten Leistungen, zum Beispiel der Anfertigung der Ausschreibungen und der Einholung der Angebote, und schied Ende August 1957 aus dem Projekt aus, das dann von der Caltex selbst weitergeführt wurde, die Bauleitung übernahm nun Hans Erich Amberg.

Die vor Ort in Beton (Ortbeton) gegossene Konstruktion[27] aus den beiden gebogenen, konisch zulaufenden Trägern und dem diesen in einer flacheren Kurve folgenden, dünnen Dach[28] – ebenfalls aus Beton – stellte eigentlich eine Einzelanfertigung dar und hätte wesentlich teurer sein müssen, wenn es nicht gelungen wäre, eine Stahlschalung herzustellen, die mehrfach Verwendung finden konnte. In der Bildhauerei würde man in einem solchen Fall von mehreren Abgüssen aus einer Form sprechen. So scheint der Entwurf auch in der aufwendigen Ausführung durchaus konkurrenzfähig gewesen zu sein, optisch war er es sowieso.

Die Bezugserlaubnis wurde am 23. Dezember 1958 erteilt.[29] Der 1993 genehmigte Abriss war Mitte des Jahres 1994 beendet.

Purfina[30]

Nur kurze Zeit nach dem Caltex-Auftrag, am 9. Januar 1956, erbat der hessische Vertreter der Deutschen Ozon-Gesellschaft Adolf Weller aus Mannheim[31] von Prof. Walter Hämer in Hannover eine Skizze oder ein Foto von der in Hannover-Ricklingen an der Südtangente erbauten DEA-Tankstelle[32], deren Dach an einem ellipsenförmigen Halbbogen aufgehängt war. Dieser Brief ist als Projektbeginn für die Mannheimer Tankstelle anzusehen. Prof. Hämer antwortet und teilt mit, dass sein Sohn – das trifft sich gut – in Mannheim für den Neubau des Nationaltheaters tätig ist und dort die erbetenen Auskünfte geben könne.

Walter Hämer (1899-1974)[33]

Am 1. September 1899 in Münster/Westfalen geboren (1974 in Hannover verstorben), besuchte er dort die Schule und anschließend die Baugewerkschule. Die Kriegsteilnahme unterbrach die Ausbildung, die er 1920 abschloss und durch ein Studium an der Kunstakademie Düsseldorf insbesondere bei Prof. Wilhelm Kreis vervollkommnete. Nach dem Abschluss arbeitete er bis zur Gründung eines eigenen erfolgreichen Büros (1926) bei verschiedenen Berliner Architekten. Die schwierige Wirtschaftslage veranlasste ihn 1931, eine Arbeit beim Standardisierungskomitee für landwirtschaftliches Bauwesen in der UdSSR anzunehmen. 1933 kehrte die Familie nach Deutschland zurück, wo Hämer in Berlin und Wien bis zur Einberufung zum Militärdienst als Architekt und Bauleiter für öffentliche Auftraggeber tätig war. Nach dem Krieg nahm er die freischaffende Tätigkeit in Berlin wieder auf, wurde aber kurzzeitig als Stadtbaurat nach Lünen gerufen. 1949 wurde er Professor für Gebäudelehre an der Hochschule in Weimar, wollte aber nicht in der DDR bleiben und ließ sich dann in Hannover nieder, wo er eine Vielzahl von Gebäuden allein und mit unterschiedlichen Partnern errichtete. Er konnte – was für unseren Zusammenhang besonders interessant ist – vor Ort mehrere Tankstellen[34] realisieren. Die vorhandenen Kontakte führten wahrscheinlich auch dazu, dass er beauftragt wurde, nach diesen Einzelentwürfen auch den PTN-Tankstellentyp zu entwickeln, mit dem der Ausbau des Tankstellen-Netzes kostengünstiger, markenspezifischer und nach eigenen, durchgängigen Gestaltungsvorschriften vorangetrieben werden konnte.

Im März 1956 fand in Hannover eine Besprechung zwischen Prof. Hämer, seinem Sohn Hardt-Waltherr und Purfina statt. Ergebnis: Die geplante Tankstelle soll von der Purfina mit der Unterstützung durch Hardt-Waltherr Hämer nach der von den Hämers zu erarbeitenden PTN-Norm (Praktikable-Tankstellen-Norm)[35] errichtet werden. Der Architektenvertrag zwischen Prof. Walter Hämer und der Purfina sah neben einer einmaligen Honorarzahlung Lizenzzahlungen für jede (bis zu 200 Ausführungen) im Inland gebaute Tankstelle in Höhe von 1.000 DM, für jede im Ausland in Höhe von 500 DM vor.[36]

Walter Hämer wollte „zunächst den Ballast vorgefasster Meinungen und damit die überalterten Vorstellungen vom bisherigen Tankstellenbau über Bord werfen". Dazu entwarf er ein Baukastensystem, das „auch spätere Umdispositionen,

Zwei Tankstellen – ein Architekt?

Erweiterungen und Änderungen der Anlage, ebenfalls Abbau und Wiederaufbau an anderer Stelle" erlaubt.[37] So kam nur Stahl als Baustoff in Frage. Ein Vorbild dafür scheinen die im Auftrag der Reichskraftsprit GmbH von Hans Poelzig vorgelegten Entwürfe von Stahl-Tankstellen gewesen zu sein, die so beschrieben werden: „Was dabei herauskam, war für die damalige Zeit auf dem Gebiet des Tankstellenbaus eine Pioniertat ersten Ranges. Diese Tankhäuschen waren sachlich und formal einwandfrei als Typen in verschiedenen Größen entworfen. Sie wurden im Ganzen in Stahl vorgefertigt und dann an den Einsatzort transportiert und aufgestellt. Mit ihrer klaren Form, mit ihrem blauen Anstrich und der weißen Dachkante zeigten diese Verkaufsstellen ein angenehmes, einheitliches Gesicht, das auch werbetechnisch eine gute Wirkung besaß."[38]

Hämers Typenentwurf besteht aus der im Fahrbahn- und Inselbereich stützenfreien Kragdachkonstruktion (11,3 x 7,7 und 9 x 6,6 m), der Tankinsel mit Zapfsäule und Ölschrank, dem Kassen-/Tankhaus (5 x 5 m) und der Pflegehalle (5 x 8 m), letztere ließ sich im Raster an die Gegebenheiten anpassen.

Nachdem der tanktechnische Bereich in Mannheim bereits genehmigt war, schreibt Hardt-Waltherr Hämer noch: „Die PTN wird unter meiner Mitwirkung zur Zeit entwickelt." Es handelt sich also um eine frühe Umsetzung dieser neuen Normal-Tankstelle der Purfina. Noch im selben Jahr wurden die Architektenverträge mit dem Grundstückseigentümer und der Purfina abgeschlossen.

Abb. 9
Hardt-Waltherr Hämer, Tankanlage Mannheim (Purfina), Neckarauer Straße 124
Ansichten, Schnitte
September 1956

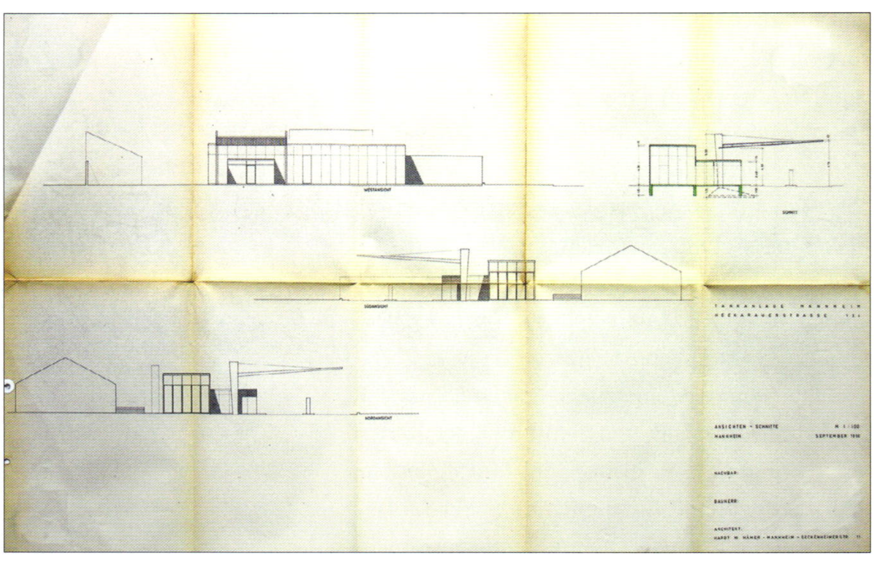

Anfang des Jahres 1957 wird in der maßgeblichen Fachzeitschrift[39] mit Abbildung über die erste nach dieser Norm errichtete und im Dezember 1956 eröffnete Frankfurter Purfina-Tankstelle[40] (Abb. 9) folgendermaßen berichtet: „Das neue Gesicht der Purfina-Tankstellen. Die Purfina hat im Zusammenwirken mit Professor [Walter] Hämer, Hannover, einen neuen Tankstellentyp geschaffen, der wesentliche Bauelemente im Vorfertigungsverfahren aufweist. Dadurch können während der Wintermonate Neubauten mühelos durchgeführt werden. Man griff auf den in Amerika bekannten Panelbau zurück und glaubt, daß eine erhebliche Senkung der Kosten eintreten muß, wenn sich die vorgefertigte Serienfabrikation durchsetzt. Die demontierbare Bauweise ermöglicht außerdem eine Standortverlagerung, wenn man glaubt, ein Platz sei nicht mehr rentabel. Die Firma Mannesmann, Stahlblechbau Düsseldorf, entwickelte in ihrem Werk im Schwarzwald die ersten Probepanels. Die Firma Dold, die mit der Emaillierung der 3 mal 1 Meter großen Platten beauftragt wurde, hatte zunächst Schwierigkeiten, da emaillierte Blechplatten dieser Abmessungen bis jetzt in Deutschland noch nicht hergestellt wurden und an die Emaille besondere Anforderungen gestellt werden mussten. – Die frei über die Zapfstelleninsel ausschwebende Dachform wurde gewählt, um die Verkaufsfront besser in Erscheinung treten zu lassen. Der Aufbau der hochbaulichen Teile gestaltete sich nach Errichtung der Fundamente in der Form, daß innerhalb einer Woche die kompletten Konstruktionsteile aufgestellt werden können. Der Einbau der Panels wird mit einiger Erfahrung in drei bis vier Tagen abgeschlossen sein. – Erstmalig wurden Ölabgabesäulen der Firma Tecalemit aufgestellt, die die Bedienung des Kunden automatisch unter Ausschaltung der Öldosen vornehmen. – In der Frankfurter Tankstelle der Purfina wurde ein mit leichtem Heizöl betriebener Wärmeaustauscher neuester Konstruktion verwendet, der mit Warmluft sämtliche Räume beheizt. – Durch die Panelbauweise war es unmöglich, die bisher in den Wänden eingebauten Steuerungen für die Wagenheber, Luft- und Wasseranschlüsse in der üblichen Form zu verlegen. Deshalb wurden sogenannte Steuersäulen entwickelt, in denen neben der Steuerung für den Wagenheber auch

Karl-Robert Schütze

die Anschlüsse für Hoch- und Niederdruckwasser sowie für Luft eingebaut sind. Die Ausleuchtung der Tankstelle erfolgt weitgehend blendungsfrei durch Anstrahlung des Daches. Die Verkaufsfront ist so aufgehellt, daß sie den Vorbeifahrenden anzieht. Eine gute Arbeitsplatzbeleuchtung an der Fahrbahn gestattet die reibungslose Bedienung bei Dunkelheit. – Die gesamte Anlage ist sehr gut durchdacht und auf Effekt abgestellt. Es ist zweifellos ein neuer Weg, den man mit dieser Bauweise in der Bundesrepublik beschritten hat."

Einen Monat nach Stellung des Bauantrages, am 19. März 1957, war immer noch nicht klar, welche Firma (PTN-Mannesmann oder Rüter[41]) für die Ausführung der Panels infrage kam, eine Frage, die sich bis in den Juli hinein hinzog. Im September wurde die Baugenehmigung erteilt. Die Fertigstellung zog sich dann erstaunlicherweise noch bis in den Januar 1959 hin.

Am 20. September 1991 wurde mit den Abbrucharbeiten begonnen.

Schluss

Da Hämer die Beleuchtung der Caltex-Tankstelle so vehement kritisierte, darf man erwarten, dass diese Frage in dem mit dem Vater erstellten Entwurf besser gelöst worden ist. Eine mit einer Abbildung versehene Zuschrift[42] der Purfina erläutert das Prinzip: „Bei der Ausleuchtung unserer Tankstellen sind wir davon ausgegangen, daß die bereits seit Jahren bekannte behördliche Forderung auf blendungsfreie Aufhellung der Tankstelle unter allen Umständen berücksichtigt werden sollte. Wir haben deshalb von direkten Lichtquellen abgesehen und verwenden eine Leuchtwanne, die auf der Insel über den Zapfsäulen aufgestellt wird. [...] Bei der Ausbildung der Beleuchtungswanne [Abb. 10] kam es uns darauf an, vor allem die Vorderfront der Zapfsäulen stark aufzuhellen, da diese dem Autofahrer besonders auffallen sollen. Wir haben deshalb die erste Reihe der Leuchtröhren so angeordnet, daß sie nach untern strahlen. [...] Wir haben in dieser vorgeschriebenen Form bereits mehrere hundert unserer neu errichteten Tankstellen ausgerüstet und Sie werden auf Grund des beigefügten Fotos feststellen, daß die Ausleuchtung als sehr günstig anzusprechen ist." (Abb. 11) Nach dem Entwurf dieser Beleuchtungswanne vom 31. Juni 1956 sollten vier Leuchtstoff-Röhren in vier Reihen hintereinander angeordnet werden.[43]

Die Aufstellung derartiger Beleuchtungswannen auf den diesbezüglich kritisierten Caltex-Tankstellen (siehe Abb. 8), die durch mehrere Fotografien nachgewiesen ist, könnte ein Reflex auf Hämers Einwände, kann aber auch der Einsicht in eine bessere Lösung geschuldet sein.

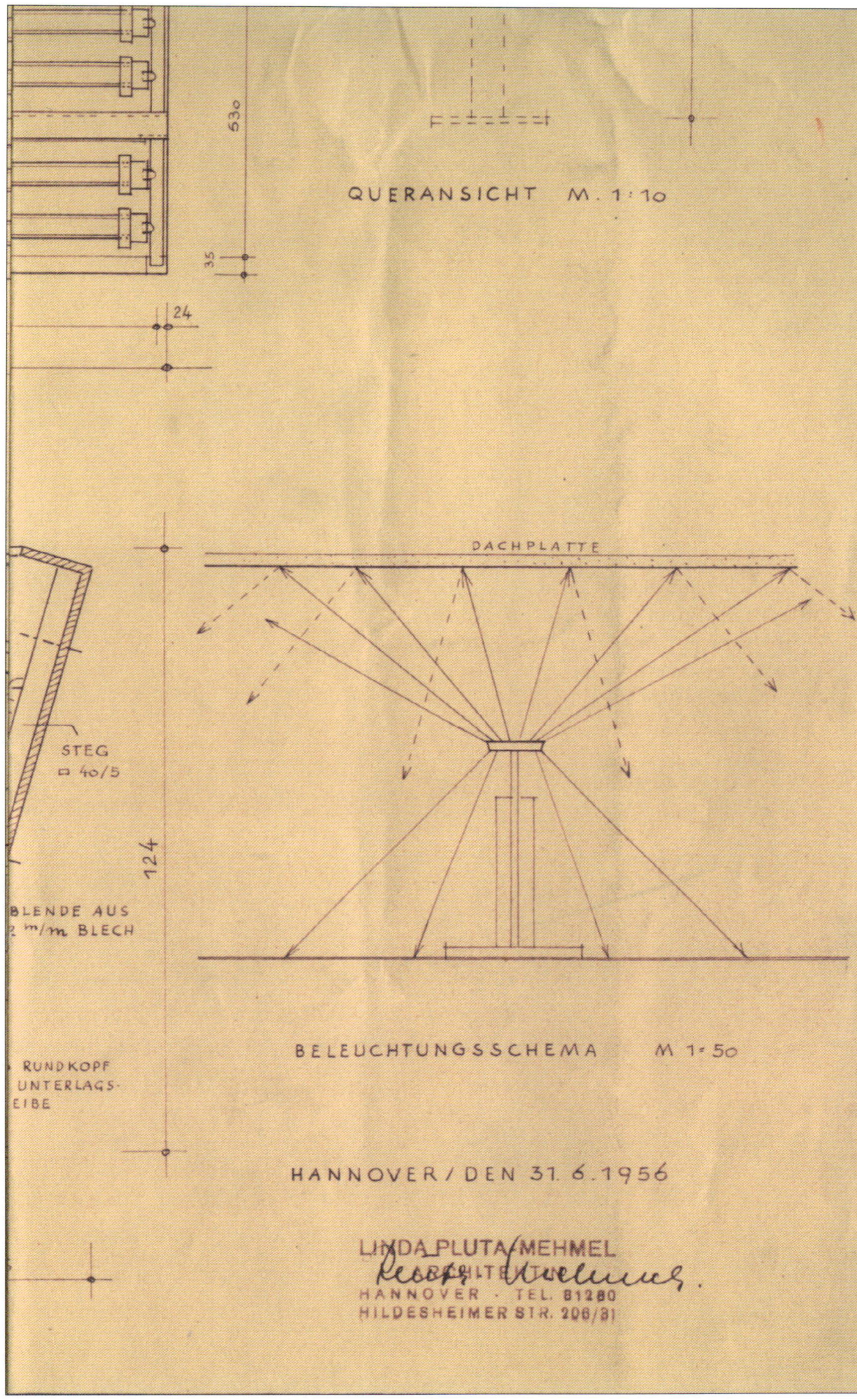

Abb. 10
Linda Pluta-Mehmel, Beleuchtungsschema (zur PTN) Ausschnitt Juni 1956

Abb. 11
Nachtaufnahme einer (Pur)Fina-Tankstelle
Aus: Der Tankstellen- und Garagenbetrieb 26, 1959, S. 170

Alle Vorlagen für die Abbildungen stammen aus dem Hardt-Waltherr-Hämer-Archiv und aus den von Willy H. Weisensee dem Archiv übergebenen Unterlagen zur Caltex-Tankstelle im Universitätsarchiv der Universität der Künste Berlin.
Scans und Bildbearbeitung: Karl-Robert Schütze

Beide in Mannheim ausgeführten Entwürfe zeichnen sich dadurch aus, dass Tankinsel und Vorfahrt unter einem freitragenden Dach zusammengefasst werden und dem Tankwart wie dem Autofahrer eine geschützte Verbindung in das Tankhaus ermöglichen. Neben diesem Vorteil, der in Deutschland insofern wichtig war, als die Fahrer hier – anders als in den USA – gewöhnlich das Auto zum Bezahlen verließen,[44] wird üblicherweise die freie Sicht auf das Geschehen als besonderer Grund für diese Bauweise hervorgehoben. Ein weiterer ist in der Verringerung bzw. Vermeidung von Gefährdungen zu sehen, die durch einen Anprall entstehen konnten, denn, so heißt es im Normblatt DIN 1055, Blatt 3: „Bei Stützen von Tankstellen-überdachungen, die nicht am fließenden Verkehr liegen, ist (auch wenn sie durch Bordschwellen geschützt werden) zur Berücksichtigung der Möglichkeit eines Anpralls von Kraftfahrzeugen in 1,20 m Höhe über Gelände eine waagerechte Kraft von 10 t in ungüstiger Richtung wirkend anzunehmen, oder es ist nachzuweisen, daß die beim Ausfall der Stütze verbleibenden Bauteile in der Lage sind, die Lasten auf benachbarte Stützen oder andere Bauteile zu übertragen, und daß diese befähigt sind, die Lasten in den Baugrund zu leiten."[45]

Ein wichtiger Nachteil beider Typen ist die notwendige, außerordentlich große und schwere Gründung, die den Bau verteuern musste.

Die stetige Vergrößerung der Tankstellen in den Folgejahren und ihr Ausbau zu kleinen Einkaufszentren machte die Bauweise dann unmöglich. So haben nur einige wenige dieser Typen-Tankstellen überlebt, die „rechtzeitig" umgenutzt und auf diese Art erhalten wurden.

Beide hier vorgestellten Typen-Tankstellen sind von der Zeit überholt worden, ihre Gestaltung war nicht auf die stetig wachsenden Anforderungen, die sich nur durch Angebotsflächen-Erweiterungen erfüllen ließen, ausgerichtet. Im Rückblick erscheint der Purfina-Typ als der modernere, weil er durch die Baukasten-Bauweise unterschiedlichen Forderungen besser Rechnung tragen konnte. Ein wirklich neues „futuristisches" und eindeutiges Bild unter den Serien-Tankstellen bildete allerdings die Caltex-Tankstelle.

Karl-Robert Schütze

1 1951 hielt Bundesverkehrsminister Dr. Hans-Christoph Seebohm in einem Erlass fest, dass „an Landstraßen mindestens alle 10 km eine Tankstelle ‚nötig' sei und zwar beidseitig wegen des ‚fließenden Verkehrs'". (Bernd Polster: Tankstellen, Berlin 1982, S. 124).

2 Prof. Dr. E.h. Hardt-Waltherr Hämer hat sein Archiv im Jahr 2005 dem Universitätsarchiv der Universität der Künste in Berlin, als der Nachfolgerin der Hochschule, an der er studiert und gelehrt hat, übergeben. – Das Material wurde 2005 bis 2009 von Dr. Elisabeth Tharandt inventarisiert und vom Verfasser auszugsweise in zwei Ausstellungen und drei Katalogbänden für die Öffentlichkeit aufbereitet. In diesem Zusammenhang entstand auch der vorliegende Beitrag.

3 Die Bauakten befinden sich im Stadtarchiv Mannheim - Institut für Stadtgeschichte.

4 Manfred Sack (Hrsg.): Stadt im Kopf. Hardt-Waltherr Hämer, Berlin 2002.

5 Die Schifferkirche in Ahrenshoop, die unter schwierigsten Bedingungen entstand. Sie wurde schon 1951 mit dem gesamten Ort unter Denkmalschutz gestellt und wurde seit 1997 unter seiner Leitung restauriert und erweitert.

6 Zu nennen sind die Landwirtschaftskammer in Münster und Haus Rose, Podbielskistraße 142 (später 348) in Hannover. Beide Bauten sind wie die Tankstellen enthalten in: Karl-Robert Schütze: Hardt-Waltherr Hämer. Architekt HBK, hrsg. von Michael Bollé, Berlin 2009.

7 Karl-Robert Schütze: Hardt-Waltherr Hämer. Architekt HBK: Theaterbau, hrsg. von Michael Bollé, Berlin 2006, S. 16-21.

8 Theaterbauten in Frankfurt / Main, Dortmund, Essen, Luxemburg, siehe: Karl-Robert Schütze, wie Anm. 7, S. 22f., 28f.

9 Seckenheimer Straße 11.

10 Der Landtag Hannover und das Opernhaus Sydney mit unterschiedlichen Partnern.

11 Neben den beiden hier dargestellten Aufträgen versuchte Hardt-Waltherr Hämer 1959 auch noch durch die Auffrischung älterer Kontakte bei der Markteinführung der Frisia-Tankstellen Fuß zu fassen, was aber – wegen bereits erfolgter Bindungen – nicht gelang. Die Erdölwerke Frisia AG wurden 1960 von Gottlieb Duttweiler in Emden gegründet. 1965 wurde das Unternehmen verkauft.

12 Tankstellen in Stahlkonstruktion, in: Merkblätter über sachgemäße Stahlverwendung, Nr. 277/1960, S. 1. Prof. Walter Hämer wird nicht als Autor genannt, das Heft ist aber in enger Zusammenarbeit mit ihm entstanden, beinahe alle Abbildungen zeigen seinen PTN-Typenentwurf. Erst in der 2. erweiterten und überarbeiteten Auflage von 1963 heißt es: „Nach einem Manuskript von Prof. Walter Hämer, Architekt BDA, Hannover". Die 3. erneut überarbeitete und erweiterte Auflage von 1971 nennt ihn wieder nicht, zeigt aber weiterhin Tankstellen des PTN-Typs.

13 Bereits Ende der zwanziger Jahre hatte Prof. Hans Poelzig eine „Typenreihe von Tankhäusern verschiedener Größe aus vereinheitlichten Grundelementen" für die Reichskraftsprit GmbH entworfen. (Hans Poelzig. Die Pläne und Zeichnungen aus dem ehemaligen Verkehrs- und Baumuseum in Berlin, hrsg. von Matthias Schirren, Berlin 1989, S. 124-127. Jetzt befinden sich die Pläne wieder im Architekturmuseum der TU Berlin und sind im Internet einzusehen: http://architekturmuseum.ub.tu-berlin.de/index). Diese „Verkaufsstellen zeigten ein gefälliges Aussehen und verliehen erstmals einer Mineralölmarke ein einheitliches ‚Gesicht' gegenüber den Tankkunden." (Klaus Idelberger: Tankstellen, in: Bauten des Verkehrswesens – Parkhäuser. Tankstellen. Bahnhöfe. Flughäfen, Gütersloh 1973, S. 13, der Beitrag nennt als einzige Literaturangabe das von Prof. Walter Hämer geprägte Heft „Tankstellen in Stahlkonstruktion" der Merkblätter über sachgemäße Stahlverwendung, Nr. 277/1960).

14 Die Freien Tankstellen wurden damals Weiße genannt, weil sie keinem Farbschema unterlagen.

15 Farbanweisung der Caltex vom 16.11.1956, die für alle Neu- und bestehenden Bauten Anwendung finden sollte.

16 Bernd Polster: Tankstellen, Berlin 1982, S. 177.

17 Die Standard Oil of California und die Texaco führten 1955 gemeinsam die neue Marke Caltex mit eigener Raffinerie in Frankfurt/Main ein und eröffneten bis Mitte der sechziger Jahre etwa 1.500 Tankstellen in Deutschland.

18 Die weitere Suche hat dann gezeigt, dass es dem Typ W II/I entspricht, wie er von dem Frankfurter Architekten Willy H. Weisensee für Caltex entworfen worden war.

19 Die Angaben folgen einem von Herrn Weisensee zur Verfügung gestellten Lebenslauf.

20 Der Vertrag zwischen Eugen Beckmann und Caltex wurde erst am 6.9.1956 geschlossen.

21 Diese enthalten größtenteils keinen Architektennamen, das hat die Nachforschungen behindert. So wird der Name in der ersten Publikation über die in Hannover-Badenstedt unter Denkmalschutz gestellte Tankstelle nicht erwähnt. (Eva-Maria Eilhardt: Ein Baudenkmal der 50er Jahre in Hannover-Badenstedt, in: Berichte zur Denkmalpflege in Niedersachsen 13, 1993, S. 34f.) Erst eine erneute Nachfrage beim Niedersächsischen Landesdenkmalamt im Jahr 2007 brachte dann das richtige Ergebnis. In einem weiteren Bericht über die in Nürnberg unter Schutz gestellte Tankstelle wird diese sogar mit Walter Hämer in Verbindung gebracht, auf dessen Tätigkeit hier an anderer Stelle eingegangen wird. (Birgit Seidenfuß: Fünfziger-Jahre-Power: die Caltex-Kraft-Station in Nürnberg, in: Denkmalpflege Informationen 2006, Heft 135, S. 39f.).

22 „Tankdach soll entsprechend jetzt festgelegter Type der Caltex gebogene Platte mit konischen Stützenbogen verändert werden," schreibt Hämer am 27.7.1956.

23 Diese hat wohl auch dazu geführt, dass von den gut sechzig ausgeführten – eine vollständige Liste gehört zu dem von Herrn Weisensee gestifteten Archivbestand in der UdK Berlin – noch immer etwa 15 Exemplare existieren und teilweise unter Denkmalschutz stehen. In der einschlägigen Literatur scheint sie nach einer aktuellen Internetrecherche keinen Widerhall gefunden zu haben. Wenn überhaupt weitere Angaben gemacht werden, werden sie oft Walter Hämer zugeschrieben, der möglicherweise in einigen Fällen der ausführende Architekt, aber nicht der Entwerfer dieses Typs war.

24 HWH an Caltex, 29.7.1957.

25 So auch auf dem Foto der Tankstelle in Berlin-Mariendorf, Rixdorfer Straße (Abb. 7). In diesem Fall ist die Anbringung der Leuchtstoffröhren besonders negativ, weil die Tankinsel wegen der Zufahrt zu den Garagen anders als üblich auf der Achse, also im Winkel zu den Leuchten stand.

26 Fotos von Frankfurt/Sindlingen und Worms (Abb. 7).

27 In Hofgeismar ist eine Tankstelle erhalten, bei der das Dach mit Holzbindern errichtet worden war. Sie wurde 2011 restauriert.

28 Form und Konstruktion erinnern trotz der unterschiedlichen Wölbung an das 1951 von Eduard Ludwig (1906-1960) errichtete Luftbrückendenkmal in Berlin.

29 Freundliche Auskunft des Stadtarchivs Mannheim - Institut für Stadtgeschichte vom 2.10.2007.

30 Gründung der Vertriebsgesellschaft „Deutsche Purfina GmbH" am 1.12.1955 als Tochtergesellschaft der Petrofina S. A. mit eigener Raffinerie in Duisburg. Die Großraffinerie in Duisburg-Neuenkamp war für die Produktion von Heizöl ausgelegt, der Aufbau des Tankstellennetzes galt nur dem Vertrieb der nebenbei anfallenden leichten Produkte. (Purfina Großraffinerie an der Ruhrmündung, in: Der Tankstellen- und Garagenbetrieb 24, 1957, S. 257f.) Innerhalb von drei Jahren entstand ein Netz von 200 Stationen, das bis 1968 auf etwa 1.000 Tankstellen aufgestockt wurde. Die Raffinerie wurde 1988 eingestellt, heute ist dort ein Großtanklager.

31 Adresse: Neckarauer Straße 122. Die Tankstelle entstand dann auf den Grundstücken 118-124. – Es wird nicht deutlich, ob Weller das Bauwerk aus der Presse oder vielleicht durch eigene Beobachtung kannte.

32 Die Hannoversche Zeitung hat am 17./18. Dezember 1955 mit Bild die Fertigstellung des Rohbaus gemeldet.

33 Walter Hämer: Tagebücher der Russlandjahre / Kunstgeschichtliches, hrsg. von Hardt-Waltherr Hämer und Peter Hämer, bearbeitet von Karl-Robert Schütze, Berlin 2010. Neben den im Titel genannten Teilen enthält der Band auch einen auszugsweisen Überblick über das architektonische Schaffen Walter Hämers.

34 U.a.: Gasolin: Hannover, Welfenplatz; DEA: Hannover, Südtangente.

35 Tankstellen in Stahlkonstruktion, in: Merkblätter über sachgemäße Stahlverwendung, Nr. 277, S. 11; Joachim Kleinmanns, db 5/2002, S. 72.

36 Das ergibt sich aus der Vereinbarung zwischen Prof. Walter Hämer (Hannover, Podbielskistraße 142) und Hardt-Waltherr Hämer (Mannheim, Seckenheimer Straße 11), nach der der Junior mit zehn Prozent beteiligt war.

37 Joachim Kleinmanns: ... in die Jahre gekommen. Typentankstelle in Pforzheim, 1958, 1963, Architekt: Walter Hämer (1899-1973), in: db (Deutsche Bauzeitung) 5/2002, S. 72-76.

38 Tankstellen in Stahlkonstruktion, in: Merkblätter über sachgemäße Stahlverwendung, Nr. 277/1960, S. 3.

39 Die Politik der Purfina in Deutschland, in: Der Tankstellen- und Garagenbetrieb 24, 1957, S. 7f. – Eine weitere Veröffentlichung mit Fotos und Konstruktionszeichnungen: Stations service standardisées. Walter Hämer, architecte, in: AA (Architecture d'Aujourd'hui) 29, 1958, Heft 77, S. 36f.

40 Darmstädter Landstraße; weitere wurden errichtet in: Aachen, (Vaalser Straße 40?); Bergisch-Gladbach-Bensberg; Hannover, Stader Chaussee (heute Vahrenwalder Straße 284); Karlsruhe, Sophienstraße; Mannheim, Neckarauer Straße 118-124; München-Riem; Pforzheim, Heinrich-Wieland-Allee / Sachsenstraße 3; Siegburg, Frankfurter Straße; nicht unter dem Namen Purfina: (Wilnsdorf-) Niederdielfen, Weisstalstraße (Tankstelle der Firma Weißtalwerke Zimmer & Co.).

41 Das Unternehmen befand sich in Hannover-Langenhagen.

42 Der Tankstellen- und Garagenbetrieb 26, 1959, S. 170.

43 Die Zeichnung ist von Linda Pluta-Mehmel unterzeichnet, die mit Prof. Walter Hämer zusammengearbeitet hat. Eine Notiz vom 22.7.1957 nennt die Kosten für die Anlage: in Einzelanfertigung 2.369 DM, von denen 2.000 auf das Gestell entfallen, in Serie (500 Stk. [!]) würden es nur 900 DM sein.

44 Bernd Polster: Tankstellen, Berlin 1982, S. 63.

45 Klaus Idelberger: Tankstellen, in: Bauten des Verkehrswesens – Parkhäuser. Tankstellen. Bahnhöfe. Flughäfen, Gütersloh 1973, S. 13.

Martin Krauß

„Leistungen, die alle in Friedenszeiten erreichten Fortschritte überragen"
Die Grün & Bilfinger AG und andere Unternehmen der Rhein-Neckar-Region im Ersten Weltkrieg[1]

Obwohl man in Deutschland seit Beginn des 20. Jahrhunderts mit einem großen europäischen Krieg rechnete und stark aufrüstete, war die deutsche Wirtschaft beim Beginn des Ersten Weltkriegs im August 1914 nur mangelhaft auf die Produktion von Rüstungsgütern und die Versorgung Deutschlands mit Rohstoffen und Nahrungsmitteln vorbereitet. Man ging von einem kurzen, siegreichen Krieg aus, der längstens neun bis zwölf Monate dauern würde. Daher wurden im Rahmen der Mobilmachungspläne auch keine Vorkehrungen getroffen, um die Produktion in den Rüstungsbetrieben möglichst ungestört aufrechtzuerhalten.[2] Im Fall eines Krieges musste Deutschland mit einer Blockade seiner Seehäfen durch Großbritannien und folglich mit der Unterbrechung der Zufuhr von Rohstoffen und Getreide aus Übersee rechnen. Dieses Problem war Fachleuten wie Arthur Blaustein, dem Syndikus der Mannheimer Handelskammer, zwar bewusst, entsprechende Konsequenzen wurden jedoch nicht gezogen. Im Frühjahr 1914 hielt Blaustein in einer Studie über „Deutschlands wirtschaftliche Kriegsbereitschaft" fest:

„Der größte süddeutsche Getreidehandelsplatz Mannheim empfing z.B. im Jahre 1912 über 800.000 Tonnen überseeischen Getreides. Was für Gefahren für diese Zufuhr bestehen im Kriege, was für Abhilfemaßregeln sind möglich? Die Seezufuhr könnte durch englisch-französische Flotten ganz oder zum größten Teil abgeschnitten werden, die deutschen Seehäfen sowohl wie die neutralen Rheinmündungshäfen blockiert werden, die Ausfuhr aus Erzeugungsgebieten von landwirtschaftlichen Produkten wie Rußland, Rumänien verboten werden oder aus Mangel an Arbeitskräften, Transportmitteln, stärkerem Energieverbrauch usw. stocken. [...] Ein vollkommener Ersatz ist nicht möglich, zumal wenn der Krieg zu Zeiten ausbricht, wo die Inlandsbestände gering sind."[3]

Im September 1914 scheiterte mit der Marne-Schlacht der deutsche Feldzugsplan, der eine rasche Niederwerfung Frankreichs vorgesehen hatte. An der Westfront begann ein bis 1918 andauernder Stellungskrieg, in dem nicht nur mehrere Millionen Soldaten ums Leben kamen, sondern auch bis dahin ungeahnte Mengen an Waffen, Munition, Ausrüstungsgegenständen und anderem Kriegsgerät verbraucht wurden. Die Vorräte des deutschen Militärs waren im Oktober 1914 erschöpft, ab diesem Zeitpunkt musste das Heer bei ständig steigendem Bedarf aus der laufenden Produktion versorgt werden. Bereits zuvor war führenden Industriellen – allen voran Walther Rathenau – schlagartig der gravierende Mangel an wichtigen Rohstoffen bewusst geworden. Daraufhin wurde im preußischen Kriegsministerium eine Kriegsrohstoffabteilung geschaffen, die in ganz Deutschland für die Bewirtschaftung und Beschaffung von Rohstoffen zuständig war. Im Herbst 1914 begann man dann mit der systematischen Mobilisierung materieller und personeller Ressourcen für die Kriegswirtschaft, die im weiteren Verlauf des Krieges immer mehr forciert wurde, insbesondere im Rahmen des „Hindenburg-Programms" in den Jahren 1916/17.

Rüstungsproduktion im Rhein-Neckar-Raum

Im Rhein-Neckar-Raum waren vor Kriegsbeginn nur wenige Unternehmen im Bereich der Rüstung tätig, Waffenfabriken im eigentlichen Sinn gab es in der Region nicht. BBC in Mannheim belieferte die Marine mit Dampfturbinen und elektrischen Maschinen, auch die Maschinenfabrik Mohr & Federhaff, die unter anderem Kräne und Aufzüge herstellte, zählte zu den Lieferanten der Seestreitkräfte. Die Rheinische Automobil- und Motorenfabrik AG, Benz & Cie. hatte sich wie andere Automobilhersteller verpflichtet, im Kriegsfall Kraftfahrzeuge an das Militär zu liefern, wobei PKW aus Mannheim, LKW aus Gaggenau kamen. Die Luftschiffwerft Schütte-Lanz in Mannheim-Rheinau hatte ebenfalls einen Lieferungsvertrag mit dem Kriegsministerium abgeschlossen und auch die Waggonfabrik Fuchs in Heidelberg-Rohrbach zählte als Hersteller von Eisenbahnmaterial zu den potenziell kriegswichtigen Unternehmen. Noch in den Anfängen steckten dagegen die 1913 gegründeten Pfalz-Flugzeugwerke in Speyer, die sich im Verlauf des Krieges dann zum drittgrößten Produzenten von Jagdflugzeugen in Deutschland entwickelten.[4] (Abb. 1)

Als im August 1914 zahlreiche Arbeiter und Angestellte gemäß den Mobilmachungsplänen eingezogen wurden, kam es in vielen Unternehmen zu Störungen der Produktionsabläufe, einzelne kleinere Betriebe mussten sogar ganz stillgelegt werden. Die Folge war ein vorübergehender Anstieg der Arbeitslosigkeit, so nahm etwa in Mannheim die Zahl arbeitssuchender Männer zwischen dem 12. und dem 28. August von 2.355 auf 5.241 zu.[5] Im Oktober 1914 wendete sich dann das Blatt, und im November waren in Mannheim Arbeiter kaum noch „aufzutreiben". Vor allem die Unternehmen der Metall- und Maschinenindustrie übernahmen Aufträge für Heereslieferungen und stellten wie der Armaturenhersteller Bopp & Reuther ihre Anlagen ganz oder teilweise auf die Produktion von Granaten und Zündern um. Auch der Landmaschinenhersteller Heinrich Lanz oder die Schnellpressenfabrik Heidelberg produzierten überwiegend oder ausschließlich für den Rüstungsbedarf. Bei Benz & Cie. gewann der Bau von Motoren für Flugzeuge und U-Boote stark an Bedeutung. Der nominelle Reingewinn des Unternehmens stieg von 8,9 Millionen Mark im Geschäftsjahr 1914/15 kontinuierlich auf 17,2 Millionen Mark im Geschäftsjahr 1917/18; die Dividende wurde im Verlauf des Krieges von zwölf Prozent des Aktienkapitals zunächst auf 20 und schließlich auf 30 Prozent erhöht.[6]

Abb. 1
Serienfertigung von Kampfflugzeugen bei den Pfalz-Flugzeugwerken in Speyer
1918
Foto: Stadtarchiv Speyer

An Stelle der eingezogenen Wehrpflichtigen wurden in den Unternehmen überwiegend Frauen, aber auch Jugendliche und ältere Männer beschäftigt. So arbeiteten beispielsweise im Frühjahr 1917 in den Ludwigshafener Rüstungsbetrieben rund 2.600 Frauen, in Mannheim waren es 1917/18 zwischen 5.000 und 6.000, im Oktober 1918 sogar rund 10.000. Typische Tätigkeiten der Frauen in den Fabriken waren Dreh-, Schleif- und Bohrarbeiten bei der Herstellung von Granaten oder der Zusammenbau von Zündern (Abb. 2). Außerdem übernahmen sie Aufgaben in der Verwaltung, bei der Post und der Straßenbahn. Ab 1915 wurden auch Kriegsgefangene zur Arbeit herangezogen, zunächst hauptsächlich in der Landwirtschaft, später auch in Industrie- und Handwerksbetrieben. Im Dezember 1917 waren in Ludwigshafen rund 1.600 Kriegsgefangene tätig, die Mehrzahl davon in der Chemieindustrie, insbesondere bei BASF und Giulini.[7]

Die bald nach Kriegsbeginn verhängte britische Seeblockade erwies sich als ausgesprochen wirkungsvoll, sie verhinderte die Einfuhr von Metallen, Getreide und Futtermitteln nach Deutschland. Chilesalpeter, der nicht nur als Dünger, sondern auch für die Sprengstoffproduktion von zentraler Bedeutung war, konnte ebenfalls nicht mehr importiert werden. Es zeichnete sich ab, dass dem deutschen Heer innerhalb von wenigen Monaten die Munition ausgehen würde, falls es nicht gelang, einen Ersatz für Chilesalpeter zu finden. Dafür kam in erster Linie eine Technologie der BASF in Frage. Seit 1913 war in Oppau – damals noch eine selbstständige Gemeinde nördlich von Ludwigshafen – die erste großtechnische Anlage nach dem Haber-Bosch-Verfahren in Betrieb. Der dort erzeugte synthetische Ammoniak wurde zu Kunstdünger weiterverarbeitet, eignete sich prinzipiell aber auch als Grundstoff für die Sprengstoffproduktion. Im September 1914 sagte Carl Bosch, einer der führenden Köpfe der BASF, mit dem so genannten „Salpeter-Versprechen" der Obersten Heeresleitung den Bau einer Anlage zur

Martin Krauß

Abb. 2
Granatenfertigung bei den Lederwerken Cornelius Heyl AG in Worms 1915
Foto: Stadtarchiv Worms

Salpetererzeugung innerhalb von sechs Monaten zu. Unter hohem Zeitdruck wurde das dafür notwendige chemische Verfahren zur Umwandlung von Ammoniak in Salpetersäure entwickelt und im Februar 1915 ging die teilweise aus staatlichen Mitteln finanzierte Fabrik in Oppau in Betrieb (Abb. 3). Da das Werk jedoch wiederholt Ziel von Luftangriffen war, errichtete das Unternehmen 1916/17 in Leuna bei Merseburg eine weitere Ammoniakfabrik. 1918 erzeugte BASF fast die Hälfte des in Deutschland verbrauchten Stickstoffs und knapp 80 Prozent des Umsatzes entfielen auf die Kriegsproduktion. Nach einer zeitgenössischen Untersuchung konnte sie ihren Gewinn in den Jahren von 1914/15 bis 1916/17 im Vergleich zu den letzten drei Vorkriegsjahren um fast 19 Millionen Mark steigern.[8]

Grün & Bilfinger zu Kriegsbeginn

Bei der Mannheimer Grün & Bilfinger AG, dem größten Bauunternehmen in der Rhein-Neckar-Region, lagen unmittelbar nach Kriegsbeginn infolge der allgemeinen Unsicherheit und Verwirrung durch die Mobilmachung zunächst alle Baustellen still.[9] Sie kamen jedoch relativ rasch wieder in Gang, mit Ausnahme der Arbeiten für die Festung Graudenz an der Weichsel. Hier hatte die Firma im Juni 1914 einen Auftrag für umfangreiche Erd- und Betonarbeiten im Wert von rund elf Millionen Mark über-

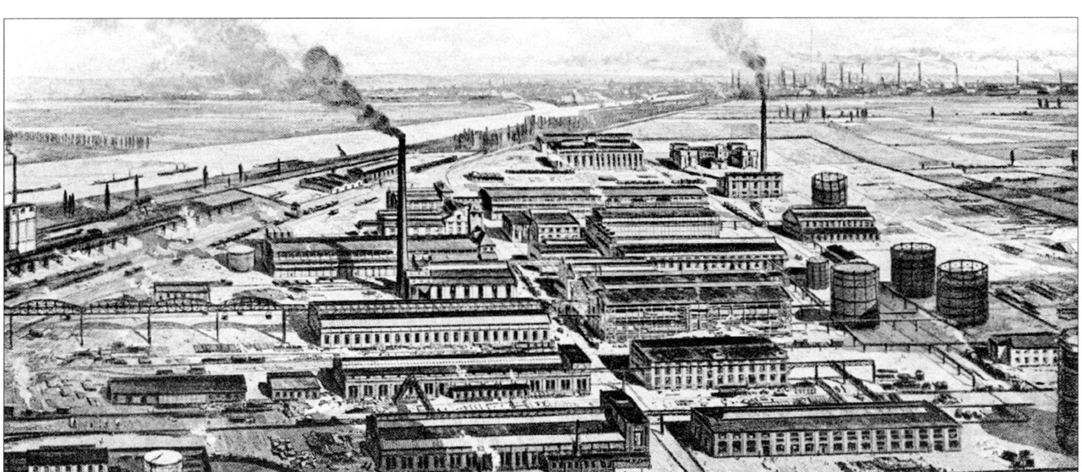

Abb. 3
Werk Oppau der BASF 1915
Unternehmensarchiv BASF SE

Abb. 4 (oben)
Instandsetzung des Pont de Jambes in Namur, Belgien
1914

Abb. 5 (unten)
Instandsetzung der Maasbrücke bei Anchamps, Frankreich
1916

nommen. Auf Anordnung der preußischen Militärbehörden wurde der Baubetrieb nach Kriegsbeginn eingestellt und im März 1915 dann das gesamte Projekt storniert.[10]

Schon bald kristallisierte sich auch für die Bauindustrie der Arbeitskräftemangel als ein Hauptproblem der Kriegswirtschaft heraus. Unmittelbar nach Kriegsbeginn hatte es zunächst noch ein Überangebot an Bauhandwerkern und Hilfsarbeitern gegebenen, vor allem verursacht durch Arbeitseinstellungen im Hochbaugewerbe. Dies änderte sich durch den unerwarteten Kriegsverlauf rasch. Der Vorstand von Grün & Bilfinger hielt dazu fest: „Die Einberufung selbst des ungedienten Landsturms entzog dem Arbeitsmarkt die Kräfte aufs Rascheste und es konnten schon gegen Jahresende Arbeiter nur mit besonderen Versprechungen und gegen Lohnerhöhung eingestellt werden, ohne dass damit aber völlig die Bedürfnisse befriedigt waren." Auf einzelnen Baustellen wurden bereits 1914 Kriegsgefangene eingesetzt, die nach Ansicht des Vorstands aber keinen „vollwertigen Ersatz" für reguläre Arbeitskräfte darstellten.[11]

Eine weitere Folge des Krieges waren Preissteigerungen für zahlreiche Produkte, insbesondere „Erzeugnisse der Metallindustrie, Öle und Fette, Kohlen, Baustoffe, Brennstoffe, Gummi- und Dichtungsartikel". Die dadurch verursachten Kosten konnten größtenteils nicht an die Auftraggeber weitergegeben werden, mit denen man Verträge auf der Basis von Friedenspreisen abgeschlossen hatte. Es war daher nicht zu vermeiden, dass einige noch vor Kriegsbeginn übernommene Projekte mit Verlusten abschlossen. Diese wurden jedoch durch neue, kriegsbedingte Aufträge von Behörden und militärischen Dienststellen mehr als ausgeglichen, zumal die neuen Aufträge in der Regel auf der Basis von so genannten Selbstkostenverträgen abgewickelt wurden. Die Unternehmen erhielten dabei die nachgewiesenen Selbstkosten sowie einen Gewinnzuschlag. Grün & Bilfinger übernahm ab Herbst 1914 eine Reihe von Aufträgen zur Instandsetzung von zerstörten oder beschädigten Brücken und Tunneln in Belgien, Frankreich sowie in Ostpreußen.[12] (Abb. 4 und 5)

„Kriegsbahnen" in Belgien

Durch das Andauern des Krieges und die verlustreichen Materialschlachten im Westen gewann der Ausbau der Infrastruktur in den besetzten Gebieten an Bedeutung. Die Eisenbahn war das bei weitem wichtigste Verkehrsmittel für den Transport von Truppen und Material aus Deutschland an die Front. Unmittelbar nach dem Feldzug 1914 waren zunächst gesprengte Bauwerke wieder in Stand gesetzt worden, in einer zweiten Phase ab 1915 begann dann der Aus- und Neubau von strategisch wichtigen „Kriegsbahnen" im Osten Belgiens. Auftraggeber war der Chef des Feldeisenbahnwesens

General Wilhelm Groener bzw. die ihm unterstehende Militär-Generaldirektion der Eisenbahnen in Brüssel. Dabei wurden komplexe Bauaufgaben wie die Erstellung von Brücken und Tunneln an Bauunternehmen vergeben, die sie mit eigenem Personal ausführten, während die Gleise meist von Eisenbahntruppen verlegt wurden.[13]

Südlich von Spa wurde die Strecke zwischen Rivage und Vielsalm zweigleisig ausgebaut, hinzu kam eine neue Verbindungsbahn von Vielsalm über Poteau nach Born auf damals deutsches Territorium (Abb. 7). Auf der Strecke zwischen Rivage und Vielsalm war Grün & Bilfinger mit dem Ausbau eines Tunnels bei Trois-Ponts beschäftigt, der von belgischen Truppen auf dem Rückzug gesprengt worden war. Im Herbst 1914 hatte das Unternehmen zunächst das beschädigte Gewölbe in der Mitte des Tunnels ausgebessert und ihn wieder befahrbar gemacht. Zwischen Mai und Dezember 1915 wurde das Bauwerk dann für den zweigleisigen Betrieb erweitert, wobei der Bahnverkehr permanent aufrechterhalten werden musste (Abb. 6).

Abb. 6
Ausbau des Tunnels bei Trois-Ponts, Belgien
1915

„Leistungen, die alle in Friedenszeiten erreichten Fortschritte überragen"

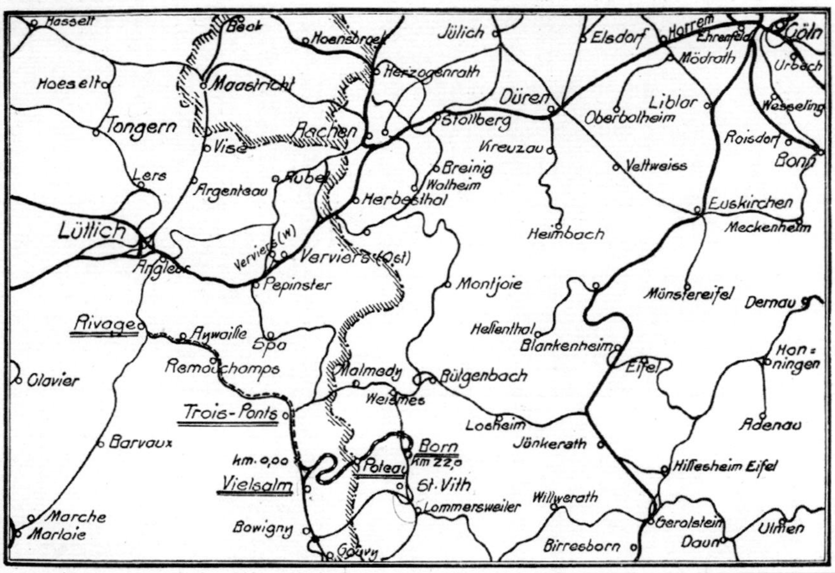

Abb. 7
Karte der „Kriegsbahn" Rivage – Trois Ponts – Vielsalm – Poteau – Born
1915

Von April 1915 bis Juli 1916 errichte Grün & Bilfinger außerdem bei Vielsalm einen Talübergang für die neue Bahn nach Poteau und Born. Der 260 Meter lange und bis zu 33 Meter hohe Viadukt wurde in massiver Bauweise aus Beton und Mauerwerk erstellt. Hinzu kamen umfangreiche Erd- und Baggerarbeiten für die Bahntrasse, wobei neben belgischen Arbeitern auch russische Kriegsgefangene eingesetzt wurden.[14] (Abb. 8 und 9)

Ein kompletter Neubau war die Bahnlinie von Tongres über Visé und Gemmenich nach Aachen, die zur Entlastung der bestehenden Verbindung zwischen Lüttich und Aachen dienen sollte (Abb. 10). Für die 50 km lange Strecke mussten vier Tunnels und sechs große Brückenbauwerke erstellt werden. Grün & Bilfinger übernahm dabei die Aufträge zum Bau des Geultalviadukts bei Moresnet und des Tunnels bei Veurs. Das ganze Projekt war in 17 Lose unterteilt, die an deutsche Unternehmen nach den Bedingungen des so genannten „Kolonialvertrags" vergeben wurden. Die Vergütung für die erbrachten Bauleistungen bestand dabei aus vier Komponenten:[15]

1. einem Festbetrag als Ersatz für die heimischen Verwaltungskosten und die sonstigen nicht nachzuweisenden Selbstkosten,

Abb. 8
Talbrücke Vielsalm, Belgien
1916

Abb. 9
Bau der Bahnstrecke bei Vielsalm, Belgien
1916

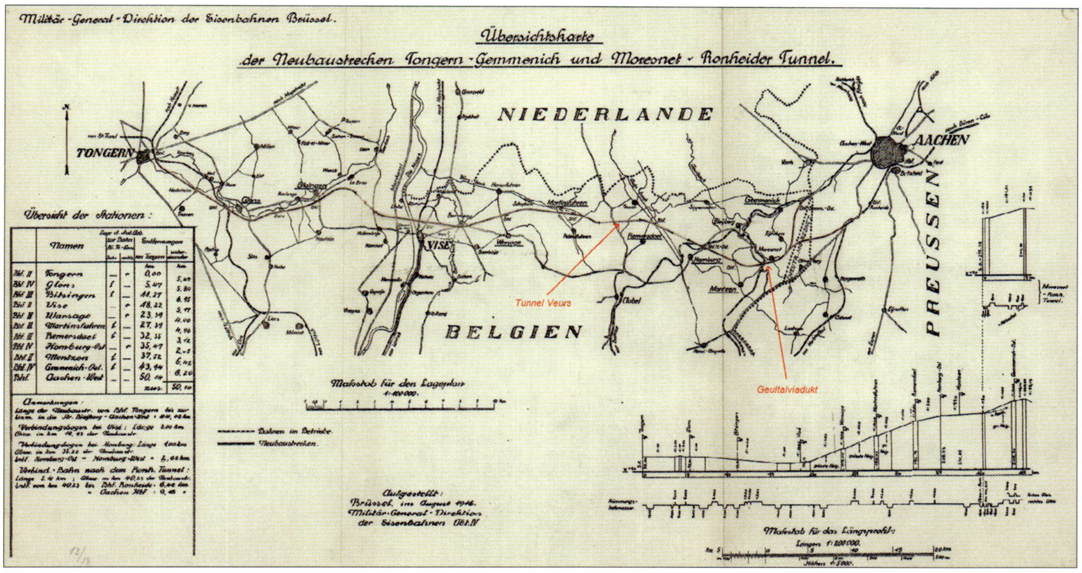

Abb. 10
Karte der „Kriegsbahn" Tongres – Visé – Aachen 1915

2. den zur Erfüllung der vertragsmäßigen Leistungen aufgewendeten und nachgewiesenen Selbstkosten,

3. einem Unternehmergewinn in Höhe von zehn Prozent der nachgewiesenen Eigenkosten,

4. einer Ersparnisprämie von 25 Prozent des Betrags, um welchen die Eigenkosten unter dem Kostenvoranschlag blieben.

Dieser Vertrag barg für die Unternehmen relativ geringe Risiken, sofern der Kostenvoranschlag realistisch kalkuliert war und bei der Bauausführung keine unvorhergesehenen Probleme auftraten. Außerdem bot er durch die Ersparnisprämie zusätzliche finanzielle Anreize, die Selbstkosten niedrig zu halten, was wiederum für den Auftraggeber von Vorteil war.

Bau der Geultalbrücke bei Moresnet

Zusammen mit der Brückenbauanstalt der MAN in Gustavsburg am Main reichte Grün & Bilfinger Entwürfe für zwei Brücken über die Maas bzw. den Maaskanal bei Visé sowie für die Geultalbrücke bei Moresnet ein, sie war mit einer Länge von 1.100 m das größte Brückenbauwerk der gesamten Strecke. Alle drei Brücken waren weit gespannte Stahlkonstruktionen auf betonierten Pfeilern, da die Projekte nur bei dieser Bauart innerhalb der vom Militär geforderten Bauzeit von eineinhalb Jahren zu realisieren waren. Der Bau von massiven gewölbten Viadukten dieser Größe hätte wesentlich länger gedauert und mehr Arbeitskräfte und Material erfordert. Die Entwürfe von Grün & Bilfinger und MAN erhielten den Zuschlag, die Arbeiten wurden allerdings getrennt an vier Stahlbau- und drei Tiefbauunternehmen vergeben. Grün & Bilfinger wurde mit dem Bau der östlichen Hälfte der Geultalbrücke beauftragt, die westliche ging an die Dyckerhoff & Widmann AG aus Biebrich bei Wiesbaden.

Grün & Bilfinger errichtete das östliche Widerlager sowie elf der insgesamt 21 Pfeiler, die teilweise 50 m über dem Talgrund aufragen und in bis zu zehn Meter Tiefe gegründet wurden (Abb. 11 und 12). Allein für das Los von Grün & Bilfinger mussten über 22.000 m³ Beton verarbeitet werden, wobei die Beschaffung der Baustoffe nicht unproblematisch war. Der benötigte Kies wurde zum größten Teil im Rhein gebaggert, auf dem Wasserweg durch Holland nach Antwerpen transportiert und dort auf die Eisenbahn umgeladen. Da die neutralen Niederlande mitunter den Transit verweigerten, musste zeitweilig auf Kies aus einer Grube in Geilenkirchen bei Aachen zurückgegriffen werden. Das Unternehmen beschäftigte auf dieser Baustelle zwischen 100 und 200 Arbeiter, vorwiegend Belgier, nur die Angestellten und einzelne Facharbeiter waren Deutsche. Es herrschte permanent Mangel an Arbeitskräften, da auch auf den Nachbarlosen Arbeiter gesucht wurden. Innerhalb eines Jahres wurden die Löhne um neun Prozent angehoben, um die Arbeiter zu halten, die zusätzlich zu ihrem Lohn auch kostenlose Verpflegung erhielten. Die Bauarbeiten begannen im August 1915 und im Februar 1917 konnte die Brücke in Betrieb genommen werden. Sie wurde

Abb. 11
Bau der Pfeiler des Geultalviadukts, Belgien
1916

nach General Wilhelm Groener benannt, ehemals Chef des Feldeisenbahnwesens und von Herbst 1916 bis August 1917 Leiter des Obersten Kriegsamts, der im Rahmen des Hindenburg-Programms geschaffenen zentralen Behörde zur Steuerung der Kriegswirtschaft.[16] (Abb. 13)

Bau des Veurs-Tunnels

Neben den Unterbauten für das Geultalviadukt erhielt Grün & Bilfinger den Zuschlag für ein weiteres Los der Neubaustrecke von Tongres nach Aachen. In der Nähe der Ortschaft Veurs errichtete das Unternehmen zwischen 1915 und 1918 einen 2.100 m langen Doppeltunnel. Grün & Bilfinger hatte der militärischen Eisenbahnverwaltung diese Bauform vorgeschlagen, da eine eingleisige Tunnelröhre schneller fertiggestellt werden konnte als eine zweigleisige und die Bahnlinie daher zu einem früheren Termin befahrbar war. Die erste Röhre wurde im Februar 1917, die zweite im Januar 1918 in Betrieb genommen. (Abb. 14 und 15)

Abb. 12
Montage des Überbaus des Geultalviadukts, Belgien
1916

Der Veurs-Tunnel war in jeder Hinsicht das größte Projekt von Grün & Bilfinger während des Ersten Weltkriegs. Noch mehr als auf anderen Baustellen bereitete hier die Anwerbung geeigneter Arbeitskräfte Schwierigkeiten. Vor Kriegsbeginn hatte das Unternehmen auf seinen Tunnelbaustellen überwiegend italienische Arbeiter beschäftigt, die Spezialisten im Tunnelbau waren. Bei Abgabe des Angebots für den Veurs-Tunnel war man davon ausgegangen, auch für dieses Projekt wieder Italiener anwerben zu können. Durch den Kriegseintritt Italiens an der Seite der Entente im Mai 1915 war dies jedoch nicht mehr möglich und den noch in Deutschland verbliebenen Italienern, die früher für Grün & Bilfinger gearbeitet hatten, „verweigerten die stellvertretenden deutschen General-Kommandos, [...] trotz wiederholter und eindringlicher Vorstellung und Befürwortung durch die Militär-General-Direktion der Eisenbahnen, die Ausreise mit der Begründung, dass diese Leute auch in Deutschland zu dringenden Heeresarbeiten gebraucht würden".

Man versuchte dann, in der Schweiz Tunnelarbeiter zu engagieren, erzielte aber nicht den gewünschten Erfolg. Schließlich ging das Unternehmen dazu über, „aus den Gruben des Lütticher Beckens Bergarbeiter anzuwerben und für den Tunnelbau anzulernen". Im Baubericht wurde festgehalten: „Um diese Leute zum Übertritt zu bewegen, mussten hohe Löhne und außerdem Prämien gewährt werden. Die Schwere der Arbeit und die Nässe im Tunnel sowie die Abgelegenheit der Arbeitsstelle, die besonders für Feierstunden wenig Zerstreuung bot, sagten den Leuten nicht zu und viele traten nach kurzer Tätigkeit wieder aus." Auf Anraten des Auftraggebers wurde auch das „Industriebüro Brüssel" eingeschaltet, es sollte belgische Arbeitskräfte für die deutsche Wirtschaft rekrutieren. Die Zusammenarbeit wurde jedoch bald wieder eingestellt, da „statt Tunnelarbeitern meist schwächliche Gelegenheitsarbeiter aus der Großstadt zugewiesen" wurden, während das

Industriebüro gleichzeitig „die kräftigen Leute" von der Baustelle für Betriebe in Deutschland abwarb.

Auch die Beschäftigung von 200 russischen Kriegsgefangenen, die dem Unternehmen im Mai 1916 von der Heeresverwaltung zugewiesen wurden, war ein Fehlschlag. Die Gefangenen mussten in einem eigenen Lager untergebracht werden, dessen Einrichtung und Unterhaltung hohe Kosten verursachte. Außerdem war ihre Arbeitsleistung „so gering, dass die Firma, um größere Verluste zu vermeiden, am 27. September 1916 den Antrag stellen musste, die Gefangenen wieder wegzunehmen". Aus Sicht des Unternehmens war es durchaus „begreiflich, dass bei den Gefangenen keine Arbeitslust vorhanden war". Unverständlich war dagegen die Haltung ihrer zahlreichen Bewacher, die nicht bereit waren, „bei der Anweisung und Anleitung der Gefangenen mitzuwirken". Nach Ansicht von Grün & Bilfinger wollte die Militärverwaltung mit dem Einsatz von Kriegsgefangenen den Lohnforderungen der freien Arbeiter begegnen und diesen demonstrieren, dass man nicht auf sie angewiesen sei. Erreicht wurde jedoch das genaue Gegenteil, „da die Russen bei jedem nichtigen Anlass einfach die Arbeit verweigerten, und da die Wachmannschaft nicht eingriff, wurden insbesondere bei den belgischen Arbeitern die Lohnforderungen nur immer größer und die Leistungen geringer". Der Abzug der Kriegsgefangenen wurde von der Bauleitung daher „als Wohltat empfunden". (Abb. 16)

Nach langen Bemühungen wurden schließlich „150 deutsche Bergleute aus dem Siegener Bergbaubezirk von verschiedenen Truppenteilen" freigestellt, sie konnten relativ rasch als Tunnelarbeiter angelernt werden. Ein daraufhin gestelltes „weiteres Gesuch um Freigabe einer größeren Anzahl deutscher Bergleute" wurde von den Militärbehörden jedoch abgelehnt, ebenso wie ein Antrag, auf „österreichischem Gebiet selbst Leute anzuwerben". Stattdessen wurden „70 kroatische, nicht felddienstfähige Mineure" nach Veurs geschickt. Sie waren „zwar keine vollwertigen Tunnelarbeiter" und machten „durch hohe Lohnansprüche, häufiges Fernbleiben von der Arbeit, Raufhändel usw. viele Schwierigkeiten". Da ihnen der Tunnelbau aber doch „nicht fremd" war, trug ihre Arbeitsleistung durchaus zur raschen Fertigstellung der ersten Röhre bei.

Abb. 13
Deutsche Inschrift am Geultalviadukt, Belgien 1916

Beim Bau des Veurs-Tunnels waren zeitweilig über 3.000 Arbeiter beschäftigt, die von Grün & Bilfinger untergebracht und verpflegt werden mussten, denn die Baustelle lag abseits von größeren Ortschaften. Da die in den benachbarten Losen tätigen Bauunternehmen ebenfalls nach Arbeitskräften suchten, war es wichtig, die Arbeiter nicht nur durch hohe Löhne, sondern auch durch soziale Einrichtungen auf der Baustelle zu halten. Dazu zählten geräumige und saubere „Unterkunfts- und Schlafräume, die Verabreichung guter Kost" sowie die „Einrichtung von Verkaufsstellen", in denen „Arbeiterbedarfsartikel zu billigen Preisen zu erhalten waren". Das Unternehmen betrieb eine eigene Viehwirtschaft mit zahlreichen Rindern, Schweinen, Scha-

Abb. 14
Voreinschnitt des Veurs-Tunnels, Belgien 1918

Abb. 15
Portale des Veurs-Tunnels, Belgien
1918

Abb. 16
Russische Kriegsgefangene auf der Baustelle des Veurs-Tunnels, Belgien
1916

fen und Hühnern. Fleisch, Wurstwaren, Käse und Milch wurden selbst erzeugt, dazu diente unter anderem eine komplette Schlachterei mit allen notwendigen Einrichtungen. Die Unterbringung der Arbeiter war unterschiedlich und vom sozialen Status abhängig. Es gab sowohl Wohnbaracken mit Einzelzimmern, als auch solche mit Schlafsälen für bis zu 70 Personen. Hinzu kamen Küchen, Speise- und Aufenthaltsräume, Badeanstalt, Wäscherei und Krankenstation. Einschließlich aller Werkstätten, Maschinenhäuser und Lagerschuppen umfasste die gesamte Baustelleneinrichtung 167 Gebäude.

Im Verlauf des Jahre 1916 und 1917 traten immer häufiger Engpässe bei der Beschaffung von Zement, Kies und anderen Materialien auf. Deren Transport nach Veurs stellte eine zusätzliche Herausforderung dar. Während der gesamten Bauzeit mussten 33.000 Waggons mit Baustoffen über das ohnehin chronisch überlastete Eisenbahnnetz herangeschafft werden. Für Maschinen, Geräte und Lebensmittel wurden weitere 600 Wagenladungen benötigt. Doch nicht nur logistische Probleme, sondern auch bürokratische Hemmnisse und Kompetenzwirrwarr behinderten den Baufortschritt. Im Juli 1915 begann das deutsche Militär mit der Errichtung eines elektrisch geladenen Grenzzauns zwischen Belgien und den Niederlanden, der zunächst mitten durch das Baugelände führen sollte. Die Grenzschutzeinheit war über die Linienführung der Bahn nicht informiert worden und die Bauleitung wusste umgekehrt nicht, dass ein Zaun errichtet werden sollte. In langwierigen Verhandlungen gelang es zwar, diesen etwas zu verschieben, die Belange des Unternehmens wurden dabei jedoch kaum berücksichtigt, sodass sich Einrichtungsarbeiten und Transporte verzögerten und verteuerten. Die eigentlichen Tunnelbauarbeiten gestalteten sich auf Grund der geologischen Verhältnisse als ausgesprochen schwierig. In die Stollen drangen große Mengen Wasser ein, die permanent abgepumpt werden mussten. Zur Beschleunigung des Vortriebs wurden insgesamt drei Schächte abgeteuft, so dass die Tunnelröhren von mehreren Stellen aus gleichzeitig aufgefahren werden konnten.

Nach der Fertigstellung der zweiten Tunnelröhre im Januar 1918 waren noch Restarbeiten zu erledigen und die Baustelle zu räumen. Der Abtransport von Maschinen und Materialien war zunächst jedoch nicht möglich, da die deutsche Frühjahrsoffensive sämtliche Bahnkapazitäten in Anspruch nahm. Während dieser Zeit rollten täglich zwischen 120 und 150 Militärzüge durch den Veurs-Tunnel zur Front. Erst im Sommer 1918 konnten 200 Wagenladungen mit Baugeräten nach Deutschland und zu anderen Baustellen auf den Weg gebracht werden. Auf Anordnung der Militär-Generaldirektion der Eisenbahnen durften sämtliche landwirtschaftlich genutzten Gebäude, Wohnbaracken für Angestellte, ein Sägewerk und eine Reparaturwerkstätte

Abb. 17
Durchschlagsfeier am Veurs-Tunnel, Belgien, 20. August 1916
Vierter von links: Paul Bilfinger, Generaldirektor der Grün & Bilfinger AG

nicht demontiert werden. Die Behörde glaubte noch immer an einen deutschen Sieg und wollte die Anlage nach Kriegsende als Erholungsheim für Eisenbahner nutzen. Als sich die militärische Lage dann für die deutschen Truppen zusehends verschlechterte, konnte die Baustelle nicht mehr geordnet geräumt werden. Der immer noch vorhandene Viehbestand musste mit Verlust an die Einwohner der umliegenden Ortschaften verkauft werden, die Baracken wurden zerlegt, konnten aber nicht mehr abtransportiert werden. Die letzten Arbeiter und Angestellten von Grün & Bilfinger verließen Veurs am 12. November 1918, also einen Tag nach dem Waffenstillstand. Sie ließen zahlreiches Gerät zurück, darunter zehn Kilometer Feldbahngleise und 55 Rollwagen.

Als man zum Jahresende 1918 Bilanz zog und die Baustelle abrechnete, ergab sich ein Gesamtaufwand von 14,2 Millionen Mark. Der dem Bauvertrag zu Grunde liegende Kostenvoranschlag sah dagegen nur 12,6 Millionen Mark vor. Grün & Bilfinger begründete die Erhöhung der Baukosten zum einen mit der „gewaltigen Steigerung der Löhne und der Preise für Baustoffe und Betriebsmittel" in Folge des 1916 aufgestellten Hindenburg-Programms, zum anderen mit der unerwartet langen Kriegsdauer. Bei Ausschreibung der Bauarbeiten im Frühjahr 1915 habe man allgemein angenommen, „dass mindestens die zweite Röhre unter friedlichen Verhältnissen fertiggestellt werden könne, weil an eine Verlängerung des Krieges über das Jahr 1916 hinaus weder die ausschreibende Behörde noch irgend einer der sich bewerbenden Unternehmer" gedacht habe. Da Grün & Bilfinger nachweisen konnte, dass die Verteuerung nicht auf eigenes Verschulden zurückzuführen war, wurden die Mehrkosten schließlich vom Auftraggeber anerkannt und bezahlt.[17]

Am 23. Juni 1919 veröffentlichte der Ludwigshafener Generalanzeiger unter der Überschrift „Die deutschen Bahnbauten in Belgien" die Übersetzung des Berichts eines belgischen Ingenieurs in der Zeitung „La Nation Belge". Er beginnt wie folgt: „Die belgische Eisenbahnverwaltung übergibt jetzt dem Verkehr die neue Linie, die Tongern mit Aachen verbindet, ein Glied der direkten Verbindung Brüssel-Löwen-Aachen-Köln. Wir wollen die Gelegenheit wahrnehmen und sofort die Reise von Tongern nach Gemmenich auf dieser Strecke machen, von der wir während des Krieges von Maastricht aus

„Leistungen, die alle in Friedenszeiten erreichten Fortschritte überragen"

General-Anzeiger Ludwigshafen a. Rh.

Nr. 142. Zweites Blatt. Montag, den 23. Juni 1919 45. Jahrgang.

Die deutschen Bahnbauten in Belgien.

Vermischtes.

Briefkasten der Redaktion.

tagtäglich die erstaunlichen Fortschritte beobachteten und die durch unsere Feinde ausgeführten Arbeiten bewunderten. Sowohl vom technischen wie vom künstlerischen Standpunkt aus handelt es sich hier um ein Meisterwerk, das außer jedem Vergleich stehen muss und das verdient, als Beispiel angeführt zu werden, selbst in einem Lande, wo das Bahnnetz so entwickelt und modernisiert war wie bei uns." Als Fazit hielt der Verfasser fest: „Die Deutschen haben uns mit dieser Bahn ein prächtiges Geschenk gemacht, das für die Verbindung Antwerpens mit seinem Hinterland riesig ins Gewicht fällt."[18] (Abb. 18)

Der Zeitungsartikel wurde bei Grün & Bilfinger aufmerksam zur Kenntnis genommen und sorgfältig archiviert. Man war stolz auf die beim Bau des Geultalviadukts und des Veurs-Tunnels unter extrem schwierigen Bedingungen erbrachten Leistungen, die nach Ansicht der Unternehmensleitung „alle selbst in Friedenszeiten in Deutschland erreichten Fortschritte" überragten.[19] Man befand sich jedoch 1919 in der misslichen Lage, dass man mit diesen während des Krieges realisierten Bauprojekten, die jetzt dem „Feind" zu Gute kamen, schwerlich Werbung betreiben konnte, zumal sich das Unternehmen in dieser Zeit verstärkt um Aufträge im neutralen Ausland, speziell in Skandinavien, bemühte. Letztlich musste man sich damit begnügen, umfangreiche Berichte über die ausgeführten Projekte anzufertigen, um sich so der eigenen Leistungen zu vergewissern.

Strategisch wichtige Bahnbauten in Deutschland

Die unerwartet lange Dauer des Krieges führte dazu, dass auch in Deutschland militärisch wichtige Eisenbahnprojekte intensiver vorangetrieben wurden. Bereits im Zusammenhang mit der Ausarbeitung des Schlieffen-Plans hatte Wilhelm Groener als Generalstabsoffizier in den Jahren 1906 und 1911 den Bau zusätzlicher Rheinbrücken gefordert,

Abb. 18 (oben)
Ausschnitt aus dem Ludwigshafener Generalanzeiger vom 23. Juni 1919

Abb. 19 (Mitte)
Rheinbrücke Remagen 1919

Abb. 20 (unten)
Tunnel durch die „Erpeler Ley", 1919

um den deutschen Aufmarsch gegen Frankreich beschleunigen zu können. Dazu zählten die Brücken bei Rüdesheim, Neuwied und Remagen. Vor Kriegsbeginn war lediglich mit dem Bau der Brücke zwischen Rüdesheim und Bingen begonnen worden, sie wurde 1915 fertiggestellt. Die Brücken bei Neuwied-Engers und Remagen wurden ab Herbst 1916 errichtet. Die Bauwerke waren konstruktiv weitgehend identisch, die Entwürfe stammten von dem Mannheimer Architekten Karl Wiener. In beiden Fällen übernahm die Grün & Bilfinger AG den Bau der Widerlager, Flutbrücken und Strompfeiler. Hinzu kam der Tunnel durch die „Erpeler Ley" auf dem rechten Rheinufer, unmittelbar im Anschluss an die Brücke von Remagen. Der Auftragswert für alle drei Projekte betrug insgesamt 4,7 Millionen Mark, die beiden Brücken wurden noch vor Kriegsende, der Tunnel jedoch erst 1919 fertiggestellt.[20] (Abb. 19 und 20)

Völlig in den Anfängen stecken blieb dagegen ein weiteres Großprojekt mit militärischem Hintergrund, der Bau einer neuen Bahnlinie auf dem rechten Moselufer. Teil dieser Strecke sollte ein 2.500 Meter langer Tunnel zwischen den Ortschaften Treis und Bruttig sein. Im Frühjahr 1917 erhielt Grün & Bilfinger den Auftrag zum Bau dieses Tunnels im Wert von fast acht Millionen Mark. Er wurde allerdings erst 1920 fertiggestellt und blieb das einzige Bauwerk der geplanten neuen Moselbahn, deren Weiterbau Deutschland im Vertrag von Versailles untersagt wurde.[21] (Abb. 21 und 22)

Finanzielle Bilanz des Krieges

Wie die meisten deutschen Unternehmen erwirtschaftete auch die Grün & Bilfinger AG während des Ersten Weltkriegs Gewinne. Die höchsten Erträge wurden 1916 erzielt, der in der Bilanz für dieses Jahr ausgewiesene Reingewinn betrug rund 816.000 Mark. Darüber hinaus konnten offene und stille Reserven in Höhe von fast 1,5 Millionen Mark geschaffen werden. Hinzu kamen „Rückstellungen und Rückhalte auf Bauten und berechtigte Nachforderungen", so dass Grün & Bilfinger zum Ende des Geschäftsjahrs 1916 über „Gesamt-Reserven" von rund 5,5 Millionen Mark verfügte. Der auf Grund des Kriegsgewinnsteuergesetzes vom 21. Juni 1916 zu zahlende Betrag

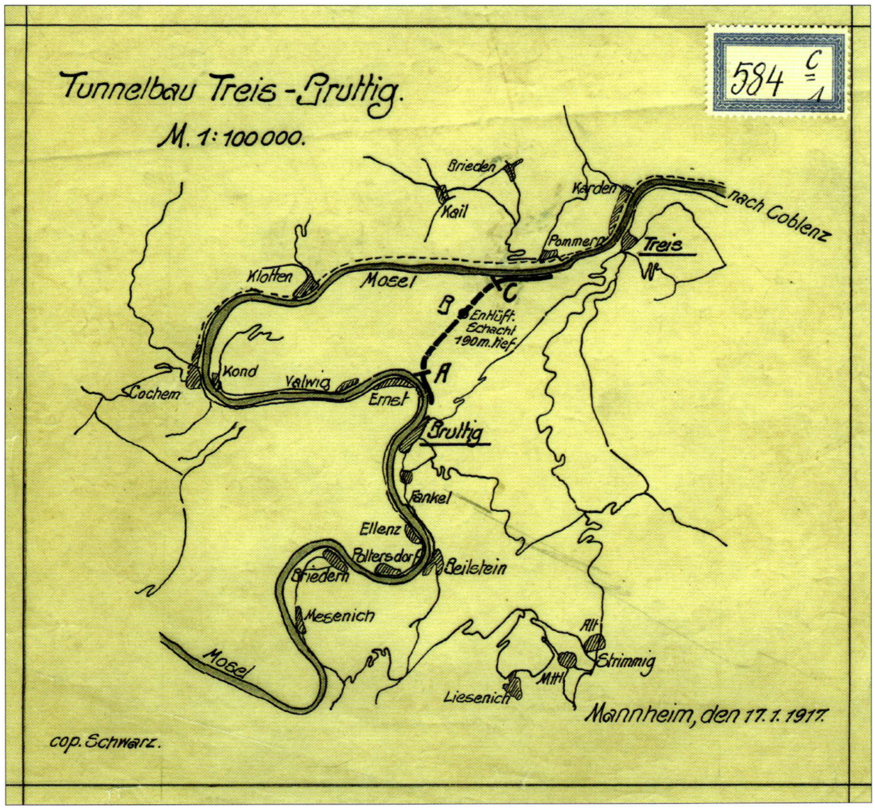

Abb. 21 (oben)
Lageplan des Tunnels Treis – Bruttig 1917

Abb. 22 (unten)
Durchschlagsfeier des Tunnels Treis - Bruttig am 20. Dezember 1919

Abb. 4 bis 22: Unternehmensarchiv Bilfinger SE

in Höhe von 800 Mark fiel dagegen kaum ins Gewicht. Die gute Ertragslage spiegelte sich auch in der Dividende: Zu Beginn des Krieges hatte man die Ausschüttung vorsichtshalber von 7,5 auf sechs Prozent des Grundkapitals reduziert, da der weitere Verlauf der Geschäftsentwicklung noch nicht absehbar war; 1916 wurde die Dividende dann auf acht Prozent erhöht und auf diesem Niveau bis 1919 beibehalten.[22] Grün & Bilfinger profitierte also durchaus vom Ersten Weltkrieg. Im Vergleich mit anderen Unternehmen, insbesondere der metallverarbeitenden und der chemischen Industrie, fiel die Steigerung der Dividenden jedoch eher bescheiden aus.

1 Überarbeitete Fassung eines Vortrags im Stadtarchiv Mannheim - Institut für Stadtgeschichte am 15. Juli 2015.

2 Vgl. Hardach, Gerd: Der Erste Weltkrieg 1914-1918, München 1973, S. 63-82.

3 Blaustein, Arthur: Deutschlands wirtschaftliche Kriegsbereitschaft, Berlin 1914, S. 11.

4 Vgl. Schäfer, Hermann: Regionale Wirtschaftspolitik in der Kriegswirtschaft. Staat, Industrie und Verbände während des Ersten Weltkriegs in Baden, Stuttgart 1983, S. 40f.; Michels, Jürgen / Seelinger, Peter: Luftfahrtgeschichte in und um Speyer, Zweibrücken 1998, S. 167f.

5 Vgl. Schäfer: Regionale Wirtschaftspolitik, S. 36.

6 Vgl. ebd. S. 42-44 und S. 238; Förster, Wolfram: Benz & Cie. Rheinische Automobil- und Motorenfabrik AG. Eine unternehmensgeschichtliche Skizze, in: Badische Heimat 72, 1992, S. 183-230, hier S. 203-205; Krauß, Martin: Vom Glockenguss zum Offsetdruck. Geschichte der Heidelberger Druckmaschinen AG, Ubstadt-Weiher 2000, S. 45.

7 Vgl. Friedrich, Claudia: Burgfrieden und Brotunruhen. Ludwigshafen im Ersten Weltkrieg, in: Mörz, S. / Becker, K. J. (Hrsg.): Geschichte der Stadt Ludwigshafen am Rhein, Bd. 1: Von den Anfängen bis zum Ende des Ersten Weltkrieges, Ludwigshafen 2003, S. 846-890, hier S. 857-868; Krauß, Martin: Im Ersten Weltkrieg, in: Nieß, U. / Caroli, M. (Hrsg.): Geschichte der Stadt Mannheim, Band 3: 1914-2007, Ubstadt-Weiher 2009, S. 1-49, hier S. 43; Thalmann, Heinrich: Die Pfalz im Ersten Weltkrieg. Der ehemalige bayerische Regierungskreis bis zur Besetzung Anfang Dezember 1918, Kaiserslautern 1990, S. 174f.

8 Vgl. Johnson, Jeffrey Allan: Die Macht der Synthese (1900-1925), in: Abelshauser, W. (Hrsg.): Die BASF. Eine Unternehmensgeschichte, München 2002, S. 117-219; Fuchs, Rudolf: Die Kriegsgewinne der verschiedenen Wirtschaftszweige in den einzelnen Staaten an Hand statistischer Daten dargestellt, Diss. Zürich 1918, S. 97.

9 Vgl. zum Folgenden: Stier, Bernhard / Krauß, Martin: Drei Wurzeln – ein Unternehmen. 125 Jahre Bilfinger Berger AG, Heidelberg 2005, S. 61-77.

10 Unternehmensarchiv Bilfinger SE (UA B), A 4465: Geschäftsbericht für den Aufsichtsrat zum 1.10.1914; Geschäftsbericht für den Aufsichtsrat für 1914.

11 Ebd. Geschäftsbericht für den Aufsichtsrat für 1914

12 Ebd. Geschäftsbericht für den Aufsichtsrat zum 1.10.1914; Geschäftsbericht für den Aufsichtsrat für 1914; Geschäftsbericht für den Aufsichtsrat für 1916.

13 Vgl. Groener, Wilhelm: Lebenserinnerungen. Jugend, Generalstab, Göttingen 1957, S. 275; Sarter, Adolph: Die deutschen Eisenbahnen im Kriege, Stuttgart 1930, S. 185f.

14 Vgl. Das deutsche Feldeisenbahnwesen. Bd. 1: Die Eisenbahnen zu Kriegsbeginn, Berlin 1928, S. 74f; UA B, A 1059: Baubericht über die Erweiterung und Auswechslung des Tunnels südlich Trois-Ponts, in den Monaten Mai - Dezember 1915, vom September 1916; Erinnerung an den Bau der Kriegsbahn Rivage – Vielsalm – Poteau – Born (Eifel) 1915/16, Mannheim o.J.

15 UA B, A 2001: Vertrag zum Bau der Landungsbrücke in Lomé vom 11./17.11.1911; A 830: Vertrag zum Bau der Landungsbrücke in Swakopmund vom 27.12.1911/2.1.1912.

16 UA B, A 1342: Baugeschichte der Geultalbrücke bei Moresnet vom März 1919, Beschreibung der Geultalbrücke bei Moresnet vom 20.1.1921; Kriegsbahn Tongern-Visé-Gemmenich 1915/16, Mannheim o.J.

17 UA B, A 1100: Baugeschichte für Los X der Kriegsbahn Tongern – Visé – Gemmenich – Aachen West vom April 1919; Baubeschreibung für Los X der Kriegsbahn Tongern – Aachen.

18 Ebd.: Ausriss aus dem Ludwigshafener General-Anzeiger vom 23.6.1919 (Nr. 142, Zweites Blatt).

19 Ebd.: Baugeschichte für Los X der Kriegsbahn Tongern – Visé – Gemmenich – Aachen West vom April 1919.

20 UA B, A 1142: Bauvertrag Brücke Remagen vom 19.11.1917; A 1213: Bauvertrag Tunnel Erpel vom 21.3.1917 und Nachtragverträge vom 31.10.1917 und 30.3.1918; A. 1159: Kostenvoranschlag Brücke Neuwied-Engers vom 20.4.1916.

21 UA B, A 2044: Bauvertrag Tunnel Pommern/Mosel vom 23.7.1917; vgl. Sarter: Die deutschen Eisenbahnen im Kriege, S. 181.

22 UA B, A 4442: Vorstandsprotokoll vom 20.3.1917; A 4460: Aufsichtsratsprotokoll vom 30.3.1917.

Stefan Bechtold

Wie der französische Künstler Léon Noireaut nach Mannheim kam

Seit den zwanziger Jahren des letzten Jahrhunderts finden sich in und um Mannheim viele schöne Noireaut-Gemälde. Einerseits wurden die von ihm gemalten Bilder über Generationen weitergegeben, andererseits wurden und werden immer einmal wieder welche bei Händlern und Auktionshäusern angeboten. Über den Künstler selbst ist dabei leider nur sehr wenig zu erfahren. Léon Noireaut lebte und arbeitete von 1917 bis 1939 in Mannheim. Die meiste Zeit verdiente er seinen Lebensunterhalt als Kunstmaler. Die Motive der Ölgemälde reichen von Porträts über Blumenstillleben bis hin zu Landschaftsbildern von fernen Reisen. Für die Stammtischmitglieder des damaligen Hotel National am Kaiserring (L 15,17) fertigte er 1931 die Karikatur der Stammtischrunde (Abb. 1). Er verliebte sich in eine Mannheimerin. Über viele Jahre hinweg baute er sich gemeinsam mit seiner Frau eine Existenz in Neuostheim auf. Diese zwei Jahrzehnte in Mannheim waren für Noireaut sicherlich von privatem und beruflichem Erfolg geprägt: vom Leben eines Kriegsgefangenen hin zum Künstler, Geschäftsmann und Besitzer von Grund und Boden. Doch so geradlinig verlief das Leben von Léon Noireaut leider nicht immer.

Das Licht der Welt erblickte er am 31. Dezember 1886 in Paris, Frankreich.[1] Über seine Eltern ist nichts bekannt. Nach Beendigung der Schule leistete er zwischen zwei und drei Jahre Wehrdienst, es lässt sich nicht genauer eingrenzen, da die Wehrpflicht in Frankreich im Jahr 1905 von drei auf zwei Jahre verkürzt wurde. Als Vorbereitung auf das spätere Studium förderte er sein zeichnerisches Talent in der darauf folgenden Zeit sicherlich durch den Besuch von Malschulen. Im Jahr 1911 begann Noireaut im Alter von 25 Jahren sein Kunststudium an der Ecole nationale supérieure des beaux-arts de Paris.[2] Erste Bilder, deren Spuren sich bis heute verfolgen lassen, entstanden. Ein Beispiel ist das Gemälde „Aus dem Versailler Schlosspark" von 1912, das neun Jahre später beim Kunstauktionshaus Rudolf Bangel in Frankfurt am Main zur Versteigerung angeboten wurde,[3] es ist das bis jetzt älteste, nachweislich erwähnte Noireaut-Gemälde.

Abb. 1
Gemäldeverzeichnis-Nr. 059
Stammtisch Hotel National 1931
Hintere Reihe erster von links: Paul Steeger (Hotelbesitzer)
Hintere Reihe erster und zweiter von rechts: Léon Noireaut, Alois Bechtold (Schreinermeister)
Das Original ist verbrannt und nur noch in einer Fotografie erhalten, die sich im Besitz des Verfassers befindet.

Am 1. August 1914 verkündeten die Sturmglocken überall in Frankreich die allgemeine Mobilmachung. Noireaut musste sein Studium unfreiwillig unterbrechen. Zur Verteidigung Frankreichs wurde er bereits in den ersten Kriegstagen in Belgien eingesetzt. Der Angriff der deutschen Armee war aber nicht aufzuhalten, viele tausend Soldaten ließen für ihr Vaterland das Leben. 2.600 französische Soldaten wurden allein am 22. August in dem kleinen Ort Rossignol gefangen genommen,[4] einer davon war Noireaut. So begann für ihn das Leben als Kriegsgefangener.

Mit Zügen wurden die Gefangenen weite Strecken durch Deutschland transportiert. Für Noireaut endete der Transport in Norddeutschland, in der Nähe von Cuxhaven. Dort, im Ahlen-Falkenberger-Moor, sollte die unzugängliche und scheinbar unberührte Wildnis durch Kriegsgefangene kultiviert werden. Fast 3.000 von ihnen hoben im Moor Entwässerungsgräben aus und errichteten Lagergebäude.[5] Noireaut fand trotz der schweren körperlichen Arbeit Zeit, um Skizzen und Zeichnungen des Lagers anzufertigen, mindestens drei davon haben die Zeit überdauert (Abb. 2). Doch bereits im September 1915 wurden die Franzosen im Ahlen-Falkenberger-Moor durch Russen ersetzt. Gemeinsam

Wie der französische Künstler Léon Noireaut nach Mannheim kam

Abb. 2a, b und c
Gemäldeverzeichnis-Nr. 138
Drei Lagerzeichnungen, entstanden im Kriegsgefangenenlager Ahlen-Falkenberg-Moor
1915
a und b 31 x 24 cm,
c 24 x 31 cm
Privatbesitz

Fotos: Stefan Bechtold

mit vielen weiteren Kriegsgefangenen wurde Noireaut in das Lager Ohrdruf bei Gotha verlegt. Wegen des Krieges fehlten zu dieser Zeit überall männliche Arbeitskräfte. Aus diesem Grund waren die Kriegsgefangen ab 1916 auf viele Arbeitskommandos außerhalb des Lagers verteilt.[6] Noireauts Arbeitskommando war im 15 km von Ohrdruf entfernten Siebleben stationiert. Der damalige Bürgermeister des Ortes Rudolf Ausfeld wurde auf die künstlerische Begabung Noireauts aufmerksam. So entstand, als Auftragsarbeit für den Bürgermeister, ein Ölgemälde des Gefangenenlagers (Abb. 3). Dieses mittlerweile 100 Jahre alte, eindrucksvolle Gemälde wurde über Gene-

Abb. 3
Gemäldeverzeichnis-Nr. 136
Lager Ohrdruf
1915
76 x 66 cm
Privatbesitz
Foto: Stefan Bechtold

rationen hinweg weiter gegeben und ist heute in Privatbesitz. Neben diesem Bild haben noch einige weitere Zeichnungen die Zeit überdauert, ebenso auch Zeichnungen der Künstler Jean Jules Dufour und Pierre le Faguays, die sich ihr Lager mit Noireaut teilten. Fotografien aus dem Kriegsgefangenenlager Ohrdruf zeigen die französischen Gefangenen in atelierähnlichen Räumen bei künstlerischer Tätigkeit (Abb. 4).

Im April 1917 wurde Noireaut zunächst für einige Tage nach Kassel verlegt, um schließlich dem Kriegsgefangenenlager am Exerzierplatz in Mannheim zugeordnet zu werden (Abb. 5). In einer der dortigen Baracken wurde, wie zuvor in Ohrdruf, den

Abb. 4
Fotografie der Baracke für musisch begabte französische Kriegsgefangene
Privatbesitz

Abb. 5
Gruppenfotografie der Kriegsgefangenen mit Noireaut in der Mitte. Diese Aufnahme entstand wahrscheinlich in Mannheim.
Privatbesitz

musisch begabten Inhaftierten ermöglicht, künstlerisch tätig zu werden. Trotz dieser Möglichkeiten war die Gefangenschaft eine entbehrungsreiche Zeit, fern der französischen Heimat. Anstrengende Arbeitseinsätze an unterschiedlichen Orten waren an der Tagesordnung. In der Schreinerei von Alois Bechtold in S 6,38 (Abb. 6) produzierte Noireauts Arbeitskommando Munitionskisten für den seit nunmehr drei Jahren andauernden Krieg. Noireaut lernte den Firmenbesitzer Alois Bechtold näher kennen, eine Freundschaft entstand.

In den Jahren nach Krieg und Kriegsgefangenschaft beendete Noireaut sein Studium in Paris. Er reiste zu Studienzwecken erst durch Frankreich (Martigues, Korsika), dann nach Italien (Venedig, Capri) und Tunesien. Überall auf seinen Reisen fertigte er Skizzen an. Zwischen den Reisen besuchte er immer wieder seinen Freund Alois in Mannheim. Er berichtete anschaulich von seinen Erlebnissen und zeigte die ansprechenden Motive seiner Skizzensammlungen. Mit diesen Skizzen als Vorlage fertigte er in Mannheim nach und nach sehr schöne Gemälde, für die sich bald Käufer fanden. Auf diese Weise bekam Noireaut weitere Aufträge (Abb 7).

Die Krisenjahre der Weimarer Republik waren vorbei, politisch und wirtschaftlich stabilere Zeiten folgten. In den 1920er Jahren entstand eine konsum- und freizeitorientierte Massenkultur, die sich durch die neuen Medien entwickelte: Schallplatte, Film und Rundfunk. Menschen aller Klassen und Schichten konnten ins Kino gehen

Abb. 6 (links)
Das Gebäude S 6,38
In den Jahren 1932/33 war Noireaut mit seiner Adresse und der Berufsbezeichnung Kunstmaler dort gemeldet.
Privatbesitz

Abb. 7 (rechts)
Fotografie, die Noireaut beim Malen eines rauchenden Mannes zeigt. Von dem Gemälde im Hintergrund ist heute nichts mehr bekannt.
Privatbesitz

Stefan Bechtold

Abb. 8 (links)
Gemäldeverzeichnis-Nr. 053
Capri - Salto di Tiberio - Jäger mit Hund
Das Bild zeigt den Schreinermeister Bechtold, mit seinem Hund an der Felsenküste entlang spazierend.
50 x 60 cm
Privatbesitz

Abb. 9 (rechts)
Gemäldeverzeichnis-Nr. 054
Capri - Salto di Tiberio
Das gleiche Motiv, jedoch mit einer Wasser holenden Frau
105 x 135 cm
Privatbesitz

Fotos: Armin Bechtold

oder hörten Radio. Stilvolle Gemälde mit Motiven aus fernen Ländern sollten nicht mehr nur Reichen und Adligen vorbehalten bleiben. Auf Wunsch konnte Leon Noireaut in Mannheim jedermann zu schöner und erschwinglicher Kunst verhelfen, mit Ansichten aus Martigues, Corsika, Venedig, Capri und sogar Tunesien. Für alle, die es sich leisten konnten, waren solche Reisen sehr modern. Da allerdings nur die wenigsten tatsächlich in so weit entfernte Gegenden reisten, war es en vogue, zumindest die heimischen Wände mit Motiven aus der ganzen Welt zu schmücken. Noireaut hatte in Mannheim eine lukrative Marktlücke entdeckt, was auch seiner Persönlichkeit zu verdanken war. Denn mit seiner gewinnenden Art berichtete Noireaut lebhaft von den spannenden Reisen in ferne Länder, auf Wunsch setzte er auch den Auftraggeber gleich mit ins Bild. Auf einem Gemälde kann man beispielsweise den Schreinermeister Bechtold mit Hund an der Felsenküste von Capri entlang spazieren sehen – wo er zu Lebzeiten niemals war (Abb. 8). Ein weiteres Gemälde zeigt die gleiche Felsenküste, jedoch mit einer Wasser holenden Frau (Abb. 9). Das war die für Noireaut typische Vorgehensweise: Motive die sich gut verkauften, wurden in Varianten immer wieder neu angefertigt.

In den europäischen Kunstmetropolen entstanden neue Freiheiten in Kunst und Kultur, wie die expressionistische Bewegung, Kubismus, Futurismus, Dadaismus, Neue Sachlichkeit, die Bauhausbewegung und viele weitere Stile und Richtungen. Dagegen blieb Noireaut im industriell geprägten Mannheim bei seiner ganz und gar bodenständigen und handwerklich fundierten impressionistischen Malweise. Nicht für Museen, sondern für die Wohnstuben der Bürger setzte er sein künstlerisches Schaffen ein (Abb. 10).

Zwischen 1921 und 1930 wurden nachweislich mindestens 39 Noireaut-Gemälde bei vier verschiedenen Auktionshäusern in Deutschland zum Kauf angeboten.[7] Auf den Rückseiten der Bilder „Tanger – Marktszene" (Abb. 11) und „Mönch mit Deckelkrug" fanden sich außerdem Hinweise auf die Galerie del Vecchio in Leipzig. Diese geschäftstüchtige und deutschlandweite Vermarktung konnte nur mit Hilfe einer national tätigen Mannheimer Kunsthandlung realisiert worden sein.

Immer mehr verband Noireaut nun mit seiner neuen Wahlheimat. Schließlich heiratete er am 11.

Abb. 10
Die Fotografie zeigt Noireaut auf einer Treppe stehend, mehrere Gemälde sind an den Wänden sichtbar. Der Ort der Aufnahme ist unbekannt.
Privatbesitz

September 1928 die Mannheimerin Elisabeth Baro.[8] Wenige Jahre später lebte das Ehepaar im eigenen Haus in der Dürerstraße 13 in Mannheim-Neuostheim.[9] Der Freundeskreis in Mannheim wurde immer größer. Auf einer Fotografie aus dieser Zeit sieht man eine Stammtischrunde (Abb. 12), mit der gerahmten Karikatur „Stammtisch Hotel National 1931" im Hintergrund. Mit Kohle auf Papier treffend gezeichnet sind Paul Steeger (Hotelbesitzer), Alois Bechtold (Schreinermeister), Noireaut selbst und zwölf weitere Geschäftsleute aus Mannheim. Dieser Runde gehörten sicherlich auch der Juwelier Braun, der Möbelhändler Zahn und der Eigentümer der Firma Zeeb an. Leider lässt sich inzwischen nicht mehr viel zu diesem illustren Personenkreis herausfinden, von der originalen Zeichnung existieren heute auch nur noch Fotografien und Entwurfsskizzen.

Eine französische Hafenstadt, die für Noireaut sicherlich eine besondere Bedeutung hatte, war Martigues (Abb. 13) unweit von Marseille. Mehrere Reisen führten ihn immer wieder dorthin, so existieren noch viele schöne Gemälde mit Motiven aus Martigues: große und kleine Fischerboote, Hafenansichten, Boote am Strand, Fischer bei der Arbeit und Straßenansichten. Ob die Schönheit der Landschaft der einzige Grund für die zahlreichen Reisen dorthin war oder ob es zusätzlich familiäre Verbindungen in diese Region gab, lässt sich heute nicht mehr feststellen.

Alles lief gut, bis sich in Deutschland die politische Stimmung änderte. Der Zweite Weltkrieg nahte und das deutsch-französische Ehepaar entschloss sich wegen zunehmender Probleme im Alltag zur Flucht nach Frankreich. Haus, Atelier und Wohlstand ließen sie zurück in der Hoffnung auf ein besseres Leben, doch das Ehepaar erlebte Anfeindungen und konnte vorläufig nicht richtig Fuß fassen. Schließlich wurde Paris von den Deutschen besetzt. In dieser schweren Zeit hatten die Noireauts Kontakt zu dem Tierarzt Dr. Hugo Beck, denn der aus Sinsheim stammende Veterinär war in Paris für die militärisch genutzten Pferde zuständig. Elisabeth und Léon Noireaut ließen sich schließlich in Montgeron bei Paris nieder.

Nach Kriegsende war an eine Rückkehr nach Mannheim nicht zu denken. Die ganze Stadt und auch das Haus in der Dürerstraße 13 lagen in Trümmern.[10] Noireaut, immer noch in Paris, konzentrierte sich stattdessen auf Touristen als zahlungskräftige Abnehmer für seine Gemälde. Die Bildformate in dieser Zeit waren im Vergleich zu früheren meist eher klein, aus einem einfachen Grund: Touristen konnten kleine Bilder leichter mit in die Heimat nehmen. Die Motive orientierten sich am Zeitgeist und stellten häufig Sehenswürdigkeiten dar, viele waren aber Porträts männlicher Personen. Motive, die sich gut verkaufen ließen, wurden in Varianten immer wieder angefertigt. Später lebte das Paar noch viele Jahre in Paris-Vincennes. Leider ist nicht bekannt, wann Léon Noireaut verstorben ist. Das

Stefan Bechtold

Abb. 11
Gemäldeverzeichnis-Nr. 055
Tanger - Marktszene
87 x 76 cm
Privatbesitz
Foto: Armin Bechtold

letzte bekannte Bild, „Pierre", hat er 1962 im Alter von 75 Jahren gemalt. Obwohl Noireaut sein Leben lang sehr produktiv war, gibt es bisher keine Informationen über eventuelle Ausstellungen seiner

Abb. 12
Die Fotografie zeigt zwölf Personen des Stammtischs Hotel National mit der 1931 angefertigten, hier in Abb. 1 abgedruckten Karikatur im Hintergrund.
Von links: Paul Steeger (Hotelbesitzer), Alois Bechtold (Schreinermeister), die weiteren Personen sind namentlich nicht bekannt.
Privatbesitz

Abb. 13
Gemäldeverzeichnis-Nr. 093
Fischerboote am Strand
120 x 100 cm
Privatbesitz

Abb. 15
Gemäldeverzeichnis-Nr. 084
Pfingstrosen
85 x 57 cm
Privatbesitz

Fotos: Klaus Beck

Bilder, auch sind keine Veröffentlichungen über ihn bekannt.

Auch wenn von ihm einzelne Drucke, Aquarellbilder, Tusch- und Kohlezeichnungen existieren, so sind bei weitem die meisten Bilder mit Ölfarben auf Sperrholzplatten gemalt. Die Schaffensphasen lassen sich in drei zeitlich abgrenzbare Bereiche einteilen, die auch an den unterschiedlich ausgeführten Signaturen „L. Noireaut" zu erkennen sind (Abb. 14): Die wenigen bis einschließlich 1918 entstanden Bilder aus der Zeit der Gefangenschaft sind überwiegend in graubraunen Farbtönen gehalten. Sie

Abb. 14 (oben)
Aus den unterschiedlichen Ausführungen der Signaturen lassen sich Rückschlüsse auf die Entstehungsphase ziehen. Ist der Buchstabe L eckig oder mit Rundungen gezeichnet? Sind die Buchstaben N und T schwungvoll lang gezogen? Sind die restlichen Buchstaben miteinander verbunden und als kleine oder große Druckbuchstaben aufgezeichnet?
Fotomontage: Stefan Bechtold

Gemälde	Jahr	Lebensdaten
	1886	*31.12. Léon Noireaut, Paris / Frankreich
	1890	*23.09. Elisabeth Noireaut, geb. Baro / Mannheim
	1911	ca. Beginn des Studiums an der École nationale supérieure des beaux-arts Paris
Nr. 226: Aus dem Versailler Schlosspark [SD]	1912	
	1914	22.08. Gefangennahme in Rossignol, Belgien Transport zum Kriegsgefangenenlager Ahlen-Falkenberg-Moor bei Cuxhaven / Niedersachsen
Nr. 138: 3 Zeichnungen [SOD], 3 Zeichnungen [SD] Nr. 136: Kriegsgefangenenlager Ohrdruf [SD]	1915	Verlegung ins Kriegsgefangenenlager Ohrdruf bei Gotha / Thüringen
Nr. 0296: Landschaftsbild Ohrdruf [SD]	1916	
Nr. 063: Selbstporträt [SOD] Nr. 173: Deutscher Soldat [SD] Nr. 0294: Dr. Paul Maultzsch [SD] Nr. 0295: Olga Maultzsch, geb. Tenner	1917	Mai / Juni, Kriegsgefangenenlager Cassel / Hessen, danach Kriegsgefangenenlager Mannheim
	1918	Ende der Kriegsgefangenschaft in Mannheim / Wiederaufnahme des Studiums in Paris
	1920	Abschluss des Studiums an der École nationale supérieure des beaux-arts Paris
Nr. 225/226: [V] R. Bangel, Frankfurt a. Main	1921	
Nr. 145/147/205/256/257/258/259: [V] R. Bangel, Frankfurt a. Main	1922	
Nr. 239/240/248/249/250/269/270: [V] R. Bangel, Frankfurt a. Main	1923	
Nr. 237/238/243/251/252/265/266: [V] R. Bangel, Frankfurt a. Main	1924	
Nr. 263/264: [V] R. Bangel, Frankfurt a. Main Nr. 271/272/273: [V] Kunsthaus Lempertz / Köln	1925	
Nr. 247: [V] Galerie Hugo Helbing, München	1926	
Nr. 244/253: [V] Rudolph Lepke's Kunst-Auctions-Haus / Berlin Nr. 260/261/262: [V] Kunsthaus Lempertz / Köln Nr. 267/268: [V] R. Bangel, Frankfurt a. Main	1927	
Nr. 244/245/246: [V] Rudolph Lepke's Kunst-Auctions-Haus / Berlin	1928	11. September: Heirat mit Elisabeth Baro in Paris
Nr. 036: Chrysanthemen in Glasvase [SD] Nr. 130: Brasserie Blondeaux Noyelles Godault bière [SD] Nr. 061: Madame Monsicur [SD] Nr. 145: [V] Kunsthaus Lemperz / Köln	1930	
Nr. 059: Stammtisch Hotel National Mannheim [SD]	1931	
Nr. 060: Porträt von Rosa Bechtold [SD]	1932	Adresse: S 6, 38 h3
	1936	Adresse: Dürerstraße 13
Nr. 037: Frau mit Strohhut und blauem Kleid [SD]	1939	ca. Flucht nach Frankreich
	1940	Aufbau einer neuen Existenz in Paris
Nr. 146: [V]Auktionator E. Ader, Hotel Drouot /	1942	
Nr. 148: [V] Union / Berlin	1943	
Nr. 145: [V] W. Ettle / Frankfurt a. M.	1944	
Nr. 038: Frau [SD] Nr. 040: Alter Mann mit Pfeife in blauem Trachtenjäckchen [SD]	1950	
Nr. 073: The old salt[SD]	1952	
	1955	ca. Verkauf des Trümmergrundstücks Dürerstraße 13 in Neuostheim
Nr. 134: Pierre [SD]	1962	
	1964	ca. Beerdigung in Frankreich.

Abb. 16 (links)
Zeitleiste
In der linken Spalte sind alle bisher bekannten Gemälde und Zeichnungen, die sich einem Jahr zuordnen lassen, chronologisch aufgelistet. Dabei handelt es sich um Bilder, die mit Datum signiert oder in Versteigerungskatalogen erwähnt wurden. In der rechten Spalte finden sich wichtige Ereignisse im Leben von Léon Noireaut, ebenfalls chronologisch geordnet.
Abkürzungen:
[SD] = Signatur mit Datum
[SOD] = Signatur mit Ort und Datum
[V] = Erwähnung im Versteigerungskatalog
Tabelle: Stefan Bechtold

zeigen unterschiedliche Darstellungen der Räume im Lager, das Lagergelände, Gefangene, Porträts deutscher Soldaten und ein Selbstporträt. Die Signaturen dieser Phase sind mit Großbuchstaben schlicht und eckig ausgeführt.

Hingegen sind auf den Gemälden aus der Mannheimer Zeit, zwischen 1918 und 1939, überwiegend farbenfrohe Landschaftsmotive in impressionistischer Malweise, Blumenstilleben (Abb. 15) und unterschiedliche Porträts zu sehen. In dieser Phase entstandene Formate waren oft 87 x 76 cm oder größer. Die Signaturen wurden, schwungvoll lang gezogen, mit einem geschwungenen L und miteinander verbundenen kleinen Buchstaben gezeichnet.

Gemälde aus der Zeit nach 1939 haben oft eine Größe um die Maße 35 x 27 cm. Motive sind sehr häufig Porträts von rauchenden oder trinkenden Männern, aber auch Blumenstillleben und Stadtansichten von Paris. In dieser Phase setzte er gerne kräftige, lebhafte Farben ein. Die Signaturen wurden nicht mehr so schwungvoll ausgeführt. Der Buchstabe L wurde eckig und die Kleinbuchstaben ohne Verbindungen aufgemalt.

Neben der Signatur sind nur selten weitere Hinweise auf seinen Bildern zu finden, nur ab und zu Jahreszahlen, und auf drei Aquarellen aus der Zeit der Gefangenschaft die Orte, an denen sie entstanden sind.

Zu den Abbildungen: Bei den Abbildungen wird mehrfach auf ein Gemäldeverzeichnis hingewiesen. Dabei handelt es sich um die Auflistung der bisher bekannten Gemälde in der Reihenfolge ihrer Entdeckung. Diese Liste 001-299 (Stand 10.01.2016) ist auf http://www.bechtold-online.de/noireaut/ zu finden.

1 Gefangenenliste Nr. 17731 des Lagers Cassel vom 23.04.1917. Als laufende Nummer 9 finden sich persönliche Angaben zu Léon Noireaut: http://grandeguerre.icrc.org/en/List/588292/1901/58891.

2 B. Labat-Poussin, C. Obert: Archives de l'Ecole nationale supérieure des beaux-arts (AJ52 1 à 1415), Centre historique des archives nationales, 1998, S. 442 „Noireaut (Léon), élève peintre entre 1911 et 1920".

3 Auktionskatalog Nr. 1024, Rudolf Bangel GmbH, Frankfurt am Main. Versteigerung: Dienstag, 13. Dezember bis Donnerstag, 15. Dezember 1921, Lot. 204: „Aus dem Versailler Schlosspark 1912" http://digi.ub.uni-heidelberg.de/diglit/bangel1921_12_13/0034.

4 https://de.wikipedia.org/wiki/Schlacht_bei_Neufch%C3%A2teau 22. August 1914: „Bei Rossignol und westlich Tintigny konnte die 11. Division (Generalleutnant Richard von Webern) im Kampf mit französischen Kolonialtruppen 2600 Gefangene einbringen und 39 Geschütze erbeuten."

5 R. Ahrendt: Die Entdeckung des Ahlenmoores, Landschaftsverband der Ehemaligen Herzogtümer Bremen und Verden e. V. 2012, S. 42ff.

6 A. Ermel: Nachbarschaft zwischen Übung und Ernstfall, Rockstuhl 2010, S. 42ff.

7 Digitalisierte Auktionskataloge 1921-1930 in welchen Noireaut-Gemälde angeboten wurden (Rudolf Bangel / Frankfurt am Main; Kunsthaus Lempertz / Köln; Galerie Hugo Helbing / München; Rudolph Lepke's Kunst-Auctions-Haus / Berlin): http://digi.ub.uni-heidelberg.de/diglit/bangel1921_12_13/0034; http://digi.ub.uni-heidelberg.de/diglit/bangel1922_01_31/0030; http://digi.ub.uni-heidelberg; de/diglit/bangel1922_09_26/0022; http://digi.ub.uni-heidelberg.de/diglit/bangel1922_12_19/0022; http://digi.ub.uni-heidelberg.de/diglit/bangel1923_01_29/0040; http://digi.ub.uni-heidelberg.de/diglit/bangel1923_05_15/0038; http://digi.ub.uni-heidelberg.de/diglit/bangel1923_11_06/0036; http://digi.ub.uni-heidelberg.de/diglit/bangel1924_02_12/0037; http://digi.ub.uni-heidelberg.de/diglit/bangel 1924_04_15/0039; http://digi.ub.uni-heidelberg.de/diglit/bangel1924_06_17/0038; http://digi.ub.uni-heidelberg.de/diglit/bangel1925_ _04_07/0038; http://digi.ub.uni-heidelberg.de/diglit/lempertz1925_05_13/0014; http://digi.ub.uni-heidelberg.de/diglit/helbing1926_ 11_30/0032; http://digi.ub.uni-heidelberg.de/diglit/lempertz1927_03_08/0023; http://digi.ub.uni-heidelberg.de/diglit/lepke1927_06_14 /0009; http://digi.ub.uni-heidelberg.de/diglit/bangel1927_12_13/0023; http://digi.ub.uni-heidelberg.de/diglit/lepke1928_06_06/0011; http://digi.ub.uni-heidelberg.de/diglit/lempertz1930_03_20/0018; weitere digitalisierte Auktionskataloge 1942-1944 in welchen Noireaut-Gemälde angeboten wurden (Auktionator Etienne Ader, Hotel Drouot / Paris; Kunstversteigerungshaus Union / Berlin; Kunsthaus Wilhelm helm Ettle / Frankfurt am Main): http://digi.ub.uni-heidelberg.de/diglit/drouot1942_10_15/0006; http://digi.ub.uni-heidelberg.de/diglit/union1943_11_04/0033; http://digi.ub.uni-heidelberg.de/diglit/drouot1942_1943/0262; http://digi.ub.uni-heidelberg.de/diglit/ettle1944_02_22/0030.

8 Die Einladung zur Hochzeitsfeier geht aus Schriftwechseln zwischen Elisabeth Noireaut, geb. Baro, und Rosa Bechtold, geb. Knöpple, hervor.

9 Adressbücher der Stadt Mannheim, 1936/1937: Eigentümer des Hauses Dürerstraße 13 ist Elisabeth Noireaut.

10 Adressbücher der Stadt Mannheim, 1949: Das Haus Dürerstraße 13 ist mit dem Hinweis „zerstört" versehen.

Lina Scholl, Sumeyya Soylu und Lisa Wolter

Unser verschwundener Nachbar: „Peter" Leopold Grumbacher*

„Welchen Instinkt hat ein gejagtes, verfolgtes Tier? Auszuruhen, haltzumachen, nicht mehr die Schritte seiner Jäger hinter sich zu hören, und sei es um den Preis seines Lebens."

Jüdisches Leben in Deutschland, was assoziieren wir damit? Die ersten Bilder, die einem in den Sinn kommen, sind Konzentrationslager, Gaskammern und Berge von Leichen. Doch ist das alles? Wenige stellen sich die Frage, wie das Leben der deutschen Juden vor dem Zweiten Weltkrieg aussah. Wo und wie lebten sie? Waren sie wirklich so anders, dass man sie ausgrenzen, verfolgen und auslöschen musste? Oder waren sie ganz normale Menschen, die sich von der übrigen Bevölkerung Deutschlands nicht unterschieden? Dies wollen wir am Beispiel von Leopold Grumbacher, einem jüdischen Jungen aus Mannheim, näher untersuchen.

Unsere Nachforschungen begannen mit der Untersuchung der alten Schulregister des Lessing-Gymnasiums aus der Zeit zwischen 1933 und 1937, den Jahren, bevor die Juden im Dritten Reich alle ihre Rechte verloren. Außergewöhnlich viele jüdische Schüler haben unsere Schule besucht. Wir erfuhren, dass dies auf die liberale Haltung des damaligen Direktors zurückzuführen war. Je weiter wir uns indes vom Jahr 1933 entfernten, desto geringer wurde die Zahl jüdischer Schüler, einige Namen verschwanden spurlos. Man spürte, dass der Krieg näher rückte.

Bei unserer Recherche stießen wir zufällig auf Leopold Grumbacher, der am 12. April 1932 aus der Privatschule Stiefel in die Sexta B des Lessing-Gymnasiums eintrat. Nachdem er die Probezeit bestanden hatte, besuchte er das Gymnasium bis zum 18. Oktober 1935. Wir wollten mehr über ihn in Erfahrung bringen.

Deshalb entschieden wir uns, mit den wenigen Informationen über ihn Kontakt zum Stadtarchiv Mannheim aufzunehmen. Hier erwies sich Frau Karen Strobel, Mitarbeiterin im Bereich Melderegister, als hilfsbereite Ansprechpartnerin. Nach regelmäßigem E-Mail-Kontakt machten wir einen Termin mit ihr aus, um weitere Informationen über Leopold Grumbacher einzuholen.

Leopold Peter Grumbachers Vorfahren in Mannheim

Sumeyya und Lisa fanden im Einwohnerverzeichnis von 1908, dass Leopolds Großvater, Emil Maier, Fabrikant war. Er lebte zusammen mit seiner Ehefrau Betty, geborene Liebhold, von 1907 bis 1927 in H 1, 4 (Abb. 1). Eigentümer dieses Hauses war Leopolds Urgroßvater, Herrmann Liebhold, der Großvater von Betty Maier. Da Emil Maier Fabrikant war, lag es nahe, im Behörden- und Gewerbeverzeichnis von 1908 nach einer Fabrik zu suchen. Unter „Maier" fand sich zwar nichts, doch es gab eine Firma Liebhold und Co. mit Hauptsitz in H 1, 4. Ihr ursprünglicher Inhaber David Liebhold war der Ururgroßvater Leopolds gewesen, auf ihn ging der Name der Firma zurück. Sein Nachfolger war sein Sohn Herrmann. Das Geschäft war spezialisiert auf Manufakturwaren, Betten und Bettfedern.

Abb. 1
Blick in die Breite Straße in Mannheim um 1910
H 1, 4 ist das zweite Haus von vorne auf der linken Seite, die verzierte obere Balustrade und die Schaufenster im Erdgeschoss sind deutlich zu erkennen.
StadtA MA - ISG

Unser verschwundener Nachbar: „Peter" Leopold Grumbacher

Eine Zweigstelle hatte es in der Industriestraße im Stengelhof unter dem Namen Liebhold und Co. gegeben. Sie diente als Unterstützungskasse, Inhaber waren Emil Maier und Moritz Liebhold, der Vater Betty Maiers. Später wurde die Firma an den Schwiegersohn Emil Maiers, Jakob Grumbacher, den Vater von Leopold, sowie an den Sohn Max Maier vererbt, Leopolds Onkel.

Die Abbildungen zeigen den heutigen Zustand des Gebäudes H 1, 4 (Abb. 2 bis 4). Im Vergleich zu früher fehlen die Verzierungen auf der oberen Balustrade. Außerdem erkennt man, dass das Erdgeschoss und das erste Obergeschoss nach dem Zweiten Weltkrieg neu gestaltet und die Fassade restauriert wurden. Während des Fotografierens bemerkten wir, dass die Haustür offen war, und beschlossen hineinzugehen. Es stellte sich heraus, dass das Gebäude zwar weitgehend restauriert ist, die alten Strukturen aber erhalten geblieben sind, sogar die ehemaligen Fabrikfenster sind noch zu erkennen. Wir fanden den Zugang zum Hinterhof und erkannten erst jetzt das ganze Ausmaß des U-förmigen Gebäudes.

Nach einigem Zögern entschieden wir uns, bei einem Bewohner zu klingeln, da wir sehen mochten, aus welcher Umgebung Leopold einmal ursprünglich herkam. Wir hatten Glück: Ein netter Student aus dem zweiten Obergeschoss öffnete uns und wir schilderten ihm unser Anliegen. Obwohl er etwas überrascht war, führte er uns bereitwillig in seiner WG herum. Wir durften sogar einige Bilder machen. Besonders schön fanden wir den Stil der Räume, er stammt noch aus dem 19. Jahrhundert.

Abb. 2
Das Haus H 1, 4 im heutigen Zustand nach Umbau und Restaurierung. Das Untergeschoss beherbergt nach wie vor Geschäftsräume.

Leopold Grumbachers Biographie

Parallel zur Hauserkundung recherchierte Lisa nach Zeitungsartikeln über Leopold Grumbacher. Sie stieß auf einen aus dem Jahr 1981, der von einer Ausstellung mit Leopolds Pastellzeichnungen handelte. Die Veranstalterin war Frau M.-L. Steinschneider, später fanden wir den Vornamen heraus: Marie-Louise. Einer website über sie konnten wir entnehmen, dass sie 2010 verstorben ist.

Wir fanden weitere Kontaktadressen, unter anderem die von Horst Olbrich, den wir nicht erreichten, und von Danielle Feigenbaum, die wir gleich kontaktieren konnten. Sie ist die Tochter der verstorbenen Marie-Louise Steinschneider (Abb. 5 und 6).

Abb. 3 und 4
Blicke in den Innenhof von H 1, 4
Die rundbogigen Fenster und die zugemauerte, höhergelegene Tür dürften zu der alten Fabrik gehört haben.

Fotos: Lina Scholl und Sumeyya Soylu

Sie war zu Auskünften bereit und wir erfuhren, dass Frau Steinschneider die große Liebe von Leopold Grumbacher gewesen ist. Der Vater von Marie-Louise, Adolf Moritz Steinschneider, hat Leopold 1942 im Internierungslager Mauriac kennengelernt. Es gibt einen Bericht, in dem er das Zusammentreffen beschreibt:

„Ich befand mich 1942 im Lager von Mauriac, offiziell „Palästinenser Lager" genannt.

An einem frühen Morgen im Monat Januar 1942 kam eine große Zahl aus Deutschland und Österreich stammender Juden an. Drei junge Menschen standen zusammen, Peter Gr. [„Peter", weil Leopold damals schon seinen Künstlernamen führte, der auch oft in der französischen Form verwendet wird; die Verf.], Hans Löwenstein und Guy Silberstein. Man hatte einen Empfang vorbereitet. Der Saal

Abb. 5
Danielle Feigenbaum, die Tochter von Marie-Louise Steinschneider
Foto: Die Verfasserinnen

... Dein Haus bot Türen und Spalten in eine andere Welt voll Spannung und Zaubergestalten, natürlich viel besser als Geld...
Hannah Feigenbaum

Marie-Louise Leopoldine „Musch" Steinschneider

geboren am 7. Juni 1927 gestorben am 17. Mai 2010

... Liebe und Dankbarkeit als Begleiter, wir säumen Deinen Weg

Danielle und Hannah Feigenbaum, Dr. Jörg Bätzing-Feigenbaum
Ben Steinschneider und Gerlinde Engelien mit Miles und Maurice
Kurt und Imme Kress
Christoph Kress, Andrea Kammann, Max und Raoul Kammann
Nicola Kress-Neumann und Christoph Neumann, Robin Kress
AMSTA e.V.

Die Trauerfeier mit anschließender Urnenbeisetzung findet am Donnerstag, den 27. Mai 2010 um 13 Uhr auf dem Eschersheimer Friedhof in Frankfurt am Main statt.

Abb. 6
Die Todesanzeige von Marie-Louise Steinschneider

in der Hauptbaracke war angefüllt von jüdischen Lagerinsassen, die sich eingefunden hatten, um die neuen Kameraden zu begrüßen. Man hielt pathetische Reden und im Saal herrschte bald eine gehobene Stimmung. Unsere ostjüdische Jugend hatte zu singen begonnen, jiddische und hebräische Lieder, die Peter Gr. und andere, die in unserer Nähe standen, zum ersten mal [sic!] hörten. So stellte sich bald eine freundliche, kameradschaftliche Beziehung zwischen Polen, Russen, Ungarn und Deutschen ein.

Pierre zog die Aufmerksamkeit eines Jeden auf sich durch seine schöne ebenmäßige Gestalt, seine strahlenden Augen, seine Schönheit, seine guten Manieren, sein jugendliches Lächeln und seine Höflichkeit. Die Probleme, über die wir zu reden pflegten, waren fast ständig solche des Judentums, die diesen drei deutschen Kindern von reicher assimilierter Bourgeoisie ganz fremd waren. Wenn wir über Fragen der jüdischen Kultur und jüdischen Selbstbewusstseins sprachen, pflegten sie sich gegenseitig Blicke zuzuwerfen, als wollten sie erst einmal die Meinung des anderen erfahren. Es mußte für sie den Anschein haben als sei dies ein Gegensatz zur allgemeinen europäischen Kultur, nach welcher sie sich bis dahin gerichtet hatten.

Schon in Mauriac bemerkte ich, wie Pierre zeichnete, wie er ständig in seiner Tasche einen kleinen Block bei sich trug. Er war zu bescheiden, um seine Zeichnungen, und die kleinen schönen Pastellbildchen zu zeigen, die er mit [meisterhafter Treffsicherheit (durchgestrichen, Rest unleserlich)] hinwerfen konnte. Er war in die Farben verliebt, sie haben ihn geradezu verzaubert. Ich habe das Glück, zwei kleine Pastellzeichnungen von ihm zu besitzen, die sich auf Frühling und Herbst beziehen. Sie sind sehr zart – eine Freude für das Auge und für manche Seele. Sie sind der Ausdruck seiner Seele. Er [war verliebt in (durchgestrichen, Rest unleserlich)] Van Gogh, sogar beim Steine klopfen und Straßen bauen trug er ein Büchlein der Briefe des genialen holländischen Malers mit sich herum."

Anhand dieser Zeilen gewinnt man einen ersten Eindruck von Leopold. Man erfährt, dass das Zeichnen ihm sehr viel bedeutete (Abb. 7). Überraschend ist, dass Leopold und seine Freunde anscheinend

Abb. 7
Der kleine Esel
Zeichnung von Peter Leopold Grumbacher
Privatbesitz

wenig über die jüdische Religion wussten, auch fühlten sie sich kaum mit ihr verbunden. Des Weiteren schildert der Bericht Leopolds ausweglose Lage, er hat bei seiner Deportation nach Deutschland versucht, sich das Leben zu nehmen. Mit diesen Informationen konnten wir das erste, genauere Bild von Leopold Grumbacher zeichnen: Er wurde am 18. August 1921 als Sohn jüdischer Geschäftsleute in Mannheim geboren. Sein Vater war Jakob Grumbacher, seine Mutter Elisabeth Grumbacher, geborene Maier. Er hatte zwei Geschwister, Ruth Sofie, die am 16. Januar 1920 geboren wurde und schon kurz darauf am 3. Februar 1920 starb, und Rudolf, der am 21. Juni 1923 geboren wurde und um das Jahr 2003 starb.

Vor der Geburt von Leopold lebten seine Eltern in Weinheim. Am 1. Januar 1919 zogen sie nach Mannheim ins Quadrat C 8, 16, wo sie bis zum 7. April 1922 lebten. Danach wohnten sie sechs Jahre lang zusammen mit Leopold in T 6, 20 (Abb. 8 und 10). Ab dem 8. August 1920 bezogen sie eine Wohnung in der Karl-Ludwig-Straße 5 (Abb. 9). Dieses Gebäude wurde im Krieg zerstört, beim Wiederaufbau hat man zumindest ein Zierelement wiederverwendet.

Der letzte verzeichnete Aufenthalt der Familie in der Hebelstraße 21 datiert vom 9. Januar 1937. Danach ist nur noch der Umzug nach Zürich bekannt. Man bemerkt, dass die Familie Grumbacher während ihrer Mannheimer Zeit sehr oft umgezogen ist, aber immer nah am Zentrum blieb. Allerdings wohnte sie verhältnismäßig weit weg von der Synagoge, die sich am anderen Ende der Innenstadt in F 3 befand. Die Grumbachers waren wohl nicht sehr religiös. Gläubige Juden wohnten lieber in der Nähe der Synagoge, da sie am Sabbat keine Fortbewegungsmittel benutzen durften, um dorthin zu kommen. Leopolds Großeltern dagegen lebten lange Zeit in H 1, 4, ziemlich nah bei der Synagoge.

Leopold Grumbachers Ausbildung

Am 12. April 1932 wechselte Leopold von der Privatschule Stiefel auf das Lessing-Gymnasium in Mannheim. Nach der Probezeit besuchte er bis zum 18. Oktober 1935 die Sexta B. Sein Bruder Rudolf besuchte ab dem 16. April 1934 die Sexta B, nachdem er von der Volksschule abgegangen war. Auch er bestand danach die Aufnahmeprüfung. Auffällig sind die guten Noten der beiden, die größtenteils im Zweier-, teilweise im Einser-Bereich liegen, obwohl es in dieser Zeit sehr schwer war, solch guten Noten zu bekommen. Nach der Machtübernahme Hitlers verließ Leopold gemeinsam mit seinem Bruder am 18. Oktober 1935 das Lessing-Gymnasium. Der Grund war der Umzug in die Schweiz, dessen Anlass die zunehmend judenfeindliche Stimmung in Deutschland war. Dort gingen die Brüder auf eine Schule in St. Gallen. Drei Jahre später bestand Leopold in einem englischen Internat als glänzender Schüler sein Oxford-Abitur. Danach erlaubte ihm sein Vater, der inzwischen mit der ganzen Familie nach Frankreich emigriert war, in Paris Malerei zu studieren. Zu dieser Zeit legte sich Leopold den Künstlernamen „Peter L." zu und fing an zu zeichnen.

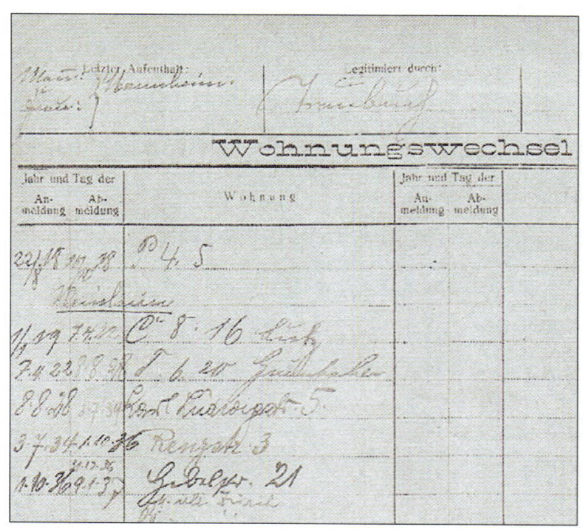
Wohnungswechsel

Jahr und Tag der An-meldung	Ab-meldung	Wohnung	Jahr und Tag der An-meldung	Ab-meldung
		P 4, 5		
		Weinheim		
		C 8, 16		
		T 6, 20		
		Karl Ludwigstr. 5		
		Renzstr. 3		
		Hebelstr. 21		

Abb. 8
Auszug aus dem Familienbogen mit der Adressangabe T 6, 20 für die Familie Grumbacher
StadtA MA - ISG

Lina Scholl, Sumeyya Soylu und Lisa Wolter

Abb. 9 und 10
Die Häuser Karl-Ludwig-Straße 5 (links) und T 6, 20 (rechts) im heutigen Zustand
Foto: Die Verfasserinnen

Die Folgen des Zweiten Weltkriegs

Als ein Jahr später der Krieg ausbrach, wurde Peter Leopold als Deutscher in Frankreich interniert. Nach dem deutsch-französischen Waffenstillstand von 1940 gliederte man ihn in die 313. Compagnie de Travailleurs Etrangers in Bellac ein. Dort machte er eine Bekanntschaft, die sein Leben verändern sollte: Bei einem Tanzabend begegnete der Zwanzigjährige der 15-jährigen Marie-Louise Steinschneider. Zwischen ihnen entwickelte sich eine Liebesbeziehung. Doch nur kurze Zeit später, im Frühjahr 1942, musste er sich von ihr verabschieden, da er ins Sammellager nach Brioude verlegt wurde. Ab September 1942 befand er sich im Lager Mauriac, wo er bis zu seiner Deportation nach Auschwitz blieb. In dieser Zeit entstanden sehr viele Zeichnungen. Die Beziehung zu Marie-Louise brach nicht ab, da Peter ihr so oft wie möglich schrieb. Die Tochter von Marie-Louise, Danielle Feigenbaum, überließ uns Pastell- und Kohlezeichnungen sowie die Briefe von Leopold an ihre Mutter.

Leopold Grumbachers Briefe an Marie-Louise Steinschneider

Am Anfang des Briefwechsels der beiden Liebenden ist noch die Hoffnung zu spüren, die Leopold (Abb. 11) bei allem begleitete. Nach dem Durchlesen mehrerer Briefe wird aber offensichtlich, dass Marie-Louise wohl der einzige Hoffnungsschimmer in seinem Leben blieb. Man bekommt den Eindruck, dass es ihm nach und nach immer schwerer fiel, Positives zu berichten. Er wollte sicher so wenig wie möglich über seine wirkliche Lage preisgeben, um Marie-Louise nicht zu belasten.

Aus den Briefen erfährt man einiges über seine Lebensumstände: In Brioude schliefen sie in Baracken, zu viert in einer Abteilung, und mussten morgens um 8.30 Uhr bei 18 bis 20 Grad minus Frühsport machen. Im Lager Mauriac schliefen sie auf Strohsäcken in zweistöckigen Betten, während die ganze Nacht das Licht angeschaltet blieb. Je mehr man sich seinem letzten Brief nähert, desto mehr spürt man die Hoffnungslosigkeit und Verzweiflung, die er hinter seinen Worten zu verstecken versuchte: Er wirkt immer resignierter. Man erfährt nun weniger über seine Lage, erkennt jedoch, dass er sich zunehmend seiner Menschenwürde beraubt fühlte, der Hass auf sein ehemaliges Vaterland stetig wuchs und er sich mit diesem nicht mehr identifizieren konnte, wie in einem seiner letzten

Briefe deutlich wird: „ [...] um in ein Land und zu Menschen zu gehen, die unsere erklärten Todfeinde (Feinde bis in den Tod) sind." Wie schrecklich er sich wirklich gefühlt haben muss, zeigt sein Selbstmordversuch auf dem Weg nach Deutschland. Obwohl er in seinen Briefen den Anschein erweckte, dass der Zielort unbekannt sei, so lässt dieser Versuch doch darüber spekulieren, ob er nicht eine Ahnung davon hatte, wo er sein Ende finden sollte.

Abb. 11
Peter Leopold Grumbacher
Zeitungsausriss
Privatbesitz

13. April 1942
Muschi, in aller Eile, in diesem Durcheinander ein paar Zeilen für Dich. Das ist die Abreise, nicht froh. Es ist da eine Grundierung unendlicher Traurigkeit in allen Äußerungen unseres derzeitigen Lebens. Wenn Du einige Tage auf Post warten musst, Liebes, es liegt nicht an mir.

Die Verbindungen in diesem Nest sind so schlecht... und dann ... und dann... Ich möchte Dir noch sagen, dass ich sehr sehr oft an unser Zimmer denke, und dass die Gedanken an Dich das einzig Positive sind, das ich nach da oben mitnehme.

Auf Wiedersehen, mein kleiner Toutou, ich liebe Dich so sehr und immer
Dein Pierrot

19. April 1942
Ich glaube, Muschi, dass wir dieses Leben ohne viel Klagen annehmen müssen, weil das überhaupt nichts ändert – allein: man kann uns nicht die Hoffnung nehmen, man kann uns nicht verbieten, aneinander zu denken. Und wenn ich manchmal nahe dran bin, alles aufzugeben, weil die Erschöpfung und die Verzweiflung zu groß sind, dann ist es genau diese Überzeugung, die mich aufrecht erhält. [...]

Van Gogh schrieb einmal in einer sehr düsteren Epoche seines Lebens: „Eine bestimmte Person lieben, eine bestimmte Sache lieben – das ist eine Weise, sich Gott zu nähern..." und ich finde, es ist wahr, in dem Sinne, dass der Gedanke an Gott eine höchste Macht im Leben der Menschen ist.

12. Mai 1942
Weißt du Muschi, ich würde Dir oft über das Leben hier schreiben, aber dann kommt mir immer so deutlich zu Bewusstsein, wie erniedrigend eine solche Existenz ist. Wenn jemand an der Baustelle vorüber geht, sieht man in seinen Augen und in seiner Haltung und seinem Ausdruck „das sind nur Juden" – so deutlich, dass es mir weh tut, jedes Mal. [Dieser Abschnitt steht im französischen Original in deutscher Sprache.]

24. August 1942
Toutou, wir müssen lernen, dass höhere Mächte am Ende über unser Schicksal entscheiden. Kleiner Toutou, ich frage mich, ob Du mich vergessen wirst, jetzt, wo ich so weit fortgehen soll... ich wünsche, dass die Erinnerung daran, was ich Dir sagen, schreiben konnte, stark genug sein wird, die Zeit zu überleben, die uns einander entfernen, aber nicht trennen wird. Die Fotos von Mlle L. sind nicht mehr angekommen, es fehlte nur ein Tag, so habe ich nur die, die ich letztes Jahr machte – ich schaue sie sehr,

sehr oft an und ich weiß, dass man mir niemals meinen Toutou nehmen können wird.

Dienstag Abend, 1. September 1942
Im Textillager, geschrieben vor dem Besuch von Toutou.
Ich glaube nicht, dass man mir im ganzen Leben so weh getan hat wie heute..., Dich wenige Schritte vor mir zu sehen, ohne mit Dir sprechen zu können, ich versichere Dir, Muschi, während dieses Nachmittags, als ich in den Hof ging, um Dich zu erwarten, wünschte ich, Du wärst nicht gekommen, verstehst Du? Es gibt kein demütigenderes Gefühl für einen Menschen als das totaler und erzwungener Ohnmacht. Machen wir nicht den Fehler und schieben all das auf die Leute, die das Lager leiten. Sie sind sehr nett zu uns und versuchen in der Tat, unser Schicksal zu erleichtern. Also, mein Kleines, nimm es niemand übel, ja? [...]

Ich bin unendlich glücklich, Dir die 100 frs. geschickt zuhaben, weil ich meine Brieftasche mit meinem ganzen „Vermögen" und den Fotos und meiner Tabakkarte(!) verloren habe, aber seltsamerweise tut es mir nur wegen der Fotos, von Dir und meinen Eltern, Leid, der ganze Rest ist so unwichtig... Ich bin pleite bis auf die Knochen, aber was soll's? – und ich wünschte, es wäre mein größter und grausamster Verlust während dieses Krieges. [...]

Ich habe nicht die Absicht, Dir einen Abschiedsbrief zu schreiben. Es gehört nur zu meinen Gewohnheiten, mir vor einer Abreise darüber klar zu werden, was ich zurücklasse, was ich verlasse. Und dies Mal verlasse ich so viel, so vieles, was mir am Herzen liegt, dass ich nicht sagen kann „Kopf hoch, mein Alter, das Leben liegt vor dir!". Ich versichere Dir, mein Kleines, dass, wo auch immer ich hingehen muss, und das ist mein Schicksal, und ich kann nichts dafür, ich immer und immerzu an Dich denken werde, weil die einzigen kurzen Momente eines klaren und reinen Glücks sind: DU, und ich geniere mich nicht, es jedermann zu sagen und ich möchte es laut schreien, damit man es gut hört: ich liebe Dich, Toutou! [...]

Alle meine guten Gedanken sind bei immer Dir, Muschi, und begleiten Dich überall hin. Ich sage Dir auf Wiedersehen – wann wird es sein? Und nochmals tausend Dank
Ich umarme Dich
Dein Pierrot

Mittwoch morgen [sic!] 2. September 1942 (Fortsetzung)
Es heißt allgemein, morgen sei die Abfahrt. Im Grunde ist das ziemlich unwichtig, da wir dazu bestimmt sind, abzureisen. Es tut nur weh, einen Boden zu verlassen, auf dem man glücklich war, auf dem man Zukunftspläne machte, und der die einzigen Menschen trägt, die mir auf der Welt teuer sind. Um in ein Land und zu Menschen zu gehen, die unsere erklärten Todfeinde (Feinde bis in den Tod) sind.

Aber: AMOR VINCIT OMNIA – die Liebe siegt über alles. Das ist meine Devise geworden und ich werde erfahren, ob sie stimmt. Mein ganz Kleines, der Block, auf dem ich Dir schreibe, ist der, den Du mir am Abend des Fests, auf dem wir uns kennen lernten, gegeben hast – erinnerst Du Dich? Ich erinnere mich zu gut. Noch einmal auf Wiedersehen, Murmeltierchen, ich versuche irgendwie mit Dir in Verbindung zu bleiben.
Immer, immer der Deine
Pierre

Der letzte Brief:
13. September 1942 Lager Drancy [kaum lesbare Postkarte]
Mein liebes kleines Muschi, ich bin glücklich, Dir kurz vor der Abreise noch einmal ein Lebenszeichen von mir geben zu können. Mein Kleines; ich weiß nicht, was geschehen wird, ich weiß nicht, wie lange diese Trennung dauern wird – ich wünsche mir nur, Dich bald wiederzusehen. Ich denke viel an die Vergangenheit und das gibt mir viel Kraft. Ich hoffe, ihr seid gesund und guter Dinge. Ich bitte Dich, Toutou, meine Eltern von mir zu benachrichtigen, bleibe in Kontakt mit ihnen, damit ich später weiß, wo Du bist.
Auf Wiedersehen, Muschi, ich vergesse dich nie!
Immer Dein
Pierre

Leopold Peter Grumbacher wurde in Auschwitz zuerst einer Schwerarbeitergruppe zugeteilt. Er erkrankte an Lungentuberkulose und einer Rippenfellentzündung, bevor er in Auschwitz vergast wurde.

Das Schicksal der übrigen Familienangehörigen?

Betty Maier schaffte es, in die USA zu emigrieren, sie starb 1946 in Illinois. Jakob und Elisabeth Grumbacher, Leopolds Eltern, wurden am 14. September 1942 nach Auschwitz deportiert und umgebracht. Rudolf Grumbacher war der einzige Überlebende.

Marie-Louise Steinschneider vergaß ihre erste große Liebe nicht und bewahrte sein Andenken.

Diese tragische Geschichte zeigt, dass Juden in Deutschland kein besonderes, „jüdisches" Leben führten, sondern handelten und fühlten wie alle Anderen. Sie empfinden Liebe, Glück, Hoffnung, ebenso Trauer, Schmerz, Verzweiflung. Bevor die Umstände sie zwangen, ihr Vaterland zu hassen, fühlten sie sich ebenso deutsch wie christliche Deutsche.

Abb. 12
Die Grabanlage der Familien Liebhold und Maier auf dem Mannheimer Hauptfriedhof
Foto: Die Verfasserinnen

Danksagung

Zuerst bedanken wir uns von ganzem Herzen bei Frau Danielle Feigenbaum, die uns Ihr Vertrauen geschenkt hat und uns so viele Informationen gab. Sie war nie „genervt" von unseren ständigen E-Mails, sondern immer hilfsbereit. Ohne ihr Material wäre unsere Arbeit nicht das, was sie ist! Vielen Dank für die zahlreichen Briefe!

Danken wollen wir auch Herrn Dieter Paulshofen für das nette Interview, für das er sogar extra zu uns nach Mannheim kam.

Natürlich bedanken wir uns auch beim Stadtarchiv Mannheim - Institut für Stadtgeschichte und insbesondere bei Frau Strobel, die uns beim Beschaffen der Quellen sehr geholfen hat.

Durch diese Arbeit sind wir Leopold Grumbacher sehr nahe gekommen, wir gehen nun mit einem ganz anderen Gefühl in die Schule, mit dem Bewusstsein, dass auch er einmal die gleichen Räume wie wir betreten hat, genauso wie wir Schüler des Lessing-Gymnasiums war. Wir finden es grausam, dass einem Menschen, so jung wie wir, die Zukunft, das Glück, die Hoffnung, das gesamte Leben genommen wurden.

* Diese Arbeit ist dem Andenken an Leopold Peter Grumbacher und seiner Familie gewidmet. Sie wurde geschrieben im Rahmen eines Seminarkurses „Der verschwundene Nachbar", in dem die Lebensgeschichten jüdischer Schüler am Lessing-Gymnasium aufgearbeitet wurden. Die zitierten Briefe wurden von den Verfasserinnen aus dem Französischen übersetzt.

Reiss-Engelhorn-Museen und Fördererkreis für die Reiss-Engelhorn-Museen

Dr. Klaus Cantzler zum 85. Geburtstag

Ein von regem Interesse und sensibler Einfühlung geprägter Bezug zu Kunst und Geschichte ist einer der Wesenszüge des Dr. Klaus Cantzler, der am 21. Dezember 2015 im Kreis seiner Familie seinen 85. Geburtstag feierte. Die Reiss-Engelhorn-Museen und der Fördererkreis für die Reiss-Engelhorn-Museen gratulieren dazu ganz herzlich.

Es ist dieses Bedürfnis, sich mit der Geschichte als dem historischen Horizont der Gegenwart und mit der Kunst als dem essentiellen Ausdrucksmittel einer Kultur zu beschäftigen, die Klaus Cantzler schon während seiner Berufstätigkeit in höheren Positionen bei der BASF mit Sorgfalt pflegte, sei es während seiner langen Auslandsaufenthalte in der Auseinandersetzung mit fremden Kulturen oder in seiner Heimatstadt Mannheim mit deren geschichtlicher und kulturgeschichtlicher Entwicklung als der kulturellen Metropole der Kurpfalz. Unter dem Kurfürsten Carl Theodor entwickelte sich der Mannheimer Hof im 18. Jahrhundert zu einem europaweit wahrgenommen Kulturzentrum, zur Basis für jenes kulturelle Selbstverständnis, das im Weiteren das Kunstmäzenatentum des Mannheimer Bürgertums im 19. und beginnenden 20. Jahrhundert prägte und schließlich auch heute noch das breite bürgerschaftliche Engagement für die Kultur der Stadt und der Region bestimmt. Die Sammlungspräsentation der Kunst- und Kulturgeschichte macht diese Entwicklung sichtbar. Ein Engagement wie das des Jubilars hat in Mannheim gewissermaßen Tradition.

Es ist also eine Folge aus den persönlichen Interessen sowie der bewussten Identifikation mit einer kulturgeschichtlichen Fördertradition der Stadt Mannheim, dass Klaus Cantzler sich 15 Jahre lang, von 1990 bis 2005, als Vorsitzender des Fördererkreises für die Reiss-Engelhorn-Museen mit außergewöhnlichem Einsatz engagierte; die jeweilige Museumsleitung hat zu den gegebenen Anlässen sein Engagement in der Öffentlichkeit entsprechend gewürdigt, 2003 ist ihm dafür auch das Bundesverdienstkreuz am Bande verliehen worden. Charakteristisch für den Einsatz war die grundsätzlich enge Verknüpfung und Absprache der Aktivtäten des Fördererkreises mit den aktuellen Anliegen der Museumsarbeit und dem historischen Horizont der Sammlungsbelange. Wenige Beispiele sollen das verdeutlichen.

Die von Klaus Cantzler mitinitiierte Entscheidung für den Erwerb einer umfassenden Sammlung von Kostümen aus dem 18. Jahrhundert steht in klarem konzeptionellen Bezug zum Bestand der Kunst- und kulturgeschichtlichen Sammlungen der Reiss-Engelhorn-Museen, in dem sich die Zeit des Pfälzer Hofes unter Kurfürst Carl Theodor spiegelt. Weiß man um die zeremonielle Bedeutung der Kleidung am Hof, aber auch innerhalb der wohlhabenden bürgerlichen Stadtgesellschaft des 18. Jahrhunderts, dann wird erkennbar, dass der Erwerb der Kostüme einen fundierten Beitrag zur Dokumentation dieses für Mannheim kulturgeschichtlich so wichtigen Jahrhunderts leistet. Die Kostümsammlung erweist sich so als eine ausgesprochen sinnvolle konzeptionelle Analogie zu der umfassenden Sammlung an Frankenthaler Porzellan, die nicht weniger die elegante Lebenswelt dieses Zeitalters verbildlicht. Die aktuelle Neupräsentation trägt diesen Anliegen Rechnung. Dass der Fördererkreis unter Klaus Cantzler 1993 auch für den Sammlungsbereich Frankenthaler Porzellan wichtige Objekte erwarb, belegt noch einmal die kulturgeschichtliche Effizienz seines Wirkens.

Mit der im Januar 2007 abgeschlossenen Sanierung des Museums Zeughaus C 5 und seiner Neueröffnung positionierte sich das Haus nach über vierjähriger Schließung wieder als der Ort der Vermittlung der Kultur und Geschichte der Stadt Mannheim und der Region. Damit erfüllt das Museum neben seiner Aufgabe, die Artefakte dieser Entwicklung zu sammeln, auch seine Funktion, Geschichte einer interessierten Öffentlichkeit zugänglich zu machen. Dazu gehört neben einem didaktischen Konzept auch eine ansprechende Ausstattung zur Präsentation. Mit fast drei Millionen Euro hat der Förderkreis dazu beigetragen, das sanierte Zeughaus so auszustatten, dass in ihm eine modernen Vermittlungsvorstellungen gerecht werdende Präsentation möglich wurde. Die Aktion „Zaster fürs Zeughaus“ belegt Klaus Cantzlers kreativen Ideenreichtum bei der Führung des Förderkreises. An dieser Stelle sei auch erwähnt, dass ihm die Unterstützung der Forschungsarbeit des Hauses bis heute ein essentielles Anliegen ist.

Die kontinuierliche Zunahme der Mitglieder in den Jahren seiner Fördererkreisführung belegt, dass Klaus Cantzler mit seiner Begeisterung auch andere anstecken kann. Doch nicht weniger wichtig als die nach außen deutlich sichtbaren Aktivitäten wie der Erwerb bedeutender Stücke für die Sammlungen oder die Aktion „Zaster fürs Zeughaus“ waren seine Initiativen zur internen Strukturierung des Vereines. Dem erfolgreichen BASF-Manager gelang der Aufbau eines komplexen Gefüges einzelner Servicegesellschaften; 1994 kam es zur Gründung der Gemeinnützigen Fördergesellschaft mbH, 1997 erfolgte die Gründung der Reiss-Museum-Service-Gesellschaft mbH. Der Museumsshop mit seinen zahlreichen ehrenamtlich aktiven Mitarbeitern fungiert in diesem Gefüge ebenso erfolgreich wie die „KulTour-Mitgliederreisen“.

Es vervollständigt das hier gezeichnete Bild von dem kulturaffinen Manager Klaus Cantzler, wenn aus den zahlreichen Engagements seiner Zeit als Vorstandvorsitzender des Fördererkreises hier abschließend noch einmal der Erwerb des Schillerhauses und seine Einrichtung als Museum im Verbund der Reiss-Engelhorn-Museen hervorgehoben wird.

Es war das Bewusstsein der literaturgeschichtlichen Bedeutung vom Aufenthalt Friedrich Schillers nach seiner Flucht aus Stuttgart in Mannheim, der Stadt seines ersten Theatererfolges mit der Uraufführung der „Räuber“ im Jahre 1782, die den Impuls für den Erwerb des Anwesens im Jahr 2004 gab, in dem sich die Wohnsituation des Dichters spiegelt. 2005 wurde das Haus als Museum SchillerHaus als Beitrag zum Schillerjahr anlässlich des 200. Todestages des Dichters eröffnet. Zugleich aber war es auch die Möglichkeit, mit der Immobilie, die nicht allein das historische Gartenhaus aus dem 18. Jahrhundert, sondern auch das zur Straße gelegene vordere Mietshaus umfasst, das Vermögen des Fördererkreises zu konsolidieren.

So war auch bei der Diskussion um eine Neukonzeption des Komplexes SchillerHaus im Jahr 2014 Klaus Cantzlers Rat gefragt. Es ist zudem seinem Mitwirken zu verdanken, dass neben dem Museum SchillerHaus als Literaturforum der Komplex heute auf der Grundlage des literatur- und theatergeschichtlichen Quellenbestandes der Reiss-Engelhorn-Museen auch als Forschungsstätte genutzt wird. Mit Unterstützung der Karin und Carl-Heinrich Esser Stiftung konnte im Museum Schillerhaus ein von der Universität Mannheim betreutes Promotionsstipendium eingerichtet werden.

Deutlich wird, dass über die Zeit seines effektiven Wirkens als Vorstandsvorsitzender des Fördererkreises der Rat von Klaus Cantzler in Museum und Fördererkreis bis heute gesucht und geschätzt wird. So ist es nur konsequent und folgerichtig, dass er nach seinem Ausscheiden aus dem „aktiven Dienst" 2005 zum Ehrenvorsitzenden des Vereins ernannt wurde.

Reiss-Engelhorn-Museen und Fördererkreis für die Reiss-Engelhorn-Museen danken Dr. Klaus Cantzler für ein herausragendes Engagement für die Belange der Museen und der erfolgreichen Tätigkeit im Fördererkreis sowie seine Bereitschaft, Verein und Museen auch weiterhin mit seinem Rat zu unterstützen. Unseren Dank verbinden wir mit unseren Glückwünschen zu seinem 85. Geburtstag. Wir wünschen dem Jubilar noch viele schöne Lebensjahre im Kreis seiner Familie und Freunde und Stunden der Muße für seine geschichtlichen und kulturgeschichtlichen Interessen.

Dr. Hans-Jürgen Buderer
Vorsitzender des Fördererkreises
für die Reiss-Engelhorn-Museen

Dr. Michael Kost
Stv. Vorsitzender des Fördererkreises
für die Reiss-Engelhorn-Museen

Prof. Dr. Alfried Wieczorek
Generaldirektor Reiss-Engelhorn-Museen
und rem gGmbH

Dr. Christoph Lind
Direktor Kunst- und Kulturgeschichte
Reiss-Engelhorn-Museen

In Memoriam Dr. Inga Gesche

Das größte Lob, das man seinem Mentor für die Betreuung während der Ausbildungszeit erteilen kann, besteht vielleicht darin, nachhaltiges Interesse für das Metier erfolgreich geweckt zu haben. Dr. Inga Gesche, ehemalige und langjährige Kuratorin für die Graphischen Sammlungen an den Reiss-Engelhorn-Museen, ist dies bei mir bereits während eines Museumspraktikums mehr als gelungen. Seitdem hat mich die gezeichnete und auch gedruckte Linie als gestaltendes Element und Grundlage aller künstlerischen Gattungen nicht mehr losgelassen.

Am 22. März 2015 ist Inga Gesche nach längerer Krankheit, jedoch sanft, für immer entschlafen.

Bescheiden wie sie war, hätte sie nicht gewollt, dass an dieser Stelle Lobeshymnen auf sie angestimmt werden. Doch einiges sollte nicht in Vergessenheit geraten: Ihr Wissen war gewaltig! Und unter einer manchmal vielleicht rau wirkenden Schale verbarg sich ein äußerst empfindsamer und mitfühlender Mensch. Wenn Inga Gesche für eine Sache Feuer gefangen hatte, konnte sie ihre Kenntnis und Erfahrung auf wunderbare Weise vermitteln und weitergeben. Besonders im Umgang mit dem Nachwuchs ist dies eine wichtige Fähigkeit, sie hat mich sowie viele andere immer wieder aufs Neue fasziniert. Dabei erfreute und überzeugte Inga Gesche auch stets durch ihren trockenen, mitunter entwaffnenden Humor.

Eine tückische Erkrankung beeinträchtigte ihr Leben und leider auch ihre Arbeit. Ihr Motto blieb dennoch „Sei vergnügt!" Dies gab sie mir und anderen in schwierigen Situationen oft mit auf den Weg. Gemessen an ihrem eigenen Schicksal war dies eine vergleichsweise leichte Übung. Auch als Personalrätin hatte sie immer ein offenes Ohr für die Belange der Mitarbeiterschaft. Ihr bevorzugtes berufliches, aber auch privates Interesse galt den Kurpfälzer Graphikkünstlern, der klassischen Skulptur sowie Bereichen der Numismatik.

Obwohl in den siebziger und beginnenden achtziger Jahren des vorigen Jahrhunderts Ausstellungen und Kataloge noch nicht in diesen Dimensionen wie später eine Rolle spielten, hat Inga Gesche im damaligen Reiß-Museum dennoch mit ihren Publikationen bereits viel dazu beigetragen. Ihre Präsentationen mit monographischen Arbeiten zu den Kupferstechern Heinrich Sitzenich (1752-1830) und Anton Karcher (1760-1842) sowie Ausstellungskataloge zu Peter Anton Verschaffelt (1710-1793) und der Künstlerfamilie Kobell seien hier maßgeblich genannt.

Erfreulicherweise verbanden uns nicht nur gemeinschaftliche Interessen, sondern auch Achtung und Freundschaft für den jeweils anderen. Sehr gerne habe ich daher ihre Nachfolge bei den und für die Graphischen Sammlungen in den Reiss-Engelhorn-Museen angetreten.

In turbulenten und hektischen Situationen erinnere ich mich dann gerne ihres Mottos: „Sei vergnügt!"

Andreas Krock

Monika Ryll

Das Wohnhaus Fratrelstraße 4 – Ein unbekanntes Werk der Architekten Albert Heiler und Albert Friedrich Speer

Abb. 1 (gegenüberliegende Seite)
Das Wohnhaus Fratrelstraße 4
2015
Foto: Fotostudio Vogt Mannheim

Auch wenn der Bestand an Wohngebäuden aus der Zeit um 1900 durch Kriegszerstörungen in Mannheim erheblich minimiert ist, weist besonders der Stadtteil Neckarstadt-Ost im Umfeld der Max-Joseph-Straße noch nahezu vollständige Straßenzüge mit schönen Beispielen städtischer Mietshausarchitektur aus der Zeit des beginnenden 20. Jahrhunderts auf. Bis 1910 waren binnen weniger Jahre die Grundstücke zwischen den beiden älteren Verkehrswegen Waldhofstraße und Lange Rötterstraße fast komplett bebaut, sodass das Wohngebiet in östliche Richtung erweitert werden musste. Die Straßennamen in diesem Areal erinnern wie der des Kupferstechers und Malers Joseph Fratrel an Künstler der kurfürstlichen Zeit des 18. Jahrhunderts.

Der Bauherr und Bauleiter

Die Planlegung der Fratrelstraße, einer Querstraße der Max-Joseph-Straße, hat vor allem der Bauherr des Hauses Nr. 4 (Abb. 1) Martin Mayer (1858-1941) vorangetrieben. Um die Grundstücke in östliche Richtung als Bauland ausweisen zu können, legte das städtische Tiefbauamt Mannheim auf der Grundlage des Art. 2 des Ortsstraßengesetzes vom 6. Juli 1896 und auf Antrag der drei betroffenen Grundstückseigentümer Martin Mayer (Abb. 2) sowie dessen Brüdern Karl (1861-1946) und Emil (1867-1929) im August 1908 einen Bau- und Straßenfluchtenplan mit elf Metern Straßenbreite und einem Rücksprung von fünf Metern auf der Nordseite fest (Abb. 3).[1] Gleichzeitig erfolgte auch die Kanalisierung.[2] Nach Bekanntmachung im Amtlichen Verkündigungsblatt für den Amtsbezirk Mannheim am 8. Dezember 1908 und Offenlage in den Kanzleien des Bezirksamtes und Stadtrats wurde der Plan in der öffentlichen Sitzung des Bezirksamtes am 14. Januar 1909 beschlossen. Martin Mayer war Inhaber eines Baugeschäftes in T 6,17, das in Mannheim um 1900 mit zahlreichen Hoch- und Tiefbauten beauftragt und in dem sein Bruder Emil als Prokurist tätig war. Sein Bruder Karl betrieb eine Gastwirtschaft. Der Bauherr der Fratrelstraße 4 hatte sich kurz zuvor am Unteren Luisenpark in der Kolpingstraße 1a (früher Hildastraße) von dem Architekten Leonhard Schäfer eine Villa errichten lassen. Hier lebte er bis zum Ersten Weltkrieg mit seiner Ehefrau Apollonia, geborene Dann (geb. 1884), und den acht Kindern.[3]

Die Architekten

Mit der Erarbeitung der bautechnischen Pläne (Abb. 4) beauftragte Mayer zunächst den aus Philippsburg stammenden Architekten Albert Heiler (1879-1959). Heiler wird auf den vom 6. Juni 1908 datierten Grundriss-, Ansichts- und Schnittzeichnungen als „Planfertiger" genannt.[4] Der Architekt, verheiratet mit Sofie, geborene Kübel (1891-1951), wohnte ab dem 1. April 1908 in der Großen Merzelstraße 7 (heute Reichskanzler-Müller-Straße), wo auch sein Büro war.[5] In jener Zeit erwarb Heiler in der Max-Joseph-Straße mehrere Grundstücke und errichtete auf diesen Wohnhäuser im Stil der

Abb. 2
Porträt von Martin und Apollonia Mayer
1911
StadtA MA - ISG
KF014955

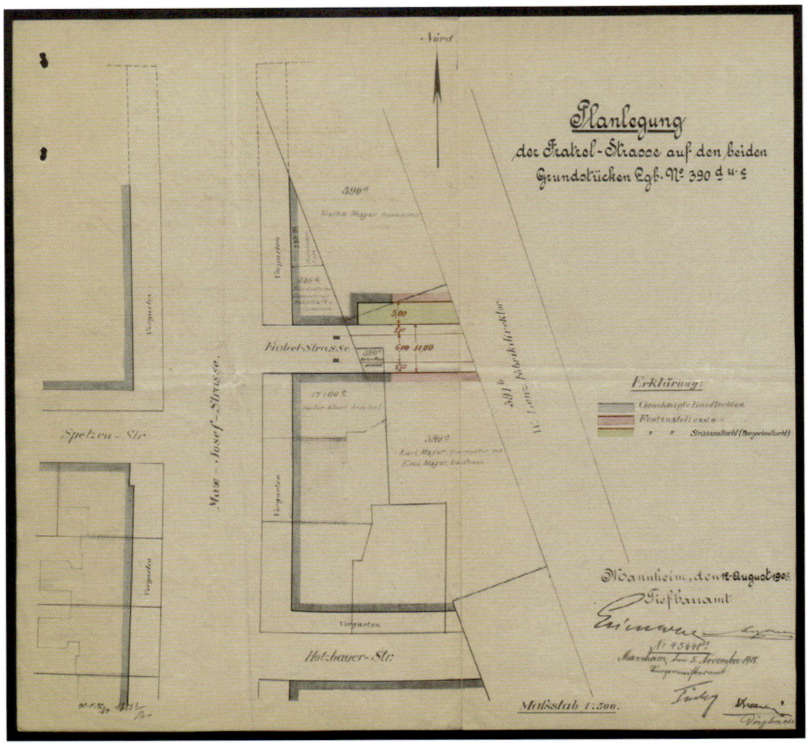

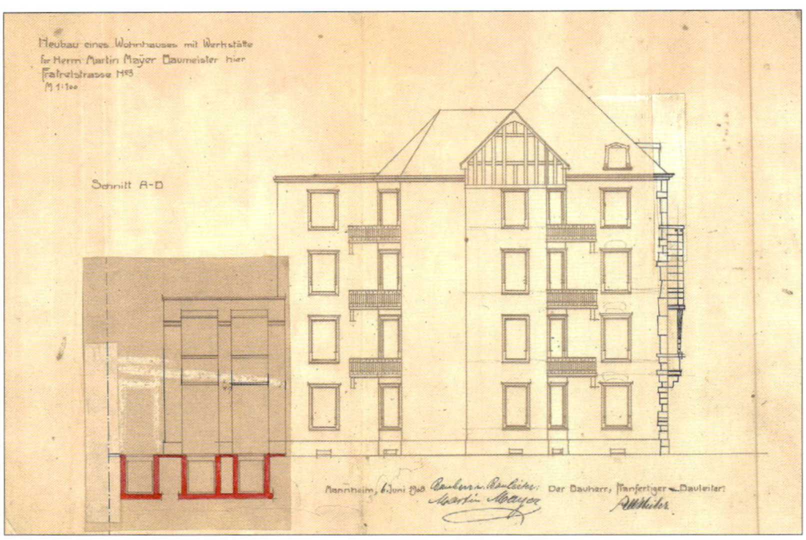

Abb. 3 (oben)
Planlegung der Fratrelstraße
Lageplan vom
12. August 1908
StadtA MA - ISG, Zug. 7/1962

Abb. 4 (unten)
Ostansicht des Hauses Fratrelstraße 4 mit der Signatur des Planfertigers Albert Heiler
Zeichnung vom
6. Juni 1908
Privatbesitz

Zeit, so auch in der Max-Joseph-Straße 26 direkt angrenzend an das Mayer'sche Grundstück.[6] Auf Heiler geht aber offenbar nur das baukonstruktive Grundgerüst der Wände, Decken und der Dachkonstruktion des Hauses Fratrelstraße 4 zurück. Für den Fassadenentwurf, der ein höheres künstlerisches Können verlangte, zog der Bauherr, der auch die Bauleitung inne hatte, im Oktober 1908 den damals in Mannheim etablierten „Stararchitekten" Albert Friedrich Speer hinzu. Die fein ausgearbeitete Werkzeichnung (Abb. 5) mit detaillierten Maßangaben und Steinformationen lieferte dem Steinmetz eine gute Arbeitsgrundlage. Offenbar gab es seitens des Bauherrn oder des Kaufinteressenten ganz konkrete Wünsche, eine größere gestalterische Wirkung bei der Außengestaltung zu erzielen, als es Heiler leisten konnte.

Albert Friedrich Speer (Abb. 6) zählt zu den wichtigsten Architekten der Zeit vor dem Ersten Weltkrieg in Mannheim. Dennoch ist seine Bekanntheit von der seines Sohnes, des Architekten, Reichsrüstungsministers und Kriegsverbrechers des Dritten Reichs Albert Speer (1905-1981) völlig überschattet.[7] Herkunft, Persönlichkeit und Lebenskultur von Vater und Sohn wurden in den vergangenen Jahren in mehreren Interviews und Autobiographien mit und von Familienmitgliedern, die beide noch persönlich erlebt haben, intensiv beleuchtet[8] und vermitteln anschaulich die Konventionen einer großbürgerlichen Familie vor dem Ersten Weltkrieg. Albert Friedrich Speer kam als Sohn des Maurer- und späteren Braumeisters Berthold Speer (1828-1883) und der Emilie Frantzen (1833-1931) am 6. Mai 1863 in Dortmund zur Welt.[9] Der Leibarchitekt Hitlers Albert Speer kolportierte seinen Großvater offenbar in den 1930er Jahren als Schinkelschüler, der in Berlin „zu Füßen des größten deutschen Baumeisters gesessen" habe.[10] Berthold Speer war beim Tode von Karl-Friedrich Schinkel jedoch erst 13 Jahre alt, machte zunächst in seinem Heimatort Kreuzburg (Schlesien) eine handwerkliche Ausbildung und zog erst anschließend 1849/50 von dort weg. In Dortmund gründete er 1870 die Viktoria-Brauerei, die nach seinem Ableben in eine Aktiengesellschaft umgewandelt wurde. Sein Sohn Albert Friedrich Speer war bis zu seinem Tode am 31. März 1947 Aufsichtsratsmitglied des Unternehmens, das 1920 von der Dortmunder Union-Brauerei, einer der größten Brauereien des Deutschen Reichs, geschluckt wurde.[11] Als Aktionär hatte er somit schon in jungen Jahren finanziell ausgesorgt. Dennoch verfolgte er zielstrebig seinen Berufswunsch und studierte an den Technischen Hochschulen in Berlin-Charlottenburg und München Architektur.[12] In Mannheim ließ sich der preußische Staatsbürger im November 1890 in O 3,11-12 nieder und machte sich mit einem Architekturbüro selbständig.[13] Am 5. Februar 1900 vermählte sich Speer in Mainz mit Louise Mathilde Wilhelmine Hommel (Abb.7),[14] die ihrerseits als Tochter des Industriellen Louis Christian August

Monika Ryll

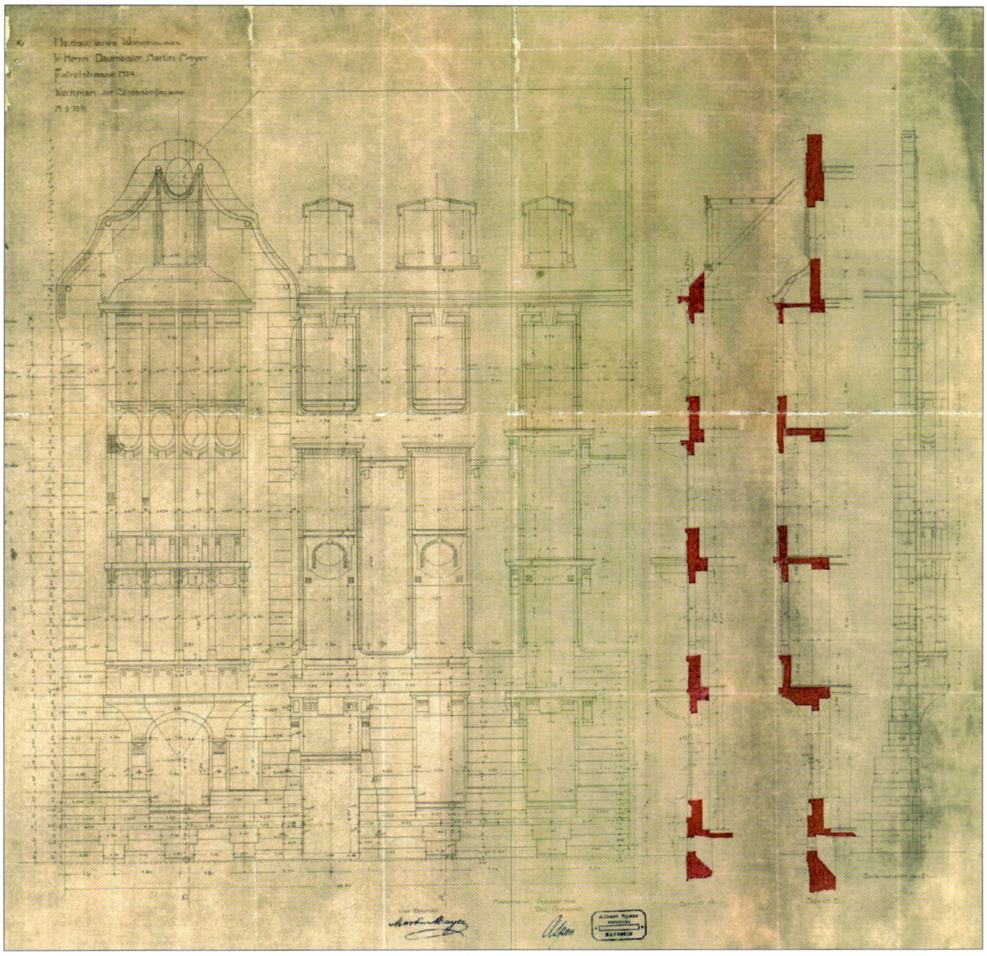

Abb. 5
Fassadenansicht und Schnitt des Hauses Fratrelstraße 4 mit der Signatur von Albert Friedrich Speer
Zeichnung vom Oktober 1908
Privatbesitz

Abb. 6
Porträt von Albert Friedrich Speer
Um 1890
Privatbesitz

Hermann Hommel (1847-1921) und der Wilhelmine Mathilde Schaefer (1858-1917) eine beträchtliche Mitgift und Erbschaft in die Ehe einbrachte. Gleich nach der Eheschließung erbaute sich Speer sein Wohnhaus in der Stresemannstraße 19. Dem Paar wurden drei Söhne geboren: Hermann (1902-1980), der oben bereits erwähnte Albert (1905-1981) und Ernst (1906-1943). Als Schwiegersohn lieferte er 1910 auch die Pläne für die neue Niederlassung der Hommelwerke in Mannheim-Käfertal, in der zeitweise 1.000 Beschäftigte Messgeräte und Präzisionsmaschinen produzierten, die aber nach 65 Jahren den Betrieb einstellten.[15] Während der offenbar sehr streitbare Architekt als kauziger Eigenbrötler von liberaldemokratischer – wenngleich natürlich nicht linksliberaler – Grundhaltung beschrieben wird,[16] war die am 12. Juni 1879 geborene Wilhelmine Hommel in ihrem gesellschaftlichen Auftreten eine unnahbare „Grande Dame", die sehr viel Wert auf den äußeren Schein und das „Zurschaustellen von Reichtum" legte, schon vor 1933 in die NSDAP eingetreten war und bis zu ihrem Tode am

Abb. 7
Porträt von Wilhelmine Speer
1940
Privatbesitz

24. Juni 1952 – dann allerdings in den beengten Verhältnissen einer Dreizimmerwohnung im Gärtnerhaus der Heidelberger Villa – „Gäste aus der besseren Heidelberger Gesellschaft [empfing] und versuchte, ein gesellschaftliches Leben zu führen, wie sie es von früher gewohnt gewesen war".[17]

Der Neubau

Der Baukörper mit einem Haupttrakt und zwei ungleichen Flügelanbauten nutzt das Grundstück weitestgehend aus, lässt aber im rückwärtigen Bereich noch einen kleinen Hof- und Gartenbereich frei. Die viergeschossige, in Jugendstilformen gegliederte Straßenfassade wird durch einen geschweiften Giebel mit Erkervorbau in üppiger Verwendung von gelbem Sandstein mit Zierformen charakterisiert (siehe Abb. 1). Die reiche Ausstattung mit architektonischen Gliederungselementen wie Girlanden, Medaillons, Konsolen, Gesimsen, Blendfeldern und Fensterverdachungen lässt die verputzte Wandfläche zurücktreten. Der Schweifgiebel findet im Fachwerkgiebel der Seitenfassade seinen architektonischen Widerhall. Die aus schlichtem Backstein gemauerten Seiten- und Rückfassaden werden durch waagerechte Bänder aus Klinker sowie Sandsteingewände gestalterisch aufgelockert. Die Wohnungen verfügen jeweils über einen Balkon mit handwerklich qualitätvollem Ziergeländer. Zur Straße sind die Balkonplatten aus Sandstein, zum Hof aus Eisenbeton. Unter dem Erker im Erdgeschoss findet sich ein für Mannheim seltenes, noch erhaltenes Exemplar eines historischen Buntglasfensters mit Bleisprossen und floraler Jugendstilornamentik (Abb. 8), dessen sachgerechte Restaurierung heutzutage nur noch wenige Fachfirmen anbieten. Der in Teilen abgewalmte Dachraum wird durch Gauben und die beiden Giebel belichtet.

Das Entree mit Wandfliesen, Wandstuck, Terrazzoboden und Schwingtür weist alle damals erfor-

Abb. 8
Wohnhaus Fratrelstraße 4
Fensterdetail
2015
Foto: Fotostudio Vogt Mannheim

Monika Ryll

derlichen Merkmale einer „guten Adresse“ bürgerlicher Wohnkultur auf (Abb. 9). Möglicherweise stand auch hier Albert Friedrich Speer beratend zur Seite. Die Besucher des Hauses empfängt ein stilistisch stimmiges Treppenhaus, in dem die Wohnungsabschlusstüren mit Holzkassetten und Oberlichtern und der Treppenlauf mit Schmiedegeländer bzw. in den oberen Etagen mit gedrechselten Holzstäben noch im Original vorhanden sind. Mit Ausnahme des Dachgeschosses befinden sich auf den einzelnen Stockwerken jeweils zwei Dreizimmerwohnungen in der klassischen Raumstruktur der Zeit um 1910: großzügige Repräsentationsräume zur Straße hin mit aufwendigen Stuckdecken, Vertäfelungen und Parkettböden, die Küche mit kleiner Speisekammer zum Hof hin, getrennte Toiletten und Bäder, in den unbelichteten Zonen zur Erschließung der Zimmer lange schmale Flure.

Abb. 9
Wohnhaus Fratrelstraße 4
Das Entree
2015
Foto: Fotostudio Vogt
Mannheim

Die Erwerber

Das Wohnhaus entstand nach dem damals nicht unüblichen Investorenmodell. Besonders die Mannheimer Baufirmen F & A Ludwig, Werle & Hartmann und Joseph Hoffmann & Söhne, deren Inhaber planvorlageberechtigte Architekten waren, haben zahlreiche unbebaute Grundstücke angekauft, um diese nach Planung und Ausführung eines Neubaus gewinnbringend veräußern zu können. Der Baumeister und Bautechniker Martin Mayer, der nur eine handwerkliche Ausbildung hatte, bedurfte hingegen für die Einreichung der Baugenehmigungspläne bei der Behörde der Mithilfe von erfahrenen Architekten. Dennoch besaß auch Mayer damals in Mannheim zahlreiche Grundstücke, die er bebauen ließ.[18] Mit der Fertigstellung 1909 veräußerte der Bauherr das Anwesen Fratrelstraße 4 an den Malermeister Friedrich Schobbert (1874-1950), der zunächst die Erdgeschosswohnung und später die Wohnung im ersten Stockwerk belegte.[19] Im rückwärtigen niederen Trakt richtete der Käufer, der bereits Telefonanschluss besaß und seine Arbeit werbewirksam mit „1a Referenzen“ bewarb, die Malerwerkstätte ein.

Im Jahre 1921 erwarb der Hauptlehrer Otto Burkhardt (1878-1942), der aus dem Kraichgau stammte und Rektor an der K-5-Schule war, das Gebäude. Burkhardt (Abb. 10) wickelte den Kauf zunächst im Auftrag seiner in Amerika lebenden, recht vermögenden jüngsten Schwester Emma ab,[20] übernahm aber nach deren plötzlichem Tod das Anwesen selbst. Zunächst blieb die Familie, zu der die Ehefrau Karoline, geborene Schneider (1882-1953), und die Tochter Ottilie sowie der Sohn Karl gehörten, noch Am Messplatz 2 wohnen. Erst für das Jahr 1926 ist der Umzug in die erste Etage der Fratrelstraße 4 belegt.[21] Nach dem Tode der Eltern traten die Kinder die Erbfolge an. Heute ist das Wohnhaus, das im Zweiten Weltkrieg nahezu unversehrt blieb, mit der derzeitigen Eigentümerin Annelie Steiner, Tochter der Ottilie Kummer, geborene Burkhardt, in fast hundertjährigem Familienbesitz.

Das Wohnhaus Fratrelstraße 4

Abb. 10
Porträt von Otto und Karoline Burkhardt
Um 1930
Privatbesitz

Erhaltung des kulturellen Erbes

Das qualitätsvolle Gebäude stellt ein einzigartiges denkmalgeschütztes Zeugnis der Jugendstilarchitektur und der bürgerlichen Wohnkultur dar. Für Eigentümer eines Kulturdenkmals besteht die gesetzliche Verpflichtung, dieses im Rahmen des Zumutbaren zu erhalten und pfleglich zu behandeln. Hierfür ist das Wohnhaus Fratrelstraße 4 ein vorbildliches Beispiel. Die Besitzerin saniert und renoviert das Gebäude seit jeher unter besonderem Augenmerk auf die architekturgeschichtlichen Aspekte eines Bürgerhauses der Jugendstilepoche. Dabei werden die stilgebenden Details unverändert belassen, und gleichzeitig wird den Mietern ein moderner Wohnkomfort angeboten. Die trotz erheblicher finanzieller Belastung erfolgte Renovierung der historischen Fenster am Erker, die Sanierung der Sandsteine, Balkone und Gauben, aber auch die Restaurierung des Entrees haben in den vergangenen Jahren dazu beigetragen, das öffentliche mit dem privaten Erhaltungsinteresse zu verbinden und das aus künstlerischen, wissenschaftlichen und heimatgeschichtlichen Gründen geschützte Gebäude für die Allgemeinheit langfristig zu sichern.

1 StadtA MA - ISG, Zug. 7/1962, Nr. 270; Familienbögen Franz Josef, Johann Martin und Karl August Mayer; Meldekartei 203/1941, 2509/1946 sowie 1685/1929.

2 StadtA MA - ISG, Zug. 3/1968, Nr. 749.

3 Mannheim und seine Bauten, Mannheim 1906, S. 316, S. 321-322, 348 mit Abbildungen; Adressbuch der Stadt Mannheim; zum Bauunternehmen Mayer vgl. u.a. StadtA MA - ISG, Zug. 26/2006, Nr. 33 NL Hans Reuther, Zug. 25/1980, Nr. 713 Bestand F & A Ludwig, Zug. 60/1994, Nr. 33, Bestand Rhenania.

4 Im Privatbesitz erhalten sind – allerdings mit der falschen Adressenangabe Fratrelstraße 3 – eine Ansicht der Ostfassade, eine Schnittzeichnung sowie Grundrisse KG, EG, 1. OG. 2. OG, 3. OG, DG; Kopien der Pläne in der Denkmalakte, Stadt Mannheim.

5 StadtA MA - ISG, Adressbuch 1908. Nach Fertigstellung der vermutlich nach seinen Plänen errichteten Baugruppe Seckenheimer Landstraße 1, 3, 5 zog das Ehepaar Heiler während des Ersten Weltkriegs in das Eckhaus Seckenheimer Landstraße/Dürerstraße. Hier richtete der Architekt auch sein Büro ein, wenngleich er in den folgenden Jahren noch mehrfach umgezogen ist. Zur Zuschreibung von Heiler als Entwerfer der drei genannten Neuostheimer Häuser vgl. Hans Huth: Die Kunstdenkmäler des Stadtkreises Mannheim, München 1982, S. 1168.

6 Als Architekt und Bauherr konzipierte Heiler, der in den entsprechenden Adressbüchern als Eigentümer der Neubauten benannt ist, z.B. auch die Häuser Max-Joseph-Straße 5, 7, 9, 11, 13, 15, 22 und 24. Ein weiteres Werk von ihm steht in O 7,1, vgl. StadtA MA - ISG, Sign. 00122.

7 Der Sohn Albert Speer hat durch seine im Spandauer Gefängnis verfasste Autobiographie und Tagebuchaufzeichnungen, die beide ein publizistischer und finanzieller Welterfolg wurden, wesentlich dazu beigetragen, im Gedächtnis der Nachwelt erhalten zu bleiben; vgl. Albert Speer: Erinnerungen, Berlin 1969; ders.: Spandauer Tagebücher, Berlin 1975. Beide Werke stellen nach heutigem Forschungsstand einen völlig selektiven, subjektiv geschönten Blick auf Wirken und Eigennutz des Autors im Dritten Reich dar und stehen wissenschaftlich mittlerweile unter großem Vorbehalt. Nachweislich kam dem Autor eine sehr viel größere Verantwortung für die Tötungsmaschinerie an der jüdischen Bevölkerung zu, als er dies der Leserschaft glaubhaft machen wollte; vgl. hierzu Matthias Schmidt:

Albert Speer. Das Ende des Mythos. Speers wahre Rolle im Dritten Reich, München, Bern 1982; Susanne Willems: Der entsiedelte Jude. Albert Speers Wohnungsmarktpolitik für den Berliner Hauptstadtbau, Berlin 2002; Dietmar Arnold/Reiner Janick: Neue Reichskanzlei und Führerbunker. Legenden und Wirklichkeit, Berlin 2005, S. 143ff; Heinrich Breloer: Die Akte Speer. Spuren eines Kriegsverbrechers, Berlin 2006. Zum kurzen biographischen Überblick aus Mannheimer Sicht vgl. Brigitte Arnold, Michael Caroli, Ulrich Nieß, Jörg Schad, Udo Wennemuth: NS-Größen, in: Mannheim unter der Diktatur, Mannheim 1997, S. 43f.

8 Siehe hierzu insbesondere die Interviews mit Hilde Schramm, Albert Speer, Arnold Speer und Wolf Speer in Heinrich Breloer: Unterwegs zur Familie Speer, Berlin 2005, sowie die Autobiographie von Margret Nissen: Sind Sie die Tochter Speer?, München 2005, und Hilde Schramm: Meine Lehrerin Dr. Dora Lux (1882-1959). Nachforschungen, Reinbek 2012.

9 Christmut Präger: Der Architekt Albert Friedrich Speer (1863-1947). Leben und Werk. Erste Ergebnisse, Arbeitsmaterialien aus dem Stadtarchiv Mannheim Heft 3, S. 10. Leider liegt das Werkverzeichnis aus dem Jahre 2000 nur in Maschinenschrift vor. Als Ergänzung der hier aufgelisteten Mannheimer Bauten ist u.a. noch auf das Wohnhaus Dr. Robert Weber in der Otto-Beck-Straße 46 hinzuweisen, für das Speer 1921 die Planung erarbeitete, vgl. StadtA MA - ISG Sign. 05967, 05969, 05972-05975, 05984, 05997.

10 StadtA MA - ISG, Zug. 64/1973 Nr. 56 (DO 3 Stadtgeschichte vor 1945), Zeitungsartikel vom 12.3.1938. Albert Speer selbst hat sich übrigens als zweiten Schinkel gesehen und im Stillen gehofft, dereinst noch größer als dieser in die Geschichte einzugehen, vgl. Interviews Joachim Fest und Wolf Jobst Siedler mit Heinrich Breloer, wie Anm. 8, S. 463, S. 485f.

11 Hans Driller: Kreuzburger gründete vor 100 Jahren die Dortmunder Viktoria-Brauerei. Ein Beitrag zur Beziehungsforschung Oberschlesien – Dortmund, in: Der Märker, 19. Jg. 1970, H. 6. Den Hinweis auf diesen Aufsatz verdanke ich Dirk Buchholz, Stadtarchiv Dortmund. Vgl. auch Oliver Volmerich: Hopfen und Malz. Dortmunder Bier- und Brauereigeschichte, Gudensberg-Gleichen 2009, S. 13ff., S. 24ff., S. 59.

12 StadtA MA - ISG, S 1/4690 (Kopie aus dem Künstlerlexikon Thieme Becker sowie Zeitungsartikel vom 5.4.1943 anlässlich des 80. Geburtstags).

13 StadtA MA - ISG, Familienbogen Albert Friedrich Speer.

14 Auskunft des Stadtarchivs Mainz.

15 StadtA MA - ISG, S 1/1609 (Hermann Hommel) und S 2/2212 (Hommelwerke). Zum umfangreichen weiteren Schaffen des Architekten Albert Friedrich Speer siehe Präger, wie Anm.9. Insbesondere auf das schon zu Lebzeiten des Architekten zusammengestellte, allerdings unvollständige Werkverzeichnis sei hier verwiesen, in: Wohnungskunst 1917, Nr. 9 (Sonderdruck Mannheim 1918).

16 Die Enkelin Hilde Schramm bezeichnet ihren Großvater als „ziemlich kantig und wortkarg, aber freundlich, auch zu uns Enkeln", vgl. Breloer, wie Anm. 8, S. 28; der Enkel Albert Speer erinnert sich an eine „imposante Erscheinung und für einen Jugendlichen auch ein Vorbild", ebd. S. 135; der Enkel Arnold Speer meint, „er muss ein Kauz gewesen sein, wirklich ein eigentümlicher Mensch", ebd. S. 173. Speer, dessen Wohnhaus Stresemannstraße 19 gegenüber der Sporthalle des TSV 1846 lag, strengte ein jahrzehntelanges Gerichtsverfahren wegen Lärmbelästigung gegen den Turn- und Sportverein an, vgl. StadtA MA - ISG, Zug. 17/1982, Nr. 85 und S 1/4690 (Generalanzeiger vom 13.7.1907). Auch weigerte sich der Architekt nach seinem Umzug nach Heidelberg 1918, Hundesteuern zu bezahlen, da er die Auffassung vertrat, dass er wegen der abgelegenen Lage seiner Villa Anspruch auf einen – steuerfreien – Wachhund habe, vgl. Interview des Enkels Albert Speer mit Heinrich Breloer, wie Anm. 8, S. 547 Anm. 40.

17 So die Enkelin Margret Nissen, wie Anm. 8, S. 67. Hilde Schramm beschreibt ihre Großmutter folgendermaßen: „Die Omi ... war sicher nicht frei von Eitelkeit und liebte die schöne Umgebung, liebte – man kann schon sagen: die Fassade. Lebte das gesellschaftliche Leben und zeigte auch gern den Reichtum. Meine Großeltern väterlicherseits waren erfolgreiche Gründerzeit-Personen mit wenig wirklich kulturellem Verständnis, auch wenig geistesgeschichtlicher Bildung, sodass sie dann – zumindest meine Omi – umso leichter auf irgendwelche schönen Worte oder Komplimente reingefallen ist", Breloer, wie Anm. 8, S. 28f.; siehe auch die Ausführungen der Enkel Albert und Wolf Speer, ebd. S. 172ff., S. 241.

18 An dieser Stelle sollen neben der bereits erwähnten Kolpingstraße 1a noch folgende Baudenkmäler genannt werden: Beilstraße 20, 22, 24; Friedrichsplatz 16; Max-Joseph-Straße 32; O 6,9a; Rathenaustraße 1; T 6,18 und U 6,15.

19 StadtA MA - ISG, Adressbücher 1909 und 1910; Familienbogen Friedrich Schobbert.

20 Hinweis der heutigen Eigentümerin und Nachfahrin Frau Annelie Steiner. Otto Burkhardt soll laut familiärer Überlieferung über seine Tairnbacher Großmutter Pauline Nannette Hecker, Tochter des Ratsschreibers und Schullehrers Johann Philipp Hecker (1788-1873), ein Nachfahre des bekannten badischen Revolutionärs Friedrich Hecker sein. Eine verwandtschaftliche Beziehung konnte quellenmäßig indes nicht belegt werden. Die evangelischen Vorfahren des Tairnbacher Ratsschreibers stammten aus Eppingen, die des katholischen Revolutionärs aus Bad Mergentheim. Mein Dank für die umfangreichen Recherchen geht an Volkhard Benz und Pfarrer Klemens Dittberner, beide in Mühlhausen-Tairnbach.

21 StadtA MA - ISG, Adressbuch 1926.

Abb. 1 (oben)
Die Fassade von D 7,5

Abb. 2 (links)
Grundstein im Keller an
der Wand von 1833

Fotos: Norbert Gladrow,
2015

Abb. 3 (rechts)
Grundstein im Keller an
der Decke von 1834

Monika Ryll

Großbürgerliche Wohnkultur in Mannheim: Das Bumillerhaus in D 7,5

Nur noch wenige architektonische Beispiele in Mannheim bezeugen das Stadtbild des frühen 19. Jahrhunderts. Ein schönes und interessantes ist das Bumillerhaus in D 7,5 (Abb. 1), das auch heute noch so bezeichnet wird, obwohl dort schon seit über 100 Jahren kein Mitglied der Familie Bumiller mehr lebt. Die Nutzergeschichte dieses großbürgerlichen Wohngebäudes erzählt anschaulich vom gesellschaftlichen Aufstieg einer alleinstehenden verwitweten Neubürgerin, von Repräsentationsbestreben und Konventionen der Gründerzeit, aber auch von menschlicher Tragik und unerfüllten Lebensentwürfen.

Die Baugeschichte des Hauses beginnt, nachdem Wall und Stadtmauer geschleift und die äußeren Quadrate als Bauland ausgewiesen worden waren. Der aus Germersheim stammende Handelsmann Carl Anton Schott (1801-1850) erwarb das Grundstück D 7,3 (heute D 7,5) und errichtete hier in den Jahren 1833/34 das zweigeschossige Wohnhaus. Im Gewölbekeller des Gebäudes befinden sich zwei mit „1833" und „1834" datierte Grundsteine (Abb. 2 und 3). Schott verheiratete sich am 12. Oktober 1824 mit der Mannheimerin Anna Maria Pauline Hofmann (1804-1889).[1] Zwei Kinder der Eheleute erreichten das Erwachsenenalter. Der Sohn Carl Anton Bernhard (1825-1901) wanderte später aus, nahm die amerikanische Staatsbürgerschaft an und brachte es als Naturwissenschaftler zu einiger Berühmtheit.[2] Der Vater des Carl Anton Schott, der königlich bayerische Bezirksrichter Carl Schott (1770-1833), zog 1829 aus gesundheitlichen Gründen von Frankenthal ebenfalls nach Mannheim. Bei der polizeilichen Anmeldung gab er seinen Sohn, der bereits seit fünf Jahren in der Quadratestadt lebte, als Leumund an.[3]

Im Jahre 1880 erwarb Cäcilie Hortense Bumiller (1838-1904) das Anwesen von dem Gastwirt Carl Friedrich Unkel (geb. 1815).[4] Die Witwe war 1871 aus dem französischen Reims mit ihren vier Kindern zunächst in das Nachbarhaus D 7,6 (heute D 7,9) zugezogen.[5] Als Tochter des königlich bayerischen Notars Carl Raquet (1807-1869) und der Cäcilie Pletsch (1816-1886) in Landstuhl geboren, stammte sie väterlicherseits von im 17. Jahrhundert nach Otterberg bei Kaiserslautern eingewanderten Hugenotten und mütterlicherseits von einer seit langem in der Gegend von Miesenbach, Ramstein und Kottweiler bei Landstuhl verwurzelten Familie.[6] Der protestantische Vater und die katholische Mutter ließen die Tochter katholisch taufen. Am 9. Juli 1859 heiratete sie in der katholischen Kirche zu Landstuhl den Kaufmann Johann Theodor Bumiller (1824-1869).[7] Der Sohn des preußischen Staatsangehörigen und Weinhändlers Fidelis Bumiller (1782-1865)[8] und der Barbara Riester (1791-1845)[9] kam aus Jungingen bei Hechingen, war aber zur Zeit der Vermählung bereits als Kaufmann und Champagnerfabrikant in Reims tätig, in welcher Funktion er schon 1850 nach Russland gereist war.[10] In der ersten Hälfte des 19. Jahrhunderts stieg die Zahl der in die Champagne eingewanderten Deutschen erheblich an. Mit dem Schaumweinfabrikanten Eduard Werle war sogar ein eingebürgerter Deutscher 16 Jahre lang, von 1852 bis 1868, Bürgermeister der Stadt Reims.[11] Und allein aus Mannheim stammten mit Ludwig Bohne (gest. 1821) und Jakob Karl Theodor Kunkelmann (1811-1881) zwei später sehr erfolgreiche Champagnerkaufleute. Bohne war seit 1801 als Handelsbevollmächtigter für das Haus Clicquot im osteuropäischen Raum tätig, Kunkelmann baute seit 1850 in New York das Amerikageschäft des Unternehmens Piper-Heidsieck aus und erbte die Firma später sogar.[12] Auch einen Cousin von Theodor Bumiller, Friedrich Bumiller (1820-1888), zog es nach Frankreich. Er trat 1858 in das Champagnerunternehmen „Bumiller & Koch" in Avize unweit von Reims ein.[13]

In Reims kamen schließlich die drei Töchter von Cäcilie Hortense und Theodor Bumiller zur Welt: Mathilde Cäcilie Johanna am 2. Mai 1860, Anna am 15. Juni 1862 und Lucie am 22. Juni 1867.[14] Die Geburt der ältesten und mittleren Tochter bezeugten der Fabrikant Peter August Wilhelm Heidsieck (1796-1870) sowie der Kaufmann Karl Friedrich Rauert vor dem städtischen Notar Aimé Louis Richardot (1801-1884). Der aus Westfalen stammende Heidsieck war einer der Geschäftsführer des berühmten Reimser Champagnerhauses, das sein Onkel Florenz-Ludwig Heidsieck im Jahre 1785 gegründet hatte und das nach dessen Tod von acht Neffen in drei familiäre Unternehmenszweige aufgeteilt wurde: Charles Heidsieck, Heidsieck & Co. und Piper-Heidsieck. Peter August Wilhelm Heidsieck trat 1842 in die Firma ein und führte sie zusammen mit seinem Schwager Heinrich Ludwig Walbaum unter dem Namen Heidsieck & Co. 1860 hatte die Firma in Russland große Verkaufserfolge mit der Marke „Monopol", weshalb der Firmenname später in „Heidsieck Monopol" abgeändert wurde.[15] Peter August Wilhelm Heidsieck wohnte in der Rue de Mars 11 und war damit unmittelbarer Nachbar von Theodor Bumiller, der mit seiner Familie in der Rue de Mars 9 lebte. Beide werden auch eng beruflich miteinander zu tun gehabt haben, wenngleich eine Teilhabe oder Geschäftsführung Bumillers bei der Firma Heidsieck nicht nachgewiesen werden konnte. Die Geburt der jüngsten Tochter Lucie bezeugten die beiden Börsenmakler Antoine Arthur Morizet (1833-1905) und Louis Xavier Huart,[16] letzterer wohnhaft in der Rue d'Echauderie 2. Auch in diesem Fall bestätigte demzufolge ein Nachbar des Theodor Bumiller, der zwischenzeitlich eine Wohnung in der Rue d'Echauderie 7 (heute Place Léon Bourgeoise) bezogen hatte, die Geburt des Kindes. Zur Entbindung des Sohnes Theodor am 22. Juni 1864 weilten die Eheleute kurzzeitig in Landstuhl. Den Eintrag im dortigen Geburtenregister unterschrieben neben dem Gemeindebürgermeister Carl Benzino der Vater des neuen Erdenbürgers Theodor Bumiller, der Großvater Carl Raquet sowie der Stadtdiener Philipp Schlotthauer.[17] Sicherlich ahnte keiner der Beteiligten, dass sich die Familien Benzino und Bumiller zwei Jahrzehnte später verschwägern würden. Allerdings erlebte der Champagnerfabrikant die Hochzeit seiner Tochter Mathilde mit Eugen Benzino nicht mehr. Er verstarb 45-jährig im Jahre 1869 in der Rue de Talleyrand 12 in Reims.[18]

Warum Cäcilie Hortense Bumiller nach dem Tod ihres Ehemannes Reims verließ und nach Mannheim zog, darüber kann nur spekuliert werden. Mit begründet war die Entscheidung, den französischen Wohnsitz aufzugeben, sicherlich durch das zunehmend feindliche Klima gegen Deutsche in Frankreich während der Zeit des deutsch-französischen Krieges 1870/71. In Mannheim lebte ihr Onkel Adrian Pletsch (geb. 1801), ein Bruder ihrer Mutter, der damals 70 Jahre alt war und ein sehr bewegtes und schicksalhaftes Leben hinter sich hatte.[19] Der ehemalige Gutsbesitzer und Inhaber der Lampertsmühle in Otterbach hatte von 1846 bis 1851 den Vorsitz im Vorstand der Handelskammer Kaiserslautern inne, gehörte zu den 1848er-Revolutionären und amtierte von 1853 bis 1857 als

Abb. 4
D 7,5
Fassade um 1900
Foto: StadtA MA - ISG

Monika Ryll

Bürgermeister von Kaiserslautern.[20] Anfang Juni 1857 kam er mit seiner zweiten Ehefrau Elisa (1804-1868) sowie den beiden Töchtern Anna (1841-1865) und Elisa (1843-1868) nach Mannheim, verlor aber einige Jahre später binnen kurzer Zeit seine drei Angehörigen und lebte bei Zuzug seiner Nichte und deren vier minderjährigen Kinder 1871 vermutlich alleine. Am 9. Mai 1874 verabschiedete er sich, um auf Weltreise zu gehen.

Am 3. März 1871 gab Gustav Bassermann (1820-1875) der Mannheimer Polizeibehörde die Anmietung von Räumlichkeiten durch Cäcilie Hortense Bumiller in seinem Anwesen D 7,6 (heute D 7,9) bekannt.[21] Neun Jahre später erwarb die Witwe von dem Gastwirt Carl Friedrich Unkel das in unmittelbarer Nähe zum Verkauf stehende Gebäude D 7,3 (heute D 7,5), das den Zeitgenossen als Bumillerhaus bekannt ist (Abb. 4).[22] Damit gehörte die 42-jährige zum Kreis der Mannheimer Haus- und Grundbesitzer, was ihre gesellschaftliche Stellung sicherlich erhöhte und den standesgemäßen Aufstieg ihrer vier Kinder bei einer Heirat verbesserte.

Ihre zweitälteste Tochter Anna ehelichte bald darauf am 24. Juni 1882 in der Mannheimer Jesuitenkirche den aus Landstuhl stammenden Offizier und späteren General Eugen Benzino (1856-1915). Leider war dem Paar durch den frühen Tod der Ehefrau am 25. Oktober 1888 nur eine kurze Zeit des Eheglücks beschieden.[23]

Auch die Hochzeitsfeier der ältesten Tochter Mathilde mit dem Fabrikanten Friedrich von Fischer (1845-1900) am 24. Juli 1883 wurde nach der kirchlichen Trauung in der Jesuitenkirche im mütterlichen Wohnhaus in D 7,5 ausgerichtet. Der aus Rastatt gebürtige Schwiegersohn entstammte einer Mannheimer Familie und war erst kurz zuvor aus Yokohama/Japan zurückgekehrt, wo er als Vertreter einer französischen Seidenwarenfirma seit 1867 tätig gewesen war. Mathilde von Fischer fand nach ihrem Tod am 11. Oktober 1930 im Familiengrab auf dem Mannheimer Hauptfriedhof ihre letzte Ruhe (Abb. 5).[24]

Zur Vermählungsfeier der jüngsten Tochter Lucie (Abb. 6) am 23. Juli 1891 mit dem Premierleutnant Kurt von Kronenfeldt (1863-1896) lud Cäcilie Hortense Bumiller wieder in ihr repräsentatives Domizil ein (Abb. 7). Der Bund der Ehe wurde dieses Mal, da der Bräutigam evangelisch war, in der Konkordienkirche geschlossen.[25] Die Tochter, in Berlin bald verwitwet, heiratete 1904 ein zweites Mal und starb am 18. Juni 1939 in Hannover.[26]

Besonders aber die Trauung des Sohnes Theodor mit Emilie Lanz, der Tochter des Großindustriellen Heinrich Lanz, am 29. Juni 1895 in der Jesuitenkirche durch den späteren Prälaten und Mannheimer Ehrenbürger Joseph Bauer (1864-1951) kann als wichtiges Signal dafür gesehen werden, dass die Familie Bumiller nun zum hiesigen Großbürgertum gehörte.[27] Die Familie Lanz war in der Produktion von Landmaschinen weltweit erfolgreich tätig und zählte zu den wohlhabendsten und angesehensten Mitgliedern der städtischen Hautevolee. Die am 15. November 1867 in Mannheim geborene Emilie Lanz (Abb. 8) war im elterlichen Wohnhaus in A 2,6, einem stattlichen Gründerzeitgebäude[28] unweit des Bumillerhauses, aufgewachsen und kannte ihren Bräutigam vermutlich schon aus Kindertagen. Zur Hochzeitsfeier mit 100 geladenen Gästen kamen namhafte auswärtige Besucher aus dem Militär- und Kolonialdienst, darunter auch der Gouverneur von Deutsch-Ostafrika Hermann von Wißmann mit Gattin, der Kolonialpionier Rochus Schmidt, der Afrikareisende und Stabsarzt Dr. Paul von Kohlstock mit Ehefrau, der Legationsrat und Archäologe Wolfgang Helbig, der deutsche Konsul in Bombay Friedrich von Syberg sowie der spätere

Abb. 5
Grabmal der Familie von Fischer auf dem Hauptfriedhof Mannheim 2015
Foto: Monika Ryll

Abb. 6
Lucie von Kronenfeldt, geborene Bumiller, mit ihrem Sohn Karl
Fotografie um 1895
Privatbesitz

Generalleutnant und Chef des Generalstabs des osmanischen Feldheeres Friedrich Bronsart von Schellendorf.[29] Aus Mannheim nahmen an der Feierlichkeit unter anderem der Reichstagsabgeordnete Ernst Bassermann, Generalkonsul Carl Reiß und Kommerzienrat Ferdinand Scipio teil.[30] Der Singchor des Hoftheaters verschönerte die Feier. Die Braut trug ein Kleid aus schwerer Seide und eine zwei Meter lange Schleppe, der Bräutigam erschien im Frackanzug. Theodor Bumiller (Abb. 9), damals schon berühmter Forschungsreisender zahlreicher Afrika- und Orientexpeditionen sowie wagemutiger Erstbesteiger höchster Berggipfel, lebte als kaiserlicher Regierungsrat – ab Herbst 1898 Legationsrat – des Auswärtigen Amtes in Berlin.[31] So zog auch seine frisch angetraute Ehefrau

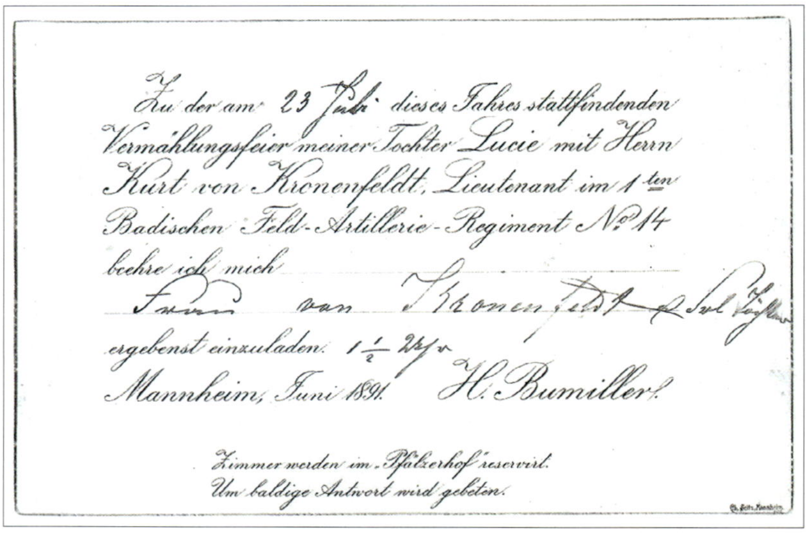

Zu der am 23 Juli dieses Jahres stattfindenden Vermählungsfeier meiner Tochter Lucie mit Herrn Kurt von Kronenfeldt, Lieutenant im 1ten Badischen Feld-Artillerie-Regiment № 14 beehre ich mich
Frau von Kronenfeldt
ergebenst einzuladen.
Mannheim, Juni 1891. H. Bumiller.

Zimmer werden im Pfälzerhof reservirt.
Um baldige Antwort wird gebeten.

Abb. 7
Einladungskarte zur Vermählungsfeier von Lucie Bumiller mit Kurt von Kronenfeldt am 23. Juli 1891 in Mannheim

nach Berlin, wo in jenen Jahren zudem noch ihr Bruder Karl Lanz (1873-1921) Maschinenbau studierte.[32]

Leider stand die Ehe unter keinem guten Stern. Zwar hatte Bumillers Mutter das Mannheimer Wohnhaus D 7,5 kurz nach der Eheschließung 1895 ihrem Sohn überschrieben,[33] jedoch sorgte sich Heinrich Lanz zunehmend um das beträchtliche, seit 1898 immer wieder in Teilbeträgen vorgeschossene Erbe seiner Tochter, lebte doch der Schwiegersohn schon damals als stadtbekannter Hasardeur und Weltreisender erheblich über seine finanziellen Verhältnisse, was denn wohl auch die Kehrseite seines überaus außergewöhnlichen und tollkühnen Lebens war.[34] Der einen Tag vor der Hochzeit von dem Brautpaar und den Brauteltern unterzeichnete Ehevertrag, in dem Gütergemeinschaft vereinbart war, wurde am 31. Dezember 1900 in einen Vertrag mit Gütertrennung zwischen den Ehegatten abgeändert.[35] Da aber sieben Jahre nach der Hochzeit schon mehr als zwei Drittel des sich auf ca. 3,3 Millionen Mark belaufenden Erbes an die Eheleute Bumiller verliehen waren und bis dahin trotz vertraglicher Regelungen keine Rückzahlung erfolgte, enterbten schließlich Heinrich und Julia

Abb. 8
Emilie Bumiller, geborene Lanz
Fotografie um 1890
Tobias Möllmer

Monika Ryll

Lanz ihre Tochter am 31. Juli 1902 in einem gemeinschaftlichen Testament: „Wir schließen unsere Tochter Emilie Bumiller von unserer Erbschaft und der fortgesetzten Gütergemeinschaft aus, so dass diese Tochter und weitere Abkömmlinge nur den Pflichtteil erlangen können [...] Unserer Tochter haben wir Vorschüsse gemacht, dieselben belaufen sich nach gemeinschaftlicher Quittung von ihr und ihrem Ehemann Dr. Theodor Bumiller vom 22. Dezember 1900 von Weihnachten 1898 an bis 15. Dezember 1900 auf zusammen 309.000 Mark, ferner aufgrund eines Vertrages mit ihnen vom 31. Dezember 1900 und laut besonderer Aufstellung vom 14. Juni 1902 auf weitere 1.768.515,51 Mark. Unsere Tochter schuldet uns diese Beträge nebst vier Prozent Zinsen [...] Da die Rückzahlung zu unseren Lebzeiten ausgeschlossen ist, hat unsere Tochter Emilie Bumiller diese Schuldigkeiten auf die ihr zukommenden irgendwie gearteten Ansprüche und zwar auf die zunächst fälligen und soweit diese zur Deckung nicht ausreichen, auf die später fälligen anzurechnen. Sollte die Verpflichtung zur Berechnung von Zinsen, obwohl solche ausdrücklich im oben erwähnten Vertrag vom 31. Dezember 1900 ausbedungen und zugesagt war, nicht anerkannt werden, so vermachen wir unseren übrigen Kindern, eventuell deren Abkömmlingen, je die Summen im Voraus, welche den Zinsen aus den unserer Tochter Emilie überlassenen Beträgen vom Tage des Empfangs bis zur Auseinandersetzung entspricht. Wir setzen jedes unserer Kinder auf den Pflichtteil, schließen also das Kind von der Erbschaft und der fortgesetzten Gütergemeinschaft aus, welches unser Testament oder Nachträge zu demselben ganz oder in einzelnen Teilen nicht zum Vollzug genehmigt."[36] Bald nachdem Theodor Bumiller im Jahre 1902 in den einstweiligen Ruhestand versetzt wurde,[37] trennten sich die Eheleute offenbar. Ab 1903 lebte Emilie Bumiller wieder in ihrem Elternhaus in Mannheim.[38] Kurz darauf verstarben am 24. Juni 1904 ihre Schwiegermutter Cäcilie Hortense Bumiller und am 1. Februar 1905 ihr Vater Heinrich Lanz. Am 1. Juli 1909 erschienen Emilie und Theodor Bumiller, der sich damals zeitweise in Heidelberg aufhielt, vor dem Mannheimer Notar Friedrich Wörner und widerriefen „alle Verfügungen von Todeswegen, also alle testamentarische, einseitige oder gemeinschaftliche Anordnungen sowie erbvertragsmäßige Bestimmungen, durch welche wir uns gegenseitig als Erben eingesetzt oder in irgendeiner anderen Weise von Todeswegen bedacht haben".[39] Die Ehe war damit eindeutig zerrüttet. Am Abend desselben Tages verfasste Theodor Bumiller jedoch ein eigenes geheimes Testament, in dem er seine Ehefrau als Alleinerbin einsetzte. Doch auch dieses Testament gereichte Emilie Bumiller nicht zum Vorteil, denn der Erblasser hinterließ nur hohe Schulden. Auf dem Wohnhaus D 7,5 lastete im Grundbuch seit langem eine Hypothek von ca. 85.000 Mark zugunsten

Abb. 9
Theodor Bumiller
Fotografie um 1890
Tobias Möllmer

der Rheinischen Hypothekenbank; eine Summe, die die Erbin schließlich wie auch die anderen Verbindlichkeiten in Höhe von ca. 400.000 Mark beglich.[40]

Emilie Bumiller zog 1909 in die neu erworbene Villa L 9,7-8 an der Bismarckstraße in unmittelbare Nähe ihrer Schwester Helene Röchling (1866-1945), die in L 9,10 wohnte.[41] Das Anwesen grenzte an das Grundstück eines entfernten Verwandten ihres Mannes, des Kaufmanns Eugen Bumiller (1847-1922). Dieser lebte mit seiner Ehefrau Emilie geborene Raab (1959-1930) in L 9,6 und war mit Theodor Bumiller über beider Großväter, die Brüder Fidelis und Anton Bumiller, verwandt.[42] Der aus Kaiserslautern stammende Eugen Bumiller ist wirtschaftsgeschichtlich überregional sehr bedeutend, war doch sein Schwiegervater Carl Raab Mitbegründer des heute weltweit operierenden Baustoffhandels Raab Karcher. Eugen Bumiller baute als Geschäftsführer des Unternehmens ab 1890 die Filialen in Duisburg und ab 1899 in E 7,23 in Mannheim aus. Die Bumiller-Raab-Stiftung in Mannheim, die Studentenwohnheimplätze finanziert, wurde 1930 testamentarisch von seiner Ehefrau verfügt.[43]

Nach dem Tod von Heinrich Lanz war Emilie Bumiller wie testamentarisch festgelegt von der fortgesetzten Gütergemeinschaft ihrer Mutter und der drei Geschwister ausgeschlossen. Die mit 1.000.000 Mark bedachte Schenkungsurkunde zur Einrichtung einer Handelshochschule, die die Familie Lanz anlässlich des fünfzigjährigen Bestehens des Unternehmens am 7. März 1910 der Stadt Mannheim übereignete, wurde nur von Julia Lanz, der aus diesem Anlass die Ehrenbürgerschaft angetragen wurde, ihren Töchtern Helene Röchling und Valentine von Seubert (1870-1962) sowie ihrem Sohn Karl Lanz unterzeichnet.[44] Nach dem frühen Ableben des erst 47-jährigen Theodor Bumiller am 26. November 1912 besserte sich allerdings das Verhältnis der Witwe zu ihrer Familie wieder. Emilie Bumiller beteiligte sich später an der mit Gesellschaftsvertrag vom 28. Dezember 1909 in eine Offene Handelsgesellschaft umgewandelten Firma und war neben den anderen noch lebenden Familienmitgliedern gemäß Vertrag vom 3. Dezember 1925 Mitbegründerin der Heinrich-Lanz-Aktiengesellschaft.[45] Die am 17. Dezember 1926 verstorbene Julia Lanz setzte ihre Tochter in ihrem Testament sogar als Alleinerbin ein, was jedoch gegen das frühere gemeinschaftliche Testament der Eheleute Lanz verstieß und somit unwirksam blieb. Damit fiel auch dieses dritte Testament in Folge zum Nachteil der Emilie Bumiller aus. 1930, nachdem sie ihr eigenes Testament verfasst hatte, übereignete sie die Villa L 9,7-8 der Heinrich-Lanz-AG. Im Frühjahr 1932 ließ die 65-jährige schließlich einen Großteil der Einrichtungsgegenstände, darunter viele Kulturgegenstände ihres verstorbenen Ehemannes, die dieser von seinen zahlreichen Weltreisen mitgebracht hatte, versteigern[46] und mietete sich im Nachbarhaus L 9,5 ein. Emilie Bumiller lebte trotz ihrer gesellschaftlichen Position bis zu ihrem Tode am 10. August 1943 sehr zurückgezogen und hat in ihrer Heimatstadt kaum weitere Spuren hinterlassen. Ihren Nachlass in Höhe von 22.500 RM vermachte sie ihrer treuen Hausangestellten Wilhelmine Wendel als Universalerbin.[47] Beigesetzt wurde die Tochter des Großindustriellen Heinrich Lanz in der Familiengruft auf dem Hauptfriedhof.[48]

Das klassizistische Wohnhaus D 7,5 beherbergte ab 1909 das Bumiller-Stift St. Joseph, ein „Pensionat für Knaben und Jünglinge", das vom Prälaten Joseph Bauer zur Aufnahme von männlichen katholischen Waisen und später auch von Schiffer- und Schaustellerkindern bestimmt war. Der erste Präfekt des Instituts war Herrmann Schäufele (1906-1977), der spätere Erzbischof. Nach dem Ableben von Theodor Bumiller als Kriegsberichterstatter im Balkankrieg in San Stephano bei Konstantinopel/Türkei schenkte seine Witwe das Anwesen der katholischen Kirchengemeinde Mannheim, die aber infolge eines langen Nachlassverfahrens und bedingt durch die Kriegs- und Nachkriegsereignisse erst am 30. September 1931 als Eigentümerin in das Grundbuch eingetragen wurde. Im Jahre 1978 übernahm der Caritas-Verband Mannheim e.V. das Gebäude D 7,5, um es als psychologische Beratungsstelle für suchtkranke und suchtgefährdete Kinder, Jugendliche und Erwachsene herzurichten. Diese Nutzung hat das Haus auch heute noch inne.

Die damals mit großem Aufwand erfolgte Sanierung des klassizistischen Gebäudes führte die Raumstrukturen wieder in den Originalbestand zurück.[49] Vorder- und Rückfassade mit Mittelgiebel, ionischen Pilastern und dorischen Säulen sind dem Weinbrenner-Stil zuzuordnen. Die beiden ehemals vorhandenen halbrunden Thermenfenster im straßenseitigen Giebel (siehe Abb. 4) sowie im hofseitigen Giebel (Abb. 10) kennzeichnen den Rückgriff auf antike Formensprache. Im gestalterischen und materialästhetischen Gegensatz dazu steht die leichte, erst um 1880 durch Hortense Bumiller hinzugefügte Gusseisenkonstruktion des Wintergartens über der Durchfahrt. Der Besucher betritt das Haus durch eine schwere Eichentür, die ein Ädikulaaufsatz und das Monogramm „B" schmücken (Abb. 11), und gelangt in das Foyer mit den hochwertigen Mosaikbodenfliesen, marmorierten dorischen Säulen sowie stuckierten Decken und Türgewänden (Abb.12). Die breite geschwungene Treppe mit gusseisernem

Monika Ryll

Abb. 10 (links)
Rückseite des Hauses D 7,5
Fotografie um 1980
Landesamt für Denkmalpflege im Regierungspräsidium Stuttgart, Fotoarchiv Karlsruhe

Abb. 11 (rechts)
Haustür mit Monogramm „B" im Schmiedeeisengitter vor dem Glasfeld
2015
Foto: Norbert Gladrow

Geländer führt ins Obergeschoss, wo sich der prächtigste Raum des Hauses, der ehemalige Salon, befindet (Abb. 13 und 14). Der Intarsien-Parkettboden, die Stuckdecke in Holzimitation, die hohe kassettierte Wandvertäfelung, der marmorne Kaminaufsatz und die Doppelflügeltüren, die zu einer Enfilade angeordnet sind, bezeugen sehr anschaulich den repräsentativen Wohnstil des 19. Jahrhunderts. Hier traf sich die Festgesellschaft zu den verschiedensten Anlässen. Das überladene Interieur mit schweren Teppichen, Vorhängen und Tischdecken, dunklem, samtbezogenen Mobiliar, Kronleuchtern, großen Spiegeln und Antiquitäten kennzeichnet den Einrichtungsstil der Gründerzeit. Nebenan befand sich

Abb. 12
Treppenhaus mit dorischen Säulen
2015
Foto: Norbert Gladrow

Abb. 13
Ehemaliger Salon im ersten Obergeschoss
2015

Foto: Norbert Gladrow

das Schlafzimmer der Hausdame (Abb. 15 und 16), und auf der anderen Seite des Esszimmers lag das Wohnzimmer mit Zugang zum Wintergarten (Abb. 17 und 18) – beide Räume ebenfalls im Stil des Historismus mit nahezu grenzenloser Dekorationsliebe und Detailversessenheit ausgestattet. Das eklektizistische 19. Jahrhundert gab der Vergangenheit eine große eigenmächtige Bedeutung und wurde

Abb. 14
Salon im ersten Obergeschoss
Fotografie um 1900
StadtA MA - ISG

Monika Ryll

Abb. 15
Schlafzimmer im ersten Obergeschoss
Fotografie um 1900
StadtA MA - ISG

erst durch die Reformbestrebungen des Jugendstils und die Lebensreformbewegung abgelöst. Das hohe Niveau der kunsthandwerklichen Gestaltung und die Materialqualität der Böden, Wände und Decken aber werden auch heutigen Ansprüchen noch voll und ganz gerecht und verbinden moderne Funktionalität mit emotionalen Bedürfnissen wie zum Beispiel dem Wunsch nach Schönheit.

Abb. 16
Ehemaliges Schlafzimmer im ersten Obergeschoss
2015

Abb. 17 (links)
Ehemaliges Wohnzimmer im ersten Obergeschoss mit Zugang zum Wintergarten
2015
Foto: Norbert Gladrow

Abb. 18 (rechts)
Wohnzimmer im ersten Obergeschoss mit Zugang zum Wintergarten
Fotografie um 1900
StadtA MA - ISG

1 StadtA MA - ISG, Familienbogen Carl Anton Schott.

2 http://de.wikipedia.org/wiki/Carl_Anton_Schott. Das hier angegebene Geburtsdatum 1.8.1826 stimmt nicht mit dem in den Mannheimer Meldeunterlagen überein, wo die Geburt von Carl Anton Bernhard Schott für den 7.8.1825 vermerkt ist.

3 StadtA MA - ISG, Familienbogen Carl Schott; dessen Tochter Johanna Catharina (geb. 1806) vermählte sich 1829 mit dem Mannheimer Kaufmann Georg Michael Fohr.

4 StadtA MA - ISG, Familienbogen Carl Friedrich Unkel und Adressbücher 1880 sowie 1881.

5 StadtA MA - ISG, Familienbogen Cäcilie Hortense Bumiller.

6 Familienarchiv des Freiherrn von Ketelhodt/Castell. Der Geburtstag der Cäcilie Hortense Bumiller wird mit 24.11. (Pfarramtlicher Auszug vom katholischen Pfarramt Landstuhl vom 11.6.1935, Familienarchiv Ketelhodt), 25.11. (Abschrift aus dem Geburtsregister des Standesamts der Stadt Landstuhl Nr. 79 vom 9.10.1904, Familienarchiv Ketelhodt) und 26.11. (Familienbogen StadtA MA - ISG) unterschiedlich angegeben. Auch der Geburtsort ist einerseits mit „Landstuhl“ (Familienbogen StadtA MA - ISG), andererseits mit „Kaiserslautern“ (Abschrift der Sterbeurkunde Standesamt Mannheim vom 29.3.1939, Familienarchiv Ketelhodt) vermerkt. Für die Mutter der Cäcilie Hortense Bumiller, Cäcilie Pletsch, liegt mit 17.11.1817 noch ein weiteres Geburtsdatum vor (StadtA Kaiserslautern, Meldeblatt Raquet). Einige Versteigerungen des Vaters, des Notars Carl Raquet, sind im Amts- und Intelligenz-Blatte des Rheinkreises Nr. 124 vom 10.12.1836 beschrieben.

7 Familienarchiv Ketelhodt, (Pfarramtlicher Auszug katholisches Pfarramt Landstuhl vom 11.6.1935 und Abschrift des Taufscheins der Pfarrei in Jungingen vom 26.6.1935). Zum Todestag des Johann Theodor Bumiller liegen unterschiedliche Angaben vor: 2.11.1869 (Abschrift aus dem Registres de l'etat civil Reims vom 29.2.1936, Familienarchiv Ketelhodt) bzw. 4.11.1869 (http://archives.reims.fr/archives numérisées en lingne/tables dècennales/accès aux tables dècennales/tables décennales des décès 1863-1872/Bümiller Jean Theodor).

8 Familienarchiv Ketelhodt (Abschrift des Taufscheins vom 26.6.1935 sowie Auszug aus dem Sterberegister vom 25.9.1935 durch das Erzbischöfliche Pfarramt Jungingen). Für genalogische Hinweise möchte ich mich bei Herrn Klaus Bosch/Jungingen, Nachfahre der Familie Anton Bumiller, herzlich bedanken.

9 Familienarchiv Ketelhodt (Abschrift des Taufscheins vom 26.6.1935 sowie Auszug aus dem Sterberegister vom 25.9.1935 durch das Erzbischöfliche Pfarramt Jungingen).

10 René Gandilhon: Commerçants, Vignerons et Tonneliers Champenois en Russie au Cours du XIX e Siècle, in: Cahiers du Monde russe et soviétique, 1972, Vol. 13, Nr. 13-4, S. 503 (www.persee.fr./web/revues/préscript).

11 George Lallemand: Edouard Werlé. Négociant en vins de Champagne. Maire de la Ville de Reims. Député au Corps Législatif (31 Oktobre 1801 - 6 Juin 1884), Reims 1954; Hans Werner Hahn: Süßer Champagner und große Politik. Gesellschaftlicher Aufstieg und politische Karriere von Edouard Werlé, in: Teilungen überwinden. Europäische und internationale Geschichte im 19. und 20. Jahrhundert. Festschrift für Wilfried Loth, hrsg. von Michaela Bachem-Rehm, Claudia Hiepel, Henning Türk, München 2014, S. 73-84.

12 Zu Bohne vgl. Patrick Forbes: Champagne. The wine, the land and the people, London 1967, S. 433ff; Tilar J. Mazzeo: Veuve Clicquot. Die

Geschichte eines Champagner-Imperiums und der Frau, die es regierte, München 2011; Dorota Lewandowska: Frankfurt (Oder), Thorn, Königsberg – Eine gemeinschaftliche Kultur des Geschmacks, in: Mobilität und regionale Vernetzung zwischen Oder und Memel, hrsg. von Olga Kurilo, Berlin 2011, S.105-117; zu Kunkelmann vgl. Forbes, S. 445ff.; Klaus-Peter Schmid: Die Champagner-Macher. Aus der bewegten Geschichte des deutschen Beitrags zum französischsten aller Getränke, in: „Die Zeit" vom 22.7.1988 (http://www.zeit.de/1988/30/die-champagner-macher); StadtA MA - ISG Familienbögen Ferdinand Theodor und Jakob Karl Theodor Kunkelmann. Es liegen keine Hinweise vor, dass Kunkelmann – wie verschiedentlich in der Literatur erwähnt - der Sohn des Mannheimer Polizeipräsidenten war. Der Familienbogen des Vaters gibt den Beruf „Actuar" (Gerichtsschreiber) an, das Adressbuch 1841 nach der Zurruhesetzung „pensionierter großherzoglich badischer Polizeiassessor".

13 www.champagne-koch.com; Brockhaus Konversationslexikon, Bd. 14, 1894-1896, S. 396 (http://www.retrobibliothek.de). Die Väter von Theodor und Friedrich Bumiller, Fidel und Anton Bumiller (1779-1851), waren Brüder (freundliche Mitteilung von Klaus Bosch/Jungingen).

14 http://archives.reims.fr/archives numérisées en ligne/état-civil/Registres d'état civil de Reims 1840-1913/Naissances 1840-1880.

15 http://www.champagnerwelt.com/champagnerhaeuser/heidsieckco/html; zu Florenz Ludwig Heidsieck aus Borgholzhausen/Westfalen siehe Detlef Hans Serowy: Die Spuren von Florenz Ludowig Heidsieck, in: Haller Kreisblatt vom 22.6.2013.

16 Zu den Börsenmaklern Antoine Arthur Morizet und Louis Xavier Huart siehe Christiane Demeulenaerde-Douyere: Bourses de commerce, courtiers de commerce et agents de change. Ancien Régime – env. 1866, 2008 (www.archivesnationales.culture.gouv.fr).

17 Verbandsgemeinde Landstuhl, Geburtenregister 1864, Nr. 51

18 Familienarchiv Ketelhodt (Abschrift aus dem Registres de l'etat-civil 29.2.1936).

19 Familienarchiv Ketelhodt (Abschrift des Pfarramtlichen Auszugs vom 11.6.1935). Cäcilie und Adrian Pletsch waren Kinder der katholischen Eheleute Johannes Pletsch und der Josepha Foccard. Der Vorfahre Wilhelm Foccard erhielt durch Edikt des französischen Königs Ludwig XIV. von 1697 den so genannten kleinen Adelstitel, den die Familie in der napoleonischen Revolutionszeit der Gefahr wegen aber wieder ablegte. Eine Beschreibung des Wappens bei Armorial général de France, 1904 Bd. I, 4 und 1905 Bd. II, 5. Zu Adrian Pletsch vgl. StadtA MA - ISG Familienbogen.

20 Heinz Friedel: Adrian Pletsch. Bürgermeister und Industrieller (1853-1857), in: Heimatkalender Stadt und Landkreis Kaiserslautern 1975, S. 154-156; L. Mahler: Die „Lampertsmühle" im Wandel der Zeiten, in: Heimatkalender Stadt- und Landkreis Kaiserslautern 1962, S. 158-159; Werner Krapp: Namensregister der am Pfälzer Aufstand von 1849 beteiligten Personen (www.regionalgeschichte.net/bibliothek/texte/aufsaetze/krapp-hochverrat-html). Die dortigen Angaben beziehen sich auf Pirmin Spieß/Karl Richard Weintz: Der bayerische Hochverratsprozess 1850-51 in Zweibrücken nach französischem Recht gegen 333 Revolutionäre in der Pfalz im Frühjahr 1849, Neustadt/W. 2006.

21 Wie Anm. 5.

22 StadtA MA - ISG, das Adressbuch 1881 (Redaktionsschluss Spätjahr 1880) weist erstmals Cäcilie Hortense Bumiller als Eigentümerin des Hauses aus.

23 Jesuitenkirche Mannheim, Kirchenbuchamt, Kirchenbuch Jg. 1882. Anna Bumiller-Benzino verzog mit ihrem Ehemann und dem gemeinsamen Sohn Hans (1884-1953) nach München, wo sie auch verstorben ist (Auskunft des Stadtarchivs München vom 3.8.2010).

24 Jesuitenkirche Mannheim, Kirchenbuchamt, Kirchenbuch Jg. 1883; StadtA MA - ISG, Familienbögen Georg Stephan Eduard und Friedrich von Fischer. Gemäß behördlichen Meldedaten wurde Friedrich von Fischer am 5.9.1845 geboren. Auf der Grabinschrift ist hingegen 6.9.1845 vermerkt. Nach Rückkehr aus Japan legte der Kaufmann sein Geld in der Ersten Mannheimer Holztypenfabrik Sachs & von Fischer an. 1890 wurde er zeichnungsberechtigter Gesellschafter der Firma Benz & Cie; vgl. Förderverein historischer Grabstätten in Mannheim e.V. (Hrsg.): Die Friedhöfe in Mannheim. Wegweiser zu den Grabstätten bekannter Mannheimer Persönlichkeiten, Mannheim 1992, S. 153 Nr. 190.

25 Evangelische Kirchenverwaltung Mannheim, Trauungsbuch Jg. 1891, Schreiben vom 30.1.2015.

26 Lucie Bumiller-von Kronenfeldt ehelichte nach dem frühen Tod ihres ersten Mannes, mit dem sie den Sohn Karl (1892-1941) hatte, Hermann von Mengersen (1840-1908). Aus der Verbindung Karl und Hedwig von Kronenfeldt (1893-1972) ging die Tochter Dagmar hervor, die sich mit Jürgen Freiherr von Ketelhodt/Castell vermählte. Sterbeurkunde der Lucie Bumiller im Familienarchiv Ketelhodt. Für Einsichtnahme in familienkundliche Unterlagen möchte ich mich herzlich bedanken.

27 Jesuitenkirche Mannheim, Kirchenbuchamt, Kirchenbuch Jg. 1895.

28 Tobias Möllmer: Ein bürgerlicher Palazzo: Das Stadthaus der Familie Lanz in Mannheim, in: Mannheimer Geschichtsblätter 17/2009, S. 7-24. Nach dem Tod von Heinrich Lanz wurde das Anwesen durch Hinzunahme des Grundstücks A 2,7 im Jahre 1908/09 erweitert.

29 StadtA MA - ISG, Generalanzeiger vom 29.6.1895.

30 StadtA MA - ISG, Generalanzeiger vom 30.6.1895.

31 StadtA MA - ISG, Familienbogen Theodor Bumiller; Auswärtiges Amt (Hrsg.): Biographisches Handbuch des deutschen Auswärtigen

Dienstes 1871-1945, Bd. 1, Paderborn 2000, S. 345. Gemäß Berliner Adressbuch wohnte Bumiller von 1898 bis 1905 am Rande des Tiergartens in der Hohenzollernstraße 2, später umbenannt in Hiroshima-Straße 2. Heute befindet sich auf dem Grundstück die Japanische Botschaft (Mitteilung des Geheimen Staatsarchivs Preußischer Kulturbesitz vom 17.3.2015 sowie des Auswärtigen Amtes vom 18.3.2015). Zu Bumillers corpsstudentischen, alpinistischen und kolonialdienstlichen Aktivitäten vgl. Max Aldrian: Die „Narrenfreiheit" der deutschen (Verbindungs-) Studenten im Deutschen Kaiserreich (1871-1918). Am Beispiel Theodor Bumiller, Hausarbeit Albert-Ludwigs-Universität Freiburg WS 2013/14 (für die Überlassung der Arbeit möchte ich mich beim Autor herzlich bedanken) sowie Marion Jourdan/Ralf Rehberger: „Ein alpiner Meteor am Berninahimmel". Über die Erstbesteigung des Piz-Palü-Mittelpfeilers durch Theodor Bumiller, in: Mannheimer Geschichtsblätter Bd. 25, 2013, S. 70-90. Es ist geplant, die in den Reiss-Engelhorn-Museen verwahrten militärischen Schriften von Theodor Bumiller durch das Leibniz-Institut für Europäische Geschichte in Mainz publizistisch aufzubereiten. Auch die Sammlung der ostafrikanischen Objekte, die der Forschungsreisende von zahlreichen Expeditionen nach Mannheim mitbrachte, wird in den Reiss-Engelhorn-Museen einer neuen Präsentation zugeführt, siehe Mannheimer Morgen vom 29.7.2015.

32 Der Bruder der Emilie Lanz, Karl Lanz, übernahm später in Mannheim die väterliche Firma und ließ sich das größte Privatwohnhaus der Stadt errichten; vgl. hierzu Tobias Möllmer: Neureicher Protz oder scheuer Philanthrop. Eine biographische Skizze zu Karl Lanz und seiner Familie, in: Badische Heimat Bd. 87, 2007, H. 1, S. 148ff; ders.: Das Palais Lanz in Mannheim, Mannheim 2008.

33 Im Adressbuch der Stadt Mannheim taucht Theodor Bumiller 1896 erstmals als Eigentümer auf.

34 StadtA MA - ISG, ZGS S1/108. Das im StadtA Mannheim, NL Waldeck, Zug.- /1963 Nr. 63 verwahrte und 1917 datierte Manuskript zu den Jugenderinnerungen und Abenteuern Bumillers, das Jourdan/Rehberger (wie Anm. 31) in der Anm. 11 Hermann Waldeck zuschreiben, stammt aus der Feder des W. C. Storm (vollständiges Manuskript mit Einband und Vorwort im Familienarchiv Ketelhodt/Castell).

35 GLA Karlsruhe 276-2 Mannheim IV Nr. 32699, Nachlassakte Theodor Bumiller 1912.

36 GLA Karlsruhe 276-2 Mannheim IV Nr. 20471, Nachlassakte des Fabrikbesitzers Heinrich Lanz 1905 (freundlicher Hinweis von Herrn Friedrich Teutsch/Mannheim).

37 Heinrich Schnee (Hrsg.): Deutsche Kolonial-Lexikon, Leipzig 1920, Bd. 1, S. 254f.

38 Gemäß Adressbuch der Stadt Mannheim 1904 und 1905 war Emilie Bumiller wieder in das elterliche Haus in A 2,6 gezogen, während Theodor Bumiller in D 7,5 gemeldet war, sich damals aber nachweislich als Kolonialattaché in Paris aufhielt.

39 Wie Anm. 35.

40 Ebd.

41 Adressbuch der Stadt Mannheim 1909. Das kriegszerstörte Wohnhaus des Ehepaares August und Helene Röchling in L 9,10 ist nicht zu verwechseln mit der bekannteren, in den 1970er Jahren abgebrochenen „Röchlingburg" von Heinrich Röchling in der Werderstraße. Beide Häuser sind abgebildet bei Gerhard Seibold: Röchling. Kontinuität im Wandel, Stuttgart 2001, S. 130 Abb. 157 und 158. Siehe auch StadtA MA - ISG, Bildsammlung KF031442 (Zerstörungsfoto L 9,7-8 links und L 9,6 rechts) sowie AB01877-014 (Rückseite der Bumillervilla L 9,7-8).

42 Mitteilung von Herrn Klaus Bosch/Hechingen; siehe auch StadtA MA - ISG, Bildsammlung KF038435 (schmiedeeisernes Tor der Bumillervilla L 9,6).

43 StadtA MA - ISG, Familienbogen und Meldekartei Eugen Bumiller. Mitteilung des StadtA Duisburg vom 11.2.2015. Vgl. auch Saint-Gobain Building Distribution Deutschland GmbH (Hrsg.): Raab Karcher 1848-2008. Wachstum und Wandel in 160 Jahren, Frankfurt 2008; StadtA MA - ISG, ZGS S2/2100. Zu der im Jahre 1904 in Kaiserslautern eingerichteten Bumiller-Raab-Stiftung – zweitälteste Stiftung der Stadt zur Förderung wohltätiger Zwecke – vgl. Heinz Friedel: Zwei alte Bürgerhäuser in der Oberstadt, in: Heimatkalender für Stadt und Landkreis Kaiserslautern 1979, S.102-106 (Hinweis des StadtA Kaiserslautern vom 19.2.2015).

44 StadtA MA - ISG, ZGS S2/202, Generalanzeiger vom 7.3.1910.

45 GLA Karlsruhe 245 Mannheim Nr. 2719 (Zivilprozessakte Emilie Bumiller gegen die Deutsche Bank und Discontogesellschaft Filiale Mannheim sowie gegen die Firma Heinrich Lanz AG 1935-36). Das Gesellschaftskapital betrug insgesamt 12.000.000 Mark, hiervon erwarben Julia Lanz Aktien im Wert von 1.060.000 Mark, ihre Töchter Helene und Valentine sowie die Schwiegertochter Gisella jeweils 3.360.000 Mark und Emilie übernahm Aktien in Höhe von 860.000 Mark. Zu Gisella Lanz, Ehefrau des jung verstorbenen Karl Lanz, als Bauherrin vgl. Ingeborg Riegl: Gisella Lanz-Giulini (1885-1980). Lebenslinien in Bildnis und Architektur, in: Badische Heimat 1/2008, S. 100-125.

46 StadtA MA - ISG, ZGS S1/108 Neues Mannheimer Volksblatt vom 12.4.1932.

47 Notariat IV Mannheim Akte Nr. 56796, Nachlass auf Ableben der Emilie Bumiller geb. Lanz.

48 Mitteilung des Eigenbetriebs Friedhöfe Mannheim vom 8.4.2015.

49 Hans Huth: Eine bemerkenswerte Restaurierung: Das Haus D 7,5 in Mannheim, in: Mannheimer Hefte 1981, S. 87-90, hier wird allerdings irrtümlich Theodor Bumiller 1896 als Ersterwerber des Hauses genannt.

Harald Stockert

„Ist kein Dalberg da?" Neue Unterlagen im Stadtarchiv Mannheim - ISG

„Ist kein Dalberg da?" In der Frühen Neuzeit hatte dieser Satz einen festen Platz bei der Krönung eines neuen Kaisers. Unmittelbar nach dem Aufsetzen der Krone rief der Reichsherold diese Worte dreimal in die Runde, woraufhin ein Mitglied der Familie Dalberg vortrat und als erste Person vom neu gewählten Kaiser den Ritterschlag erhielt. Mit diplomatischem Geschick und auch finanzieller Unterfütterung war es den Dalbergs gelungen, sich diese Vorzugsbehandlung bei Kaiserkrönungen in Erinnerung an den angeblichen Ritterschlag Kaiser Friedrichs III. an Wolf von Dalberg 1452 in Rom dauerhaft zu sichern – sie unterstrich das Ansehen, die Kaisertreue wie auch die Exklusivität dieses prominenten rheinischen Adelsgeschlechts.[1]

Die Familie der „Kämmerer von Worms genannt von Dalberg" – so der spätere Name des Geschlechts, das 1654 in den Freiherrenstand erhoben wurde – war vor allem im rheinischen und fränkischen Stiftsadel vertreten und stellte im Laufe der frühen Neuzeit mehrere Äbte, Bischöfe, Erzbischöfe, darunter sogar zuweilen geistliche Kurfürsten. Ihr umfangreicher Familienverband erwarb im Lauf der Zeit Besitzungen vom Niederrhein bis zum Oberelsass und außerdem in Mähren und Österreich. Zweifelsohne gehörten die Dalbergs zu den wichtigen Protagonisten des Reiches und waren eine Familie von besonderem „Splendor".[2]

Auch im kurfürstlichen Mannheim des 18. Jahrhunderts spielten die Dalbergs eine bedeutende Rolle. Infolgedessen wird die Linie Dalberg-Herrnsheim in der Literatur zuweilen als „Mannheimer Linie" bezeichnet. Herausragender Repräsentant der Familie war hierbei zweifelsohne Wolfgang Heribert von Dalberg (1750-1806). Der Gründer und erste Intendant des Nationaltheaters erfreut sich auch heute noch in der Quadratestadt einer gewissen Bekanntheit, nicht zuletzt aufgrund des nach ihm benannten „Dalberghauses" in N 3,4 samt vorgelagertem Dalbergplatz mit Dalbergstatue in N 2.

Doch auch andere Mitglieder der Familie haben in der Geschichte Mannheims ihre Spuren hinterlassen. Hiervon zeugen unter anderem vier Dokumente, die das Stadtarchiv Mannheim - ISG im Frühjahr 2015 bei einer Auktion des Berliner Antiquariats Stargardt im Paket ersteigert hat und die sich nun in seinen Beständen befinden.

Die Unterlagen stammen ursprünglich aus dem Archiv der Linie Dalberg-Herrnsheim, das samt Schloss Herrnsheim Ende des 19. Jahrhunderts von der Wormser Industriellenfamilie von Heyl aufgekauft worden war. Der größte Teil des Archivs ging 1967 an das Stadtarchiv Worms über[3], ein kleiner Rest jedoch verblieb in Privatbesitz und gelangte vor kurzem auf dem freien Markt zur Versteigerung. Bei den erworbenen Stücken handelt es sich um drei kurfürstliche Urkunden sowie ein kurfürstliches Schreiben aus der ersten Hälfte des 18. Jahrhunderts.

Das sicherlich wichtigste Stück ist hierbei eine Urkunde des pfälzischen Kurfürsten Karl Philipp (Abb. 1), in welcher er am 30. April 1722 seinen Hofkammerpräsidenten und Geheimrat Wolfgang Eberhard von Dalberg zum Oberamtmann von Oppenheim ernannte.[4] Damit verband der Kurfürst die Mahnung, dass Dalberg „uns und unserem Churhaus [...] treu und hold seyn [soll], unserem Nutzen frommen und Interesse beförderen [soll], Arges und Schaden, so viel an ihme, in Zeiten warnen und wenden [soll]". Bei Rechtsstreitigkeiten solle er als Oberamtmann unparteiisch entsprechend den Bestimmungen des kurpfälzischen Landrechtes entscheiden und sich generell so verhalten „wie es einem getreuen, aufrichtigen und vernünftigen Oberamtmann pflichten und ambtshalber zu thuen oblieget". Dalberg, der bislang Oberamtmann in Veldenz und Lauterecken war, erhielt somit einen weiteren Posten. Diese Urkunde wurde, wie im 18. Jahrhundert üblich, auf Papier geschrieben, vom Kurfürsten eigenhändig unterschrieben, von Hofkanzler May gegengezeichnet (Vidit-Vermerk), von Staatssekretär Hallberg mit einem Auftragsvermerk versehen

„Ist kein Dalberg da?" Neue Unterlagen im Stadtarchiv Mannheim - ISG

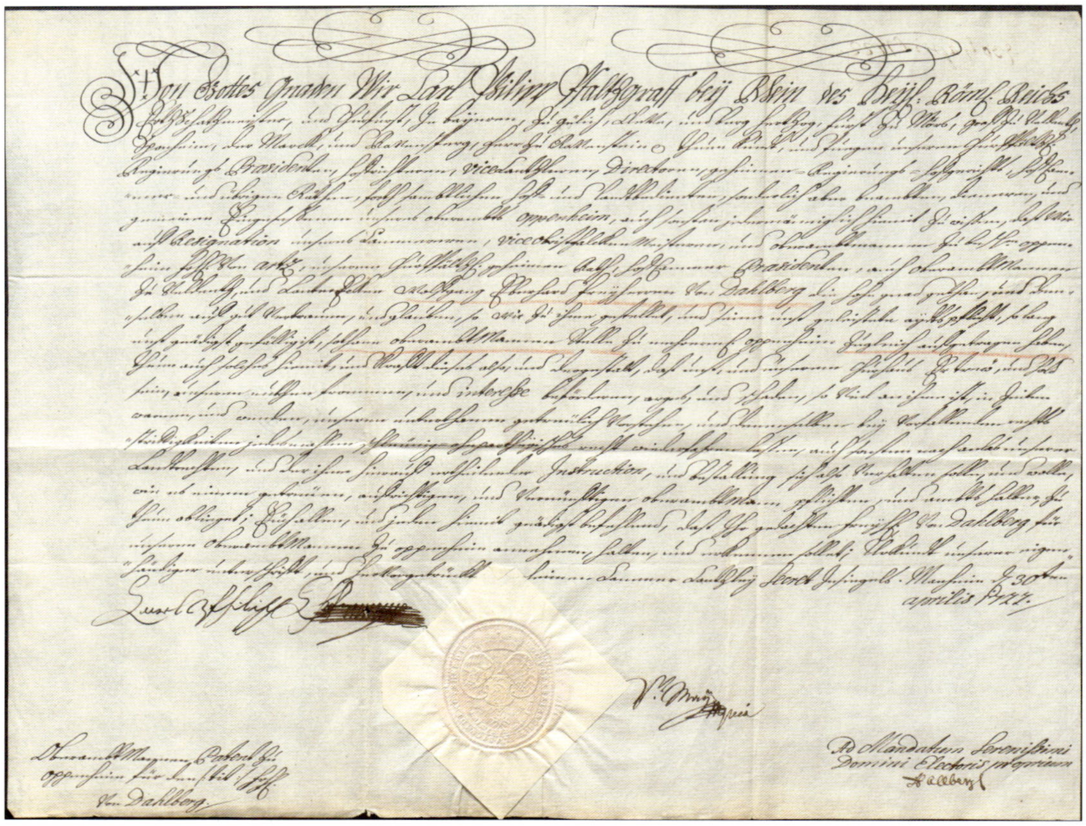

Abb. 1
Ernennungsurkunde für Wolfgang Eberhard von Dalberg
1722
StadtA MA - ISG

(Ad mandatum-Vermerk) und mit einem kurfürstlichen Papiersiegel beglaubigt.

Dieses historische Dokument an sich ist zugegebenermaßen alles andere als spektakulär. Karl Philipp ernannte und beförderte im Laufe seiner Dienstzeit zahlreiche Beamte. Auch Sprache und Satzwendungen sind lediglich formelhaft. Interessanter ist vielmehr der Entstehungszusammenhang der Urkunde. Wolfgang Eberhard von Dalberg (1679-1737; Abb. 2) war als Hofkammerpräsident ein wichtiger Beamter des Kurfürsten Karl Philipp. Als solcher wirkte er auch beim Bau des Mannheimer Schlosses mit, der 1720 begonnen wurde. Zunächst nur für die Finanzen verantwortlich, erkannte Dalberg recht schnell, dass das ganze Projekt angesichts fehlender Organisation, mangelnder Absprachen, unklarer Kompetenzen und einer gewissen naiven Planlosigkeit zu einem Fiasko zu werden drohte. Dank seines Fachwissens, aber auch seiner Bereitschaft zur skrupellosen Intrige bremste er andere Beteiligte aus und erreichte schließlich, dass Kurfürst Karl Philipp ihm die Gesamtleitung für den Bau des Mannheimer Schlosses übertrug.[5] Er war nunmehr hauptverantwortlich für die erste Bauphase des kurfürstlichen Prachtbaus (1720-1726).

Seine herausragende Rolle am kurfürstlichen Hof und auch in Mannheim wird unter anderem belegt durch die Zuteilung eines exklusiven Bauplatzes im Quadrat B 4 und damit in zukünftiger Nachbarschaft zur Jesuitenkirche, der kurfürstlichen Hofkirche. Hier ließ Dalberg in den späten 1720er Jahren ein großes, repräsentatives Palais erbauen. Dieses war nach seiner Fertigstellung angesichts der zahlreichen Baustellen in der Mannheimer Oberstadt ein architektonisches Aushängeschild und entwickelte sich auch zu einem kulturellen und gesellschaftlichen Anziehungspunkt in der Stadt. Und die Wertschätzung durch den Kurfürsten zeigte sich zum anderen in der oben skizzierten Ernennung Dalbergs zum Oberamtmann von Oppenheim. Derartige Positionen waren in der Kurpfalz des 18. Jahrhunderts sehr begehrt, handelte es sich doch in erster Linie um finanziell einträgliche Ämter, die nicht an Präsenzpflichten vor Ort gekoppelt waren. Ein Landschreiber hatte die Arbeit zu verrichten, die von den Oberamtmännern hin und wieder kontrolliert

Harald Stockert

wurde. Die Oberamtmannstelle zu Oppenheim war somit sicherlich auch eine Belohnung für das Engagement Dalbergs in der kurfürstlichen Verwaltung und nicht zuletzt beim Schlossbau in Mannheim.

Die enge Verbindung Wolfgang Eberhards von Dalberg zu Karl Philipp unterstreicht zudem ein früheres Schreiben vom 29. Oktober 1717, das ebenfalls zur Auktionstranche gehörte: Der damals noch in Neuburg an der Donau residierende Kurfürst bestätigt darin, die ihm angetragene Gevatterschaft für den jüngst geborenen Sohn Dalbergs, Karl Joseph Philipp (1717-1778), zu übernehmen.[6]

Mit Franz Heinrich von Dalberg (1716-1776) begegnet uns der älteste Sohn Wolfgang Eberhards in den beiden übrigen ersteigerten Dokumenten, bei denen es sich um kurfürstliche Urkunden handelt. In der ersten vom 28. Januar 1737 (Abb. 3) ernennt Kurfürst Karl Philipp den mit 21 Jahren noch jungen Adligen („Francesco") zum „Cammeren", das heißt zum Kammerherrn, und verpflichtet ihn zur Treue und Verschwiegenheit, „wie es einem getreuen, aufrichtigen und vernünftigen Cavalier und Cameren wohl stehet".[7] Mit diesem Schritt, so die Hoffnung, sollte die Karriere eines weiteren Dalberg am Mannheimer Hof eingeleitet werden. Franz Heinrich stieg 1738 zum Regierungsrat auf – ein Rang, der ihm vom neuen Kurfürsten Karl Theodor unmittelbar nach dessen Regierungsantritt in der zweiten Urkunde am 22. Februar 1743 („Confirmations-Patent") bestätigt wurde.[8] Im gleichen Jahr noch wurde er zum Intendanten der Hofmusik ernannt. Franz Heinrich wandte sich jedoch bereits Mitte der 1740er Jahre verstärkt dem Kurfürstentum Mainz zu, wo er mittlerweile den Posten eines Geheimrats innehatte. Zudem fungierte er bald als Burggraf von Friedberg und Statthalter von Worms. Als solcher wohnte er fortan überwiegend im Schloss Herrnsheim bei Worms sowie in seinem Stadtpalais in Mainz, wohingegen er sich aus Mannheim zurückzog. 1769 verkaufte er das dortige Palais in B 4 an Karl Philipp von Venningen – ohne zu ahnen, dass ausgerechnet sein Sohn Wolfgang Heribert wenige Jahre später in der Quadratestadt reüssieren und selbst wieder eine adäquate Unterkunft suchen musste.[9] Letztlich sollte sich dieser das Haus N 3,4 mieten, das in jener Zeit Joseph Karl von Sickingen gehörte und heute als „Dalberghaus" bekannt ist. Für den Vater des späteren Nationaltheaterintendanten war die Mannheimer Zeit somit ungeachtet seiner mit den ersteigerten Urkunden belegten Förderung durch die Kurfürsten nur ein Intermezzo. Jedenfalls war es Franz Heinrich von Dalberg vorbehalten, bei der Krönung von Kaiser Joseph II. 1764 nach dem dreifachen Ruf des Reichsherolds nach vorne zu treten und als Erster zum Ritter geschlagen zu werden.[10]

Abb. 2
Grabplatte von Wolfgang Eberhard von Dalberg in der Kirche St. Peter in Herrnsheim
Foto: Andreas Henn 2011
StadtA MA - ISG

Somit illustrieren die ersteigerten Unterlagen ein eher wenig bekanntes Kapitel der Mannheimer Adelsgeschichte in der ersten Hälfte des 18. Jahrhunderts. Die Dokumente sind mittlerweile verzeichnet und fachgerecht der Urkundensammlung zugeordnet.

In Kürze werden sie über die Internet-Datenbank des Stadtarchivs - ISG weltweit zugänglich sein und hoffentlich so manchen interessierten Leser finden.

„Ist kein Dalberg da?" Aber sicher, im Stadtarchiv Mannheim - ISG nunmehr gleich vierfach!

Abb. 3
Ausschnitt aus der Ernennungsurkunde für Franz Heinrich von Dalberg von 1737: Unterschrift von Kurfürst Karl Philipp und kurfürstliches Papiersiegel
StadtA MA - ISG

1 Kurt Andermann: Der Aufstieg der Kämmerer von Worms, in: Kurt Andermann (Hrsg.): Ritteradel im Alten Reich. Die Kämmerer von Worms genannt von Dalberg (Arbeiten der Hessischen Historischen Kommission NF Band 31). Darmstadt 2009, S. 13-34, hier S. 29.

2 Vgl. Karl Murk: „Damit der Splendor erhalten werde". Beziehungsnetze und Versorgungsstrategien der Dalberg im 17. und 18. Jahrhundert, in: Andermann (wie Anm. 1), S. 185-202.

3 Der Bestand ist auch in der Deutschen Digitalen Bibliothek zugänglich: vgl. https://www.deutsche-digitale-bibliothek.de/item/K3DAR7CJ7T4NDKAVYBTFRMLP6TKQLQHY.

4 StadtA MA - ISG, Urkunden und Verträge, Nr. 177.

5 Jürgen Freiherr von Kruedener: Der Mannheimer Schlossbau unter wirtschaftshistorischen Gesichtspunkten (1. Bauperiode 1720-1726). Unveröff. Diplom-Arbeit. Mannheim 1966 (StadtA MA - ISG, Kleine Erwerbungen Nr. 52), S. 39-46.

6 StadtA MA - ISG, Urkunden und Verträge, Nr. 176.

7 StadtA MA - ISG, Urkunden und Verträge, Nr. 178.

8 StadtA MA - ISG, Urkunden und Verträge, Nr. 179.

9 Harald Stockert: „... viele adeliche Häuser". Stadtsitze, Landschlösser und adelige Lebenswelten in Mannheim und der Kurpfalz. Mannheim 2011, S. 75f.

10 Harald Drös: Schildhaupt, Lilien, Ankerkreuz. Das Wappen der Kämmerer von Worms genannt von Dalberg, in: Andermann (wie Anm. 1), S. 51-72, hier S. 65.

Harald Stockert

Ein Kapitel Sportgeschichte

Unterlagen des Mannheimer Hockeyclubs 1907 e.V. im Stadtarchiv Mannheim - ISG

„Großes MHC-Spiel mit Titel belohnt", leider aber auch „MHC-Abwehr nicht auf dem Posten": Schlagzeilen dieser Art können künftig im Stadtarchiv Mannheim nachgelesen und vertiefend untersucht werden. Denn die historischen Unterlagen des Mannheimer Hockeyclubs 1907 e.V. (MHC) finden sich dort fachgerecht in den Magazinen verwahrt. Ein wertvoller Bestand zur Sportgeschichte der Quadratestadt ist damit dauerhaft gesichert und seitens der interessierten Öffentlichkeit problemlos einsehbar. Dr. Steffen Junge, der Vorstandsvorsitzende des MHC, und Dr. Ulrich Nieß, Leiter des Stadtarchivs, unterzeichneten gemeinsam einen Übergabevertrag, der den dauerhaften Verbleib der Unterlagen schriftlich fixiert.

Ihr Zusammenkommen verdanken die beiden Mannheimer Institutionen dem Engagement eines Dritten. Das Institut für Sportgeschichte Baden-Württemberg e.V. (IfSG) mit Sitz in Maulbronn hatte schon vor längerer Zeit Kontakt zum MHC aufgenommen und das wertvolle Material ausfindig gemacht. Beim IfSG handelt es sich um einen gemeinnützigen Verein in freier Trägerschaft, der, 1993 gegründet, vom Ministerium für Kultus, Jugend und Sport Baden-Württemberg sowie den Sportorganisationen des Landes Baden-Württemberg und durch persönliche Mitglieder getragen wird. Es ist die zentrale Dokumentationsstelle des Sports in Baden-Württemberg, die die Geschichte der Leibesübungen und des Sports erforscht, dokumentiert, sammelt, anschaulich darstellt und für die Weiterbildung nutzbar macht.[1]

Vor diesem Hintergrund waren die Unterlagen des MHC von großem Interesse für das IfSG. Der Archivleiter des Instituts, Markus Friedrich, machte es sich zur Aufgabe, die Dokumente des Hockeyvereins zu sichern, zu katalogisieren, zu digitalisieren und Mikrofilme erstellen zu lassen. Und Friedrich war es auch, der den Kontakt zum Mannheimer Stadtarchiv herstellte und so die Abgabevereinbarung in die Wege leitete. Übergeben (Abb. 1) wurden insgesamt 20 Verzeichnungseinheiten, darunter dicke Akten, Bildalben, Zeitschriften, Notizbücher, Plakate und nicht zuletzt einige „Memorabilien" wie Pins, Krawattennadeln und Uhren mit Vereinslogo. Der Entstehungszeitraum der Unterlagen erstreckt sich von 1919 bis 2013, wobei der Schwerpunkt der Überlieferung auf den 1970er und 1980er Jahren liegt.[2]

Mannheimer Hockeygeschichte und ihre Quellen

Mit seinem Gründungsjahr 1907 ist der MHC der älteste Hockeyverein in Baden-Württemberg und der drittälteste in Deutschland.[3] Auch wenn aus den ganz frühen Jahren des Vereins nichts mehr erhalten ist, so reichen die Unterlagen immerhin bis in das Jahr 1919 zurück und damit in die Zeit, als der MHC eine Abteilung des VfR Mannheim war. Nach den Schrecken des Ersten Weltkriegs galt es einen Neuanfang zu machen; entsprechend richtete sich das erste überlieferte Schreiben im Februar 1919 an alle früheren Mitglieder mit dem Ziel einer Bestandsaufnahme. „Wenn auch die Zeiten vielleicht im ersten Anblick nicht dazu geeignet erscheinen, einem reinen Sportclub die Arbeit zu erleichtern", so der Tenor des Schreibens, zeitigte es doch den gewünschten Erfolg. Alte Mitglieder mel-

Abb. 1
Die Übergabe des Vereinsarchivs am 8. Oktober 2015
Von links nach rechts: Markus Friedrich (IfSG), Joachim Kille und Dr. Steffen Junge (MHC), Dr. Ulrich Nieß und Dr. Harald Stockert (Stadtarchiv Mannheim-ISG)
Foto: StadtA Ma - ISG

deten sich wieder, neue konnten rekrutiert werden, so dass bald der Spielbetrieb wieder aufgenommen wurde. Ostern 1919 nahm der MHC an einem Turnier in Heidelberg teil – und siegte.

Damit begann eine durchaus erfolgreiche Zeit für den Verein, die in zahlreichen Spielprogrammen, Protokollen, Zeitungsausschnitten und auch Fotos dokumentiert ist. Dies gilt für die 1920er und frühen 1930er Jahre, vor allem aber für die Nachkriegszeit (Abb. 2). Demgegenüber sind Unterlagen aus der Zeit des Dritten Reiches kaum vorhanden. Die Überlieferung setzt erst wieder 1945/46 ein, als, wie 1919, ein sportlicher Neuanfang anstand. Wieder galt es, alte MHC-Mitglieder ausfindig zu machen und neue zu werben. 1946/47 konnten die Verbandsspiele wieder aufgenommen werden und man protokollierte stolz: „Im Spiel der Vorrunde waren die Erfolge noch klein, aber in der Rückrunde waren die [MHC-]Mannschaften bereits wieder ein gefürchteter Gegner." Diverse Programmhefte belegen darüber hinaus eine rege Teilnahme an Turnieren, etwa in Duisburg oder München, wobei die weite Anreise im Nachkriegsdeutschland immer ein Erlebnis war. Ein ganz besonderes Abenteuer stand schließlich mit einer Reise zu einem internationalen Turnier in Ramsgate/England im Frühjahr 1954 an. Der überlieferte Bericht des damaligen Spielführers Dr. Adolf Kulzinger gibt hierbei nicht nur das reine Spielgeschehen wieder, sondern ermöglicht einen Blick hinter die Kulissen des Sports, auf das englische Bier, das schlechte Wetter und die schnarchenden Bettgenossen.

Ein Meilenstein in der Geschichte des MHC war sicherlich der Austritt der Hockeyabteilung aus dem VfR Mannheim und ihre Konstituierung als eigener Verein im Jahr 1964. Der zugehörige Vertrag enthielt dabei, wie die Vereinschronik vermeldet, die aus heutiger Sicht kuriose Klausel, dass der VfR Mannheim, sollte er in die (Fußball-)Bundesliga aufsteigen, dem MHC 3.000 DM überweisen werde – eine Verpflichtung, auf deren Einlösung freilich bis heute gewartet wird. Sportlich ging es in den 1960er und 1970er Jahren weiter bergauf. Ein Aushängeschild des Vereins war sicherlich Julia Röchling, die als Rechtsaußen mehrere Länderspiele bestritt. Aus jener Zeit stammt auch ein umfangreiches Fotoalbum, das das Vereinsleben, aber auch den Spielbetrieb illustriert (Abb. 3).

Abb. 2 (oben)
1. Herrenmannschaft des MHC
Saison 1920/21

Abb. 3 (rechts)
Spielzug der MHC-Damen beim Pfingstturnier in Lahr
1963

Harald Stockert

Gleich neun Ausrufezeichen stehen hinter einem handgeschriebenen Bericht, der 1972 die Süddeutsche Vizemeistermeisterschaft der Knaben im Hallenhockey überschwänglich beschreibt. Es war die Zeit der Vorsitzenden Günter Kuchenbuch und Johannes Böhm. Letzterer fungierte nicht nur als zweiter Vorstand, sondern auch als Betreuer diverser Mannschaften – nachzulesen in einer ganzen Serie von Jahreskalendern. Beginnend im Jahr 1973 notierte Böhm bis 1998 akribisch Ergebnisse, Torschützen und Aufstellungen der MHC-Mannschaft, ab und zu versehen mit einem Kommentar („Schlechte Schiedsrichterleistung") und mitunter Zeitungsartikeln oder Fotos. Diese persönlichen Unterlagen eines Vorstands über den sportlichen Werdegang des MHC werden ergänzt durch eine ausführliche Pressedokumentation der Jahre 1973 bis 1998 (Abb. 4).

Aufsehen erregte der MHC 1988 mit dem erstmals ausgerichteten Vier-Nationen-Turnier unter Teilnahme von Südkorea, der UdSSR, Australien und Deutschland. Hierbei handelte es sich um ein vom Deutschen Hockeybund beauftragtes Vorbereitungsturnier für die Olympischen Spiele in Seoul, dessen Ausrichtung logistisch und organisatorisch eine Meisterleistung des MHC war. Farbfotos, Spielpläne und nicht zuletzt die Grußworte dokumentieren das Geschehen im MHC-Archiv. Der Aufwand hatte sich jedenfalls gelohnt – die deutsche Mannschaft holte in Seoul 1988 die Silbermedaille.

Dank städtischer Förderung und mit Unterstützung großzügiger Mäzene konnte 1995 am Neckarkanal die Irma-Röchling-Halle errichtet werden. Ihr Bau wie auch die Einweihung am 18. November findet sich in zahlreichen Bildern, Zeitungsausschnitten, Programmheften und nicht zuletzt im Schriftwechsel mit den zuständigen Dienststellen der Stadt Mannheim dokumentiert. Mit Irma Röchling, geborene Stinnes, wurde eine Namenspatronin gewählt, die nicht nur als Pionierin im badischen Hockey wirkte, sondern darüber hinaus Nationalspielerin und letztlich auch über Jahrzehnte hinweg die „Mutter" des Vereins war.

Abb. 4
Länderspiel der Damen Deutschland gegen Niederlande, ausgerichtet vom MHC
Plakat
1979

Aus dem 21. Jahrhundert gibt es hingegen bislang noch wenige Unterlagen. Immerhin können die Erfolge der jüngsten Vergangenheit wie die Aufstiege der Herren 1998 und 2006 bzw. der Damen 2006 in die höchsten Spielklassen, vor allem aber die Deutsche Meisterschaft der Herren in der Halle 2010 in den Verbands- und Clubzeitschriften nachgelesen werden, die ebenfalls zum Bestand gehören.

Es bleibt zu hoffen, dass die Unterlagen, die derzeit noch für die laufende Vereinsarbeit benötigt werden, in mittlerer Zukunft ebenfalls ihren Weg ins Stadtarchiv finden. Dies gerne auch wieder in Kooperation mit dem Institut für Sportgeschichte Baden-Württemberg und mit möglichst vielen weiteren Urkunden und Berichten über sportliche Erfolge des Mannheimer Hockeyclubs!!

1 Vgl. http://www.ifsg-bw.de (Abfrage vom 15.10.2015).

2 Die Unterlagen sind nun als Bestand „Mannheimer Hockeyclub", Zugang 27/2015, recherchier- und einsehbar.

3 Zur Geschichte des MHC vgl.: Mannheimer Hockeyclub 1907 e.V. (Hrsg.): 100 Jahre MHC. Das Jubiläum und das Jahr danach, Mannheim 2008.

Qingdao

Eine chinesische Stadt voller deutscher Spuren

青岛 · 一座充满德国印记的中国城市

Prinz-Heinrich-Straße (Guangxi-Straße)

海因里希亲王大街 （广西路）

Die Prinz-Heinrich-Straße wurde nach dem deutschen Prinzen benannt. Während der deutschen Okkupation von Tsingtau war hier mit vielen Gebäuden im deutschen Stil das europäische Wohn- und Geschäftsviertel. Berühmt sind u.a. das Landmann-Geschäftshaus, die Rot-Kreuz-Apotheke, das Siemens-Gebäude. Noch heute zeichnet diesen Straßenzug ein reizvoller Historismus aus.

▼ Prinz-Heinrich-Straße zu Beginn des 20. Jahrhunderts.

▼ Die Gebäude in der Prinz-Heinrich-Straße stehen heute unter Denkmalschutz.

Hanspeter Rings

QINGDAO – Eine chinesische Stadt voller deutscher Spuren

Zur Ausstellung in der Mannheimer Abendakademie

Die Ausstellung des Stadtarchivs Qingdao mit Unterstützung des Stadtarchivs Mannheim - Institut für Stadtgeschichte (ISG) und in Verbindung mit der Mannheimer Abendakademie wurde am 21. August 2015 im Foyer der Abendakademie präsentiert und lief bis Ende September. 38 Rollups zur Geschichte Qingdaos in deutscher Sprache wurden gezeigt (Abb. 1 und 2). Zur Eröffnung und zum fachlichen Austausch reiste eine fünfköpfige Fachdelegation unter Führung des Stadtarchivleiters Pan Jiren aus Qingdao an (Abb. 3).

Im vollbesetzten Vortragssaal der Abendakademie, der direkt an das großzügige Foyer angrenzt, fand die Eröffnung statt. Es begrüßte zunächst Frau Dr. Gerlinde Kammer als Vertreterin der Mannheimer Abendakademie die Anwesenden und lobte die engen und guten Beziehungen zwischen ihrer Einrichtung und dem Stadtarchiv Mannheim - ISG, die sich schon in einer Reihe von gemeinsamen Veranstaltungen gezeigt hätten. Stadträtin Frau Prof. Dr. Heidrun Kämper begrüßte im Namen des Oberbürgermeisters und des Gemeinderats und unterstrich die in vielfältiger Weise fruchtbaren Beziehungen zwischen den Freundschaftsstädten Qingdao und Mannheim. Besonders hob sie die Rasanz dieses ersten gemeinsamen Projekts der beiden Stadtarchive nach Unterzeichnung eines „Memorandums of Unterstanding" zwischen den beiden Institutionen vor gerade einmal einem Jahr hervor. Dabei ist dieses Memorandum Ausdruck des Freundschaftsvertrags zwischen Qingdao und Mannheim, der seit 1995 besteht und 2014 erneuert wurde.

Unter den zahlreichen Besuchern (Abb. 4) wurden insbesondere die chinesischen Gäste vom Stadtarchiv Qingdao, ferner Gäste des zeitgleich in Mannheim stattfindenden Deutsch-Chinesischen U-16-Fußballturniers begrüßt. Immer wieder gedankt wurde in den Begrüßungsreden dem spiritus rector der Beziehung zwischen Qingdao und Mannheim Dr. Norbert Egger, Erster Bürgermeister i.R. und Ehrenbürger von Qingdao. Seine bis heute anhaltenden Bemühungen und Verdienste um die Freundschaftsbeziehung zwischen Mannheim und Qingdao reichen bis in die 1980er Jahre zurück.

Den Festvortrag hielt Dr. Christoph Lind, Direktor in den Reiss-Engelhorn-Museen, der durch seine Dissertation über die deutsche Architektur in Qingdao als Kenner der ostchinesischen Metropole ausgewiesen ist. Er referierte über das Thema „Wie wurde eine Stadt in China vor 120 Jahren deutsch, und warum sieht man es ihr noch bis heute an". Der Vortrag wird hier nachfolgend wiedergegeben. Der Referent blätterte eindrucksvoll die Geschichte des kolonialen Tsingtau auf und zog den Bogen bis in die Gegenwart mit dem gut erhaltenen Stadtkern des alten Qingdao als architektonischem Kleinod deutscher Baukultur um 1900. Dies betonte auch der Direktor des Stadtarchivs Qingdao Pan Jiren in seiner Begrüßungsrede und verwies zugleich auf die Bedeutung der chinesischen Neun-Millionen-

Abb. 1 (gegenüberliegende Seite)
Eines der Rollups aus der Ausstellung zu Qingdao
StadtA MA - ISG

Abb. 2 (unten links)
Die Ausstellung im Foyer der Mannheimer Abendakademie
StadtA MA - ISG, Bildsammlung, AB 3299 - 39

Abb. 3 (unten rechts)
Direktor Pan Jiren vom Stadtarchiv Qingdao bei seiner Begrüßungsrede mit der Dolmetscherin Yanning Wu vom Stadtarchiv Mannheim - ISG
StadtA MA - ISG, Bildsammlung, AB 3299 - 27

Abb. 4
Von rechts nach links: Unter anderen verfolgen Dr. Christoph Lind, Pan Jiren vom Stadtarchiv Qingdao, Stadträtin Prof. Dr. Heidrun Kämper, Landtagsabgeordneter Wolfgang Raufelder und Dr. Norbert Egger, Erster Bürgermeister i.R. und Ehrenbürger von Qingdao, die Veranstaltung.
StadtA MA - ISG, Bildsammlung, AB 3299 - 32

Metropole als Stadt der Wirtschaft, Wissenschaft, Kultur und des Tourismus. Sein Dank an das Stadtarchiv Mannheim - ISG leitete zu den abschließenden Worten von dessen Leiter Dr. Ulrich Nieß über, der den Austausch zwischen den beiden Archiven seit Unterzeichnung des Kooperationsvertrages beleuchtete. Er sprach von vielen Gemeinsamkeiten in der bildungshistorischen wie administrativen Arbeit der Häuser, sprach freilich auch den digitalen Wandel an, der in beiden Archiven groß geschrieben wird. Wie Direktor Pan Jiren dankte er den chinesischen Kolleginnen und Kollegen für die von ihnen erarbeitete Ausstellung, die indes nicht ohne die tätige Mithilfe des Verfassers auf der redaktionellen Seite und von Frau Yanning Wu vom Stadtarchiv Mannheim - ISG als zweisprachiger Kollegin möglich gewesen wäre. Dass der chinesische Chat-Dienst Weixin hierbei die notwendige Kommunikation zwischen China und Deutschland deutlich erleichterte, sollte nicht unerwähnt bleiben. Die Rollups wurden auf Grundlage der in China erstellten Dateien in Deutschland gefertigt, wobei die Steuerung in Händen des Verfassers lag, der von Kristin Lauer vom „Laden 118 - Kommunikationsdesign" aufs Beste unterstützt wurde. Seitens des Fachbereichs Internationales, Integration und Protokoll lag die Betreuung der chinesischen Delegation in den bewährten Händen von Frau Isabel Fienhold. Ferner wusste Frau Yanning Wu am Eröffnungsabend versiert aus dem Deutschen ins Chinesische und vice versa zu dolmetschen.

Beide Archivleiter luden nach der Eröffnung zur Besichtigung der Ausstellung und zu einem kleinen Umtrunk im Foyer ein. Fragen wurden soweit möglich gerne gedolmetscht und beantwortet. Die schreibende Presse war vor Ort, und der Sender RNF berichtete ausführlich.* Allen Pressevertretern sei hierfür herzlich gedankt.

Auch Deutschland trat in den Jahrzehnten vor dem Ersten Weltkrieg in den Reigen der Kolonialmächte ein und beteiligte sich am Wettlauf der Industrienationen um die Aufteilung des Globus. In China schuf es in Tsingtau eine „Musterkolonie", gleichsam eine deutsche Stadt am Gelben Meer (heutige Umschrift Qingdao). Tsingtau gehörte von 1897 bis 1914 zum Deutschen Kaiserreich, wurde im Ersten Weltkrieg von Japan als Kriegsgegner besetzt und gehörte bis 1922 zu Japan, ehe es an China zurückfiel.

Mit Interesse begutachteten die Besucher die Rollups zur Geschichte Qingdaos. Sie verfolgten die Stadtplanung in der Kolonialzeit, ließen sich von der Ausstellung in die großen Straßenzüge entführen, um zugleich auf die großartige Stadtarchitektur mit den zahlreichen um 1900 entstanden Bauten hingewiesen zu werden. Öffentliche Anlagen, Schulen und Krankenhäuser, Militäranlagen, doch auch ein Porträt des Stadtarchivs Qingdao komplettierten das Bild. So lernten die Besucher die prächtige Prinz-Heinrich-Straße (Guangxi-Straße) – benannt nach dem deutschen Prinzen – kennen, konnten einen Blick auf das imposante, noch erhaltene Gouvernements-Gebäude werfen, den ehemaligen Verwaltungssitz der Kolonialregierung (heute Verwaltungsgebäude des Stadtvolkskongresses). Zu begutachten gab es aber auch das ehemalige Seemannshaus und das Geschäftshaus Heng Bao (phonetisch nach Hamburg) der Hamburg-amerikanischen Linie, ehemals eine Reederei. Imposante Leuchttürme, das berühmte Seebad, das Observatorium und der ehemalige Rennplatz für die deutschen Kolonialherren ergänzten das Bild. Dieses und vieles mehr präsentierte die Ausstellung im Foyer der Abendakademie, die übrigens als Wanderausstellung vom Stadtarchiv Mannheim - ISG kostenfrei verliehen wird. Und die neue Veröffentlichung von Dr. Norbert Egger mit dem Titel „Ein Tor zur Welt. Qingdaos Aufstieg aus persönlicher Sicht" lässt nicht nur das geschichtliche und aktuelle Qingdao aus der Sichtweise eines intimen Kenners Revue passieren, sondern enthält auch sprechende Abbildungen aus der Ausstellung.

Zu erwähnen ist darüber hinaus, dass im Rahmen der Ausstellungsdauer der ausgewiesene Qingdao-Kenner Hans-Joachim Schmidt am 2. September 2015 einen ebenfalls sehr gut besuchten Vortrag mit dem Titel „Platz an der Sonne – das Pachtgebiet Kiautschou 1897 - 1914" hielt. Dabei ging er auch auf Tsingtau als Hauptstadt des Pachtgebietes ein, die damals zu einer prosperierenden Stadt von rund 60.000 Einwohnern erstarkte. Die Ausstellung selbst fand nach Einschätzung der Abendakademie eine nicht zu erwartende große Resonanz. Viele Besucher erfragten einen Katalog zur Ausstellung, der jedoch in der Kürze der Erarbeitungszeit nicht zu leisten war.

Indes, die chinesischen Kolleginnen und Kollegen besuchten im Rahmen ihrer Deutschlandreise nicht nur Mannheim. Am 17. August kamen sie in Frankfurt an, besichtigten am 18. das Stadtarchiv Stuttgart, am nächsten Tag das Stadtarchiv Karlsruhe und waren am 20./21. in der Quadratestadt. Am 22./23. besichtigten sie dann das Ruhr-Museum in Essen. In Mannheim brachten sie nicht nur Zeit für die Ausstellungseröffnung mit, sondern besichtigten zudem unser Archiv, zugleich die Stadt Mannheim mit ihrer über 400-jährigen Geschichte. Großes Interesse besteht bei den Archivaren und Historikern aus Qingdao dabei stets an Dokumenten mit Bezug zur Kolonialzeit, um das Bild dieser Ära immer mehr abzurunden.

Wir durften chinesische Kolleginnen und Kollegen kennenlernen, die uns durch ihre Freundlichkeit, ihre Kompetenz und ihr Interesse außerordentlich beeindruckten. Die Delegation bestand neben dem Leiter des Stadtarchivs Qingdao Pan Jiren aus der Bezirksarchivleiterin Liu Yu (Archiv Qingdao-Shinan), den Bezirksarchivleitern Kang Xin (Archiv Qingdao-Jimo) und Xin Keshou (Archiv Qingdao-Chengyang) sowie der wissenschaftlichen Mitarbeiterin des Stadtarchivs Qingdao Zhang Rong. Dr. Nieß und der Verfasser führten die Delegation – zusammen mit Frau Yanning Wu als Dolmetscherin – durch die Stadt, erläuterten Mannheim als Festungs- und Residenzstadt des 17. und 18. Jahrhunderts und als Industrie- und Handelsstadt des 19. Jahrhunderts. Großen Anklang fanden dabei die STADTPUNKTE-Tafeln, die das Stadtarchiv Qingdao seiner Stadtverwaltung als Referenzobjekt empfehlen will. Eine Führung durch die Magazine, das Digitalisierungszentrum und den öffentlichen Bereich im Lesesaal schloss sich an. Dass wir dabei im Austausch auch viel über die chinesischen Archivverhältnisse lernten, versteht sich von selbst.

Freilich standen auch gemeinsame Mittagessen an. Eines führte uns – gleichsam im deutsch-kolonialen Stil – in ein gutes deutsches Wirtshaus, in dem unter anderem Haxe, üppig mit Schwarte und Fleisch versehen (Abb. 5), aufgetischt wurde, worin Mannheim dem in Qingdao gefeierten Oktoberfest in nichts nachsteht. Es mundete allseits, wozu nicht zuletzt das deutsche Bier beitrug, das die chinesischen Gäste nicht verschmähten, gerade auch als Vertreter der Stadt des berühmten Tsingtau-Bieres – übrigens auch ein Produkt der kolonialen Vergangenheit, die die Ausstellung so eindringlich vor Augen geführt hat.

Abb. 5
Das gemeinsame Mittagessen überraschte im „deutsch-kolonialen" Stil. StadtA MA - ISG, Bildsammlung, AB 3299 - 47

* Vgl. http://www.rnf.de/mannheim-abendakademie-zeigt-qingdao-ausstellung-des-stadtarchivs-83063/ und http://www.rnf.de/mediathek/video/mannheim-ausstellung-zur-deutschen-geschichte-qingdaos-eroeffnet/ (URL-Abfrage 30. Okt. 2015).

Qingdao

Eine chinesische Stadt voller deutscher Spuren

青岛 · 一座充满德国印记的中国城市

Observatorium

气象台

Im Januar 1905 wurde eine Beobachtungsstation auf dem Wasserberg eingerichtet und 1907 bis 1912 unter der Leitung des deutschen Astronomen Dr. Bruno Meyermann zum Kaiserlichen Observatorium in Tsingtau ausgebaut. Es dient bis heute als Observatorium.

▲ Das Observatorium war eines der drei großen Observatorien des Fernen Ostens. Baubeginn 1910. Hier wurde auch die erste meeresmeteorologische Station in China betrieben.

▲ Dr. Bruno Meyermann spricht bei der Grundsteinlegung, 1910.

► Das heutige Qingdaoer Observatorium ist eines der bedeutendsten Chinas.

▼ Kinder bei der Mondbeobachtung.

Christoph Lind

QINGDAO – TSINGTAU

Wie wurde eine Stadt in China vor 120 Jahren deutsch, und warum sieht man es ihr immer noch an?

Abb. 1 (gegenüberliegende Seite)
Eines der Rollups aus der Ausstellung zu Qingdao
StadtA MA - ISG

Die Hafenstadt Qingdao präsentiert sich heute schön und prosperierend, man kann sowohl die reiche Historie als auch die aktuelle dynamische Entwicklung an ihrem Stadtbild ablesen. Wie also kommt es, dass man heute noch im Zentrum, im Altstadtbereich dieser modernen Metropole in der chinesischen Provinz Shandong, ein kleinstädtisches Ambiente aus der deutschen Kaiserzeit erleben kann?

Die gut erhaltenen und intensiv gepflegten Häuser sowie das gesamte Ensemble mit seiner Stadtplanung – soweit vollendet – sind Relikte der deutschen Kolonialzeit (Abb. 1 bis Abb. 3). Diese dauerte vergleichsweise kurz an, von 1897 bis 1914, und wurde durch die japanische Eroberung zu Beginn des Ersten Weltkriegs beendet.

Warum eine deutsche Kolonie in China? Und wodurch unterschied sie sich von den älteren, zumeist in Afrika gelegenen Kolonien?

Die westlich-koloniale Expansion in Asien verlief anders als die Eroberung der großflächigen Kolonien, die das Deutsche Reich in Afrika im Zuge der imperialistischen Expansionen eroberte, besetzte oder vertraglich zugesprochen bekam. Zwar hatten Spanien mit den Philippinen – wo es später von den USA abgelöst wurde –, England mit Indien und die Niederlande mit Niederländisch-Indien, dem heutigen Indonesien, umfangreiche Territorien unter ihre Herrschaft bringen können, doch der Griff nach China, dem Land mit den größten erhofften Absatzmärkten, war auch für die gierigste Kolonialmacht nicht so leicht. Handel mit China, mit chinesischen Produkten wie Tee und Porzellan, war seit langem in geringem Umfang über die portugiesische Enklave Macau möglich, aber alle weiteren Handelsaktivitäten waren unterbunden und illegal. China selbst kaufte keine westlichen Waren, und die Handelsbilanzen der westlichen Staaten, allen voran die von England, waren äußerst ungünstig. Mittels eines trickreichen Unterfangens, das im Nachhinein als der Erste Opiumkrieg bekannt wurde, kam England in den Besitz der Insel Hongkong. Das chinesische Kaiserreich war unter der späten Qing-Dynastie nicht in der Lage, diesen Expansionsbestrebungen wirksam Einhalt zu gebieten, es musste den Handel nun gestatten – und nicht nur der Opiumhandel führte zu einer Katastrophe schlimmsten Ausmaßes –, das dortige Zollwesen aus der Hand geben und Exterritorialität zulassen. Diesem Vorbild folgend ertrotzten sich die westlichen Kolonialmächte und später auch Japan so genannte Hafenkolonien an der chinesischen Küste. Dabei war es offensichtlich, dass man sich auf lange Sicht nicht damit begnügen, sondern so genannte „Einflusssphären" hinein ins Landesinnere schaffen und so das chinesische Kaiserreich unter sich „aufteilen" wollte. China wurde zur Aufnahme offizieller diplomatischer Beziehungen mit den eindringenden Mächten gezwungen, was weitere Konflikte nach sich zog.

Im Zuge dieser Aufnahme diplomatischer Beziehungen zum Norddeutschen Bund, der vom Königreich Preußen dominiert wurde, also vor der Gründung des Deutschen Reiches 1871, war schon geplant, eventuell eine deutsche Kolonie auf der Insel Taiwan zu errichten, der Plan wurde dann aber nicht umgesetzt. Doch schon zu diesem Zeitpunkt wurden die ersten deutschen Kriegsschiffe in ostasiatische Gewässer verlegt.

Die nun offensichtliche Schwäche und Machtlosigkeit der chinesischen Regierung nutzte Preußen, später das Deutsche Reich, zum Durchsetzen weiterer Forderungen nach Handelsmöglichkeiten in den Orten Tianjin und dem heutigen Wuhan. Einer Forderung nach Abtretung einer Hafenkolonie kam China jedoch nicht nach.

Gleichzeitig traf man sorgfältige Vorbereitungen – und das noch nicht einmal heimlich! –, um einen geeigneten Ort für die Errichtung einer deutschen Hafenkolonie auszuwählen: Der Geograph Ferdinand von Richthofen hatte umfangreiche Vermessungsarbeiten in China durchgeführt, die Ergebnisse wurden dann zum 1912 erschienenen, ersten Atlas von China zusammengetragen. Richthofen hatte die Bucht von Kiautschou/Jiaozhou in der Provinz Shandong – ohne jemals dort gewesen zu sein – zur Anlage einer deutschen Hafenkolonie empfohlen, da die Bucht ganzjährig eisfrei sei und es im Hinterland Kohlevorkommen zur Ausbeutung und für die Schifffahrt gebe, sie sollten durch eine Bahnlinie erschlossen werden.

Seit 1896 wurden auf kaiserlichen Befehl durch den Kommandanten des Ostasiatischen Kreuzergeschwaders Admiral Alfred Tirpitz Besetzungspläne für ebendieses Gebiet erarbeitet. Im Frühjahr 1897 wurde vom Kieler Hafenbaudirektor Franzius ein äußerst positives Gutachten zur Errichtung eines Hafens in der Bucht erstellt. So klingt es fast etwas zu sehr nach erstaunlichem Zufall, dass die Ermordung zweier deutscher Missionare im November 1897 den Vorwand zur militärischen Besetzung liefern konnte. Offiziell als Faustpfand für chinesische Sühneleistungen deklariert, ist jedoch auf deutscher Seite niemand auch nur ansatzweise davon ausgegangen, dass das besetzte Gebiet bald wieder hätte zurückgegeben werden sollen. Kurz darauf überbrachten deutsche Diplomaten in Peking einen Staatsvertrag, der vorsah, das besetzte Gebiet und die gesamte Bucht für 99 Jahre unentgeltlich zu „pachten", eine neutrale Zone im Umkreis von 50 km um das besetzte Gebiet einzurichten und die Konzession zum Bau und Betrieb einer Eisenbahnlinie zur Provinzhauptstadt Jinan und die Schürfrechte an den Kohlevorkommen zu bekommen. Aus einer Position der Machtlosigkeit und angesichts der geschaffenen Fakten musste China diesen Vertrag am 6. März 1898 in Peking unterzeichnen. Nach der Besetzung wurden die dortigen Ansiedlungen zwangsgeräumt, und die deutschen Soldaten wurden im ebenfalls geräumten chinesischen Militärlager untergebracht.

Anders als die übrigen deutschen Kolonien, die vom Reichskolonialamt verwaltet worden waren, unterstand Kiautschou/Jiaozhou dem Reichsmarineamt und wurde maßgeblich über das III. Seebataillon verwaltet. Um den bereits weiter entwickelten anderen Hafenkolonien in China schnell nachzueifern, sollte die Entwicklung Tsingtaus nicht dem Zufall eines merkantilistischen Laissez-faire überlassen werden, sondern eine straffe Landordnung, ein fester und ambitionierter Bebauungsplan und eine strenge Bauordnung sollten die Entwicklung in sichere und moderne Bahnen lenken. Innerhalb des Ministeriums wurde die Vision einer deutschen „Vorzeigestadt" entwickelt, eines „Schaufensters deutscher Kultur", das keinen städtebaulichen Wildwuchs dulden und – zeitgleich damals auch in Deutschland aktuell – hohen hygienischen Ansprüchen gerecht werden sollte. Es sollte also ganz anders sein als Windhuk oder Lüderitz in Namibia, Duala in Kamerun oder Daressalam in Tansania. Einzelheiten der Gestaltung Tsingtaus wurden vor Ort entschieden, mussten dann aber vom Reichsmarineamt bestätigt werden. Ohne Genehmigung aus Berlin wurde kaum ein Stein versetzt!

1898 entstand ein Bebauungsplan, mit dessen Umsetzung sofort begonnen wurde. Er sah vor, die zu errichtende Stadt in funktional bestimmte Zonen einzuteilen. Grundsätzlich wurden Europäer- und Chinesenwohngebiete voneinander getrennt. Angepasst an die Geländesituation allgemein und insbesondere an die geplante Lage des Hafens entstand der gezonte Stadtgrundriss, an dem bis 1914 – und auch später – weitgehend festgehalten wurde.

An der nach Süden weisenden Bucht entstand ein europäisches Wohn- und Geschäftsviertel, für dessen Straßenzüge eine exakte Nutzungsbestimmung vorgegeben wurde: Die Uferstraße, das damalige Kaiser-Wilhelm-Ufer, war für die Errichtung vornehmer Handelshäuser und repräsentativer Hotels vorgesehen, in den parallel dazu verlaufenden Straßen landeinwärts waren weitere europäische Geschäftshäuser geplant, nördlich darüber wurden weitere Straßenzüge für eine europäische Wohnbebauung bestimmt. Um Großzügigkeit und ein gewisses vornehmes Ambiente zu garantieren, durften in den reinen Wohngebieten nur 30 Prozent der Grundstücksfläche bebaut werden, so dass ausreichend Platz für Gartenanlagen blieb. Ein westlich in Richtung des Bahnhofs geplantes Viertel war ebenfalls für Geschäftshäuser vorgesehen. Zudem sollten dort auch die Feuerwehr und die Polizeistation untergebracht werden.

Nördlich schloss sich der Stadtteil Dabaodao/Tapautau an, der für chinesische Bewohner vorgesehen war. Zum Hafen hin, der schnell gebaut wurde, schloss sich das Hafenviertel an, für das keine dezidierten Nutzungsvorgaben bestanden.

Separiert von diesem Kerngebiet entstand Taidongzhen/Taitungtschen als Wohnstadt für Chinesen, die auf den Baustellen oder im Hafen arbeiteten. Taidongzhen war der am schnellsten wachsende Stadtteil und musste daher mehrfach erweitert werden.

Christoph Lind

Um die Stadt für den Zuzug insbesondere vermögender europäischer Kreise attraktiv zu gestalten, wurden an der östlich anschließenden Auguste-Viktoria-Bucht ein vornehmes Villenviertel geplant und in der Buchtebene eine Pferderennbahn angelegt. An der Bucht selbst entstand ein Strandhotel, weil man insbesondere für die Sommermonate auf Touristen aus den südlicheren chinesischen Hafenkolonien hoffte.

Die privaten Bauaktivitäten blieben um die Jahrhundertwende zunächst weit hinter den Erwartungen zurück. Es gelang zwar schnell, deutsche Bauunternehmen, die schon vor der Besetzung Tsingtaus in Ostasien tätig waren – zumeist in Shanghai, aber auch in Tokyo –, nach Tsingtau zu holen, auch wurde eine Ringofenziegelei angelegt, doch die ersten Jahre der Bautätigkeit galten in starkem Maße fiskalischen Bauten und Bauten für das Militär, von denen nun eine kleine Auswahl vorgestellt werden soll:

Für die Unterbringung der Soldaten des in Tsingtau stationierten III. Seebataillons wurden sofort nach 1898 Kasernen angelegt, die im Grundriss weitgehend standardisierten Mustern aus Deutschland entsprachen. Einzig in der Anlage von Veranden an der Südseite unterschieden sie sich von den deutschen Vorbildern. Wie auch bei anderen, früheren Bauten sollten die Veranden, die den Bauten ein exotisches, zu den Tropen passendes Aussehen verliehen, dem vermuteten Klima Rechnung tragen. Nach wenigen Jahren bereits wurde deutlich, dass die Veranden nicht notwendig waren. Sie wurden dann an einigen Gebäuden als Schmuckform weiter verwendet, sind aber bei den seit 1910 errichteten Gebäuden kaum noch zu beobachten.

Für die militärische und zivile Verwaltung wurde zwischen 1903 und 1906 äußerst aufwendig das Gouvernementsdienstgebäude („Rathaus", schon damals als „das Tintenfass" bespöttelt!) errichtet, eine symmetrische, vollständig mit Granit verkleidete Dreiflügelanlage. Die wuchtige und „trutzburgige" Wirkung dieser Architektur war derart unmissverständlich, die Kolonialmacht demonstrierte sich so wehrhaft, dass auf die Anbringung von Hoheitszeichen vollständig verzichtet werden konnte.

Zwischen 1905 und 1907 wurde – etwas in Distanz zur Planstadt, aber sehr prominent gelegen und gut aus der Ferne sichtbar – eine Residenz für den Gouverneur errichtet. Dieser Wohn- und Repräsentationsbau vereint sämtliche architektonischen Gestaltungsmittel des Historismus und auch stilkünstlerischer Einzelphasen wie beispielsweise des Jugendstils in einem einzigen Gebäude. Er war Villa, Rheinburg, Renaissancepalais und Fachwerkbau in einem – der Architekt Werner Lazarowicz hatte wirklich Angst vor einer einzigen undekorierten Fläche! Bereits in der Kolonialzeit fand diese Gestaltung nicht nur Freunde, wurde teilweise schon damals als überkommen erachtet. Die Phase, in der derartig gestaltete Villen auch in Deutschland errichtet wurden, beschränkte sich auf nur wenige Jahre.

Abb. 2
Ausschnitt aus einem der Rollups aus der Ausstellung zu Qingdao
StadtA MA - ISG

QINGDAO – TSINGTAU

Abb. 3
Ausschnitt aus einem der Rollups aus der Ausstellung zu Qingdao
StadtA MA - ISG

Von 1908 bis 1910 wurde die evangelische Christuskirche, vermittelnd zwischen der Gouverneursresidenz und der eigentlichen Planstadt gelegen, auf einem kleinen Hügel errichtet. Alle schon vorgestellten Gestaltungselemente finden sich auch hier wieder, kommen aber nun in sparsamerer und eleganterer Form zur Anwendung.

Der Bruch findet sich – wie gesagt – kurz vor oder um 1910. Ein gutes Beispiel unter mehreren vorhandenen ist das Hauptgebäude der Deutsch Chinesischen Hochschule, ein Bildungsprojekt, das chinesischen Schülern zur Berufs-, später auch zur Hochschulreife in Deutschland verhelfen wollte. Das Gebäude ist klar gegliedert und ähnelt durchaus vergleichbaren Schulgebäuden im Deutschen Reich. Eines konnte man sich in Tsingtau dennoch nicht verkneifen: Die üppige Verwendung von ortstypischem Shandong-Granit sowohl an der Sockelverkleidung als auch dessen Verwendung als Fensterbrett. Shandong-Granit war haltbar, witterungsbeständig und ortstypisch. Wehrhaft wirkende Granitrustizierungen beinhalten immer auch eine allseits verständliche Machtsymbolik. Die Privatbauten nehmen in der Gestaltung die Tendenzen der fiskalischen Bauten auf, zumeist wurden sie ja von denselben Architekten errichtet. Nicht zuletzt deshalb machte die Bebauung der Europäerstadt Tsingtau einen sehr homogenen Eindruck.

Zusammenfassend lässt sich sagen, dass sich die Gesamtbebauung an den gleichzeitigen Bauvorstellungen in Deutschland orientierte. Obwohl die Bauordnung keine expliziten Stilvorgaben beinhaltete, kam es (fast) nicht zur Übernahme und Verwendung chinesischer Bauformen. Solidität, Hygiene und Wetterfestigkeit – alles Kriterien, die im selben Zeitraum auch für Deutschland galten – wurden vorherrschend berücksichtigt.

Wie auch gleichzeitig in Deutschlang ist in Tsingtau im ersten Jahrzehnt des 20. Jahrhunderts die Entwicklung von der umfangreichen Verwendung historistischen Bauschmucks hin zu einfacheren klassizistischen Formen zu beobachten. Eine baukünstlerische Auseinandersetzung mit der Lage der Stadt in China fand in der ehemaligen Europäerstadt nicht statt.

Die geschilderten Eindrücke sind noch heute nachvollziehbar beim Besuch der ehemaligen Europäerstadt im Westen des heutigen Qingdao. Der frappierend gute Erhaltungszustand gibt einen Eindruck von einer deutschen Kleinstadt aus der vorletzten Jahrhundertwende wieder, wie er in Deutschland aufgrund der vielfachen Zerstörungen im Zweiten Weltkrieg und der danach folgenden baulichen „Wohlstandsveränderungen" wie Anpassung an modernere Wohnbedürfnisse kaum in einem solchen Ensemble erlebbar ist. Es zeugt von Größe und es ist eine sehr schätzenswerte Leistung, dass China in all seinem momentanen Wachstum dieses kolonialzeitliche Erbe sehr verantwortungsvoll pflegt. Für Kunst- und Architekturhistoriker ist dies ein einzigartiger Glücksfall.

Ulrich Nieß

Eine Ära im historischen Diskurs. Anmerkungen zum Sammelband „Filbinger, Wyhl und die RAF. Die Siebzigerjahre in Baden-Württemberg"

Am 16. September 2015 begrüßte im Florian-Waldeck-Saal Oberbürgermeister Dr. Peter Kurz zahlreiche Gäste zur Buchvorstellung des Sammelbands „Filbinger, Wyhl und die RAF. Die Siebzigerjahre in Baden-Württemberg".[1] Der Abend bereitete den Gästen erkennbar viel Vergnügen und geriet nach dem Urteil einer Zuhörerin zur „perfekten politischen Bildung". Dazu beigetragen hatten die kluge Moderation von Dr. Wolfgang Niess vom Südwestrundfunk und das stets mit Pointen garnierte Zwiegespräch zwischen dem ehemaligen Spitzenpolitiker Prof. Dr. Erhard Eppler als Zeitzeugen und Prof. Dr. Philipp Gassert als fundiertem Experten und Lehrstuhlinhaber für Zeitgeschichte an der Universität Mannheim (Abb. 1).

Der Oberbürgermeister erinnerte daran, dass über viele Jahre der Gemeinderat der Stadt Mannheim im Florian-Waldeck-Saal tagte. Auf der Dezernentenbank saß in der Nachkriegszeit mit Walter Krause auch eine Persönlichkeit, die in den 1970er Jahren in Baden-Württemberg eine herausragende Rolle spielen sollte. Als Innenminister in der Großen Koalition von 1966 bis 1972 war er mit der baden-württembergischen Verwaltungsreform beauftragt. Sie wurde als Jahrhundertwerk zum Teil euphorisch gefeiert, weshalb Walter Krause gerne als „Innenarchitekt Baden-Württembergs" bezeichnet wird. Als „Mann mit dem Rechenschieber", so sein Biograph Georg Müller 2003, habe Krause seinerzeit die neuen Verwaltungskreise abgezirkelt und zueinander gefügt.[2] Im neuen Sammelband liest sich das Ganze etwas verhaltener. Hans-Georg Wehling stimmt mit Müller insofern überein, als auch er Krause als Mathematiker und Naturwissenschaftler charakterisiert, dem es um „rationale" Lösungen gegangen sei, der aber auch nicht selten vom Koalitionspartner CDU mit Rücksicht auf deren Klientel immer wieder ausgebremst wurde. Als missglücktes Beispiel führt Wehling Villingen-Schwenningen an, wo es bis heute nicht gelingt, zwischen dem altwürttembergischen Schwenningen und dem badischen Villingen die konfessionellen wie wirtschaftlichen Grenzen zu überwinden.[3] Ohne Beachtung der historisch gewachsenen Strukturen wurde damals eine Doppelstadt mit beträchtlichen finanziellen Hilfen geschaffen, die bis heute kein Stadtzentrum und keinen gemeinsamen Bahnhof kennt, wo selbst die Telefonvorwahl eine andere ist. So fällt die Bilanz der Reform für Wehling eher zwiespältig aus – etwas, was vielleicht die gesamte Ära Filbinger auszeichnet.

Filbinger stammte, wenn auch kaum bekannt, aus Mannheim. Sein Vater arbeitete einst bei der dortigen Rheinischen Kreditbank, die Mutter stammte aus einem Hof im badischen Sasbach, wo Filbinger einen Teil seiner Kindheit verbrachte, weshalb er noch als gestandener Politiker eher badisch denn pfälzisch sprach. Die Familie lebte in der Spelzenstraße 8 in der Neckarstadt. Er besuchte die Wohlgelegenschule und legte am Badischen Realgymnasium I am Ring, dem späteren Tulla-Gymnasium, das Abitur ab.[4] Sein Abitur weist ihn als guten Schüler aus, der sich vor allem in Religion, Philosophie, Zeichnen und Musik hervortat.[5] Besonders

Abb. 1
Munteres Zwiegespräch zwischen Prof. Dr. Philipp Gassert, Prof. Dr. Erhard Eppler und Dr. Wolfgang Niess (von links nach rechts)
Foto: Wolfgang Berger (LpB Heidelberg), StadtA MA - ISG, AB 3309-006

aktiv war er in der katholischen bündischen Jugend. Gerade sie hat Filbinger später, nach seinem Sturz, immer wieder angeführt, um seine innere Abwehrhaltung gegenüber dem Nationalsozialismus zu begründen.[6] Dabei fällt auf, dass er kaum darüber reflektierte, dass auch die bündische Jugend in Teilaspekten den NS-Jugendorganisationen, trotz aller religiös motivierter Gegnerschaft, im obrigkeitsstaatlichen Denken, im sportlichem Drill wie im Autoritätsgebaren nahekam.[7]

Filbingers Wertesystem hatte sich in Mannheim ausgeprägt. Es wurde ihm zur Richtschnur wie zum Verhängnis zugleich. Aus der Betonung von Familie, Kirche, Heimat und staatlicher Ordnung und der klaren Positionierung gegen alles, was als „68er" galt, bezog er seine Handlungsmaxime. In seiner Logik von der unanfechtbaren Autorität des Staates war auch seine verhängnisvolle Rolle als Marinerichter für ihn legitimierbar. Auch wenn er dementierte, den Satz „was damals rechtens war, kann heute nicht Unrecht sein" je ausgesprochen zu haben, so war die Wirkungsmächtigkeit dieses Zitats vielleicht deshalb so groß, weil es so treffend die allgemeine Wahrnehmung der Person Filbinger zu bestätigen schien (Abb. 2).

Im Beitrag von Erik Lommatzsch, der aktuell an der Universität Mannheim an einer umfassenden Filbinger-Biographie schreibt, wird aus einer Korrespondenz des damals 19-Jährigen zitiert. Er hatte seine Handschrift von einem Graphologen einschätzen lassen, und das Ergebnis schien auf ihn offensichtlich erheblichen Eindruck gemacht zu haben. Er schrieb seinem Briefpartner 1932: „Ich bin eine Herrschernatur, habe Geltungsbedürfnis, Führereigenschaften. Aber ich bilde meine Meinung zum Dogma aus, neige zum Diktator und dulde keine Opposition." „Mit Blick auf den politischen Lebensweg", so bemerkt Erik Lommatzsch, „wird man dem Graphologen kaum widersprechen können. Hinzuzufügen wäre aber, dass gerade diese Eigenschaften maßgeblich zum Erfolg wie auch zum Fall Filbingers beigetragen haben."[8]

Der vorliegende Band widersteht der Versuchung, die Umstände der Demission Filbingers näher aufzuzeigen. Vielmehr wird der Hauptprotagonist biographisch skizziert, ansonsten werden die großen Themenlinien der damaligen Zeit durch Einzelautoren erörtert. Im Bereich der Bildung und der Wirtschaft beispielsweise war der Aufschwung Baden-Württembergs in jenen Jahren

Abb. 2
Glanz in Mannheim: Zu Ehren von Anwar as Sadat, Ägyptens Staatspräsident, gibt Ministerpräsident Hans Filbinger am 1. April 1976 ein Essen im Rittersaal des Schlosses.
Foto: Günther Thomas, StadtA MA - ISG, KF 38514

gewiss bemerkenswert. Das Land verabschiedete sich von der im Württembergischen lange hoch gehaltenen Konfessionsschule und modernisierte in atemberaubendem Tempo unter Kultusminister Wilhelm Hahn seine Hochschulen und sein Bildungswesen. Es lag, wie Nicole Waidlein in ihrem Beitrag verdeutlicht, auch in den damaligen Wirtschaftskrisen mit seinem Wachstum des realen Bruttoinlandsprodukts deutlich über dem Bundesdurchschnitt.[9] Dabei war auch Fortune im Spiel, weil sich die tonangebende Metall- und Automobilindustrie weit schneller konjunkturell erholte als etwa die lange im Bund favorisierte Kohle- und Stahlbranche.

In diesen boomenden Jahren spielte die Anwerbung der damals als Gastarbeiter bezeichneten Migranten eine entscheidende Rolle (Abb. 3). So offen das „Ländle" Gastarbeiter als Arbeitskräfte begrüßte, so dogmatisch sollte gerade Filbingers Position in dieser Frage sein. Karl-Heinz Meier-Braun betont, Filbinger sei der führende Verfechter des Rotationsprinzips bzw. dann des Rückkehrprinzips gewesen.[10] Er forderte – und ließ dafür auch finanzielle Mittel einsetzen – die mehr oder weniger freiwillige Zurückschickung der Gastarbeiter in ihre Heimatländer nach einigen Jahren der Arbeitstätigkeit. Letztlich stand dies gegen jedwede Integrationsbemühungen, eine Position, die selbst innerhalb Filbingers Partei keine Mehrheit fand. Seine öfters spürbare dogmatische Einstellung wird aber noch in einer ganz anderen Frage sichtbar. In einer Regierungserklärung am 27. Februar 1975 verstieg er sich zu der Behauptung: „Ohne das Kernkraftwerk Wyhl werden zum Ende des Jahrzehnts in Baden-Württemberg die ersten Lichter ausgehen."[11] Der Konsens in der Nutzung der Kernenergie, der noch in den 1960er Jahren allgemein war, zerbrach vehement im folgenden Dezennium. Gerade der massive Widerstand in Wyhl formte mit den Grünen, wie Ulrich Eith darlegt, eine neue politische Elite, die dann 1980 erstmals in einem deutschen Flächenstaat ins Länderparlament einzog.[12] Von den Parlamentariern dieser ersten Stunde ist genau einer noch bis heute aktiv, nämlich Ministerpräsident Winfried Kretschmann. Insofern hätte der Band auch an seiner Person die sozialen Bewegungen und auch manche später über Bord geworfenen ideologischen Positionierungen und Irrungen charakterisieren können. Das tut er nicht, aber er führt seinem Leser auch die Hysterie jener Zeit vor Augen, als gerade im Südwesten mit der Roten Armee Fraktion (RAF) die terroristische Gewalt den demokratischen Rechtsstaat herausforderte. Das Land war nach Einschätzung des Landeskriminalamts, wie Sabrina Müller in Erinnerung ruft, ein „bevorzugtes Operationsgebiet" der RAF, ein Großteil ihrer führenden Mitglieder entstammte diesem Raum.[13] Der aus Mannheim stammende Klaus Jünschke beispielsweise wurde 1977 zu lebenslänglich verurteilt, weil er zusammen mit zwei weiteren Terroristen in Kaiserslautern eine Bank überfiel, wobei ein Polizist ums Leben kam.[14] Sprengstoffattentate in Heidelberg sind vielen bis heute noch in unguter Erinnerung, ebenso die allenthalben aufgehängten Fahndungsplakate. Filbingers Credo war damals der wehrhafte und selbstbewusste Staat, der auch Eingriffe in Grundrechte vornehmen dürfe. Auch hier ist mit dem allmählichen Verschwinden des RAF-Terrorismus die Zeit über diese Handlungsmaxime hinweggegangen, wenngleich das Gewaltmonopol des Staates ebenso unbestritten ist, wie um ein ausgewogenes Verhältnis zwischen innerer Sicherheit und den Grund- und Bürgerrechten auch in schwierigeren Zeiten immer wieder diskutiert und gerungen werden muss.

Abb. 3
Postkarte zur Ausstellung der Stadt Mannheim in Zusammenarbeit mit der Büchergilde über Dragutin Trumbetas „Gastarbeiter". Kritische Grafiken
Bild: Dragutin Trumbetas, StadtA MA- ISG, KF 1801

Zieht man eine Bilanz der Siebziger, so wird man mit Blick auf den Sammelband, auch für Baden-

Württemberg zu einem ambivalenten Fazit neigen. Einem unbestreitbaren Modernisierungsschub innerhalb der Wirtschaft, der Bildung oder der Verwaltung steht eine eher mangelnde Kultur der Gesprächsbereitschaft gegenüber. Die Formel von „konservativ und fortschrittlich zugleich" ging nur phasenweise auf.[15] Einer zunehmend selbstbewussten, in teilweise alternativen Lebensformen experimentierenden, sich weit auffächernden Bürgergesellschaft trat man von Seiten der Politik eher mit Unverständnis entgegen. Die Aufarbeitung der Vergangenheit, das Suchen nach der Verstrickung vor Ort war zudem, wie Peter Steinbach am Ende des Bandes beleuchtet, noch tastend und erhielt erst durch den 1977 ausgestrahlten amerikanischen Mehrteiler „Holocaust" einen Schub.[16] Und auch in Mannheim, so darf abschließend resümiert werden, brauchte es lange, bis die Erkenntnis reifte, wie wichtig das Erinnern sowohl an die Widerstandstradition wie an die lokale Verstrickung für die Werteorientierung einer demokratischen Stadtgesellschaft sein kann.

1 Philipp Gassert und Reinhold Weber (Hrsg.): Filbinger, Wyhl und die RAF. Die Siebzigerjahre in Baden-Württemberg (Schriften zur politischen Landeskunde Baden-Württembergs 42). Herausgegeben von der Landeszentrale für politischen Bildung Baden-Württemberg. Stuttgart 2015. Der Sammelband basiert auf einer Vortragsreihe 2013 anlässlich des 100. Jubiläums des Geburtstags von Hans Filbinger, der am 15. September 1913 in Mannheim das Licht der Welt erblickte.

2 Vgl. Georg Müller: Walter Krause. Ein Mannheimer für Baden-Württemberg (Sonderveröffentlichung des Stadtarchivs Mannheim 29). Heidelberg 2003, S. 155-168 und 251.

3 Vgl. Hans-Georg Wehling: Die kommunale Gebietsreform der 1970er-Jahre in Baden-Württemberg, in: Gassert/Weber, wie Anm. 1, S. 144f.

4 Vgl. Hans Filbinger: Meine Erinnerungen an die Vaterstadt Mannheim, in: Mannheimer Hefte 1995/1996, S. 45-59.

5 StadtA MA - ISG, Tulla-Gymnasium, Zug. 68/1993, Nr. 81.

6 Vgl. beispielhaft Hans Filbinger: Die Selbstbehauptung des Bunds Neudeutschland in Mannheim gegenüber dem Ungeist des Nationalsozialismus, dargestellt unter Benützung des Nachlasses von Dr. habil. Helmut Ibach (1912-1996), in: MGBl 9, 2002, S. 412-439.

7 Dabei hat Filbinger selbst den Wandel des Bund Neudeutschland durchaus treffend charakterisiert: „Hatten zu Beginn des Wandervogels die Romantiker den größten Einfluß, so wurde der Stil straffer; Askese und Leistungsanforderungen traten in den Vordergrund. Es gab Jugendführer, Mittelgruppenführer und Obergruppenführer. [...] Der Übergang von Stufe zu Stufe mußte durch Erbringung von Leistungen, Mutproben, sportlichen Dauerleistungen usw. geschafft werden." in: H. Filbinger: Erinnerungen, wie Anm. 4, S. 53.

8 Vgl. Erik Lommatzsch: Hans Filbinger (1913-2007). Ein Mann in seiner Zeit, in: Gassert/Weber, wie Anm. 1, S. 70.

9 Vgl. Nicole Waidlein: Die wirtschaftliche Entwicklung Baden-Württembergs in den 1970er-Jahren, in: Gassert/Weber, wie Anm. 1, S. 179-198.

10 Vgl. Karl-Heinz Meier-Braun: Ausländerpolitik in den 1970-er Jahren: „freiwillige Rotation" und „Rückkehrprinzip", in: Gassert/Weber, wie Anm. 1, S. 199-215.

11 Zitiert nach Artikel Hans Filbinger in Wikipedia (Url: https://de.wikipedia.org/wiki/Hans_Filbinger#cite_note-34) mit Verweis auf Barbara Boock: Regionale Identität als Widerstand, in: Eckhard John (Hrsg.): Volkslied – Hymne – politisches Lied: populäre Lieder in Baden-Württemberg, Waxmann Verlag, 2003, S. 113; Quelle: Faltblatt Energie für Baden-Württemberg, hrsg. Staatsministerium Baden-Württemberg, 4. März 1975.

12 Vgl. Ulrich Eid: Von Wyhl bis Karlsruhe – Bürgerproteste, Neue Soziale Bewegungen und die Gründung der Grünen, in: Gassert/Weber, wie Anm. 1, S. 113-135.

13 Vgl. Sabrina Müller, Terroristische Gewalt und demokratische Gesellschaft – die Rote Armee Fraktion (RAF), in: Gassert/Weber, wie Anm. 1, S. 217-243 (Zitat S. 218).

14 Vgl. StadtA MA - ISG, Zeitgeschichtliche Sammlung S 1, Nr. 4683.

15 Vgl. Stefan Paulus: „Konservativ und fortschrittlich zugleich." Baden-Württembergische Bildungspolitik in den 1960er- und 1970er-Jahren, in: Gassert/Weber, wie Anm. 1, S. 157-178.

16 Vgl. Peter Steinbach: Vergangenheit, die nicht vergeht ... ? Überlegungen zur Auseinandersetzung mit dem individuellen Verhalten in der NS-Zeit in der Bundesrepublik Deutschland, in: Gassert/Weber, wie Anm. 1, S. 245-282.

Ulrich Nieß unter Mitarbeit von Hans-Joachim Hirsch

Städtische Erinnerungskultur als Selbstverpflichtung einer Stadtgesellschaft

Zur Ausstellungseröffnung „Gurs 1170 km"[1]

75 Jahre sind vergangen, und wir erinnern mit der Ausstellung „Gurs 1170 km" an eines der dunkelsten Kapitel in unserer Stadtgeschichte (Abb. 1). Keine zwei Jahre nach dem reichsweiten Pogrom am Morgen des 10. November 1938 wurden in Mannheim am helllichten Tage am 22. Oktober 1940 rund 2.000 jüdische Bürgerinnen und Bürger prozessionsartig zum Bahnhof getrieben und auf eine Reise geschickt, die für viele in den Tod, günstigstenfalls in ein ungewolltes Exil führte. Empathie, Solidarität mit den Opfern oder gar Widerstand gegen die Aktion unterblieben seitens der Mehrheitsgesellschaft in unserer Stadt. Die späteren Rechtfertigungsmuster für diese Passivität wurden kollektiv in den 1950er und 1960er Jahren eingeübt, verinnerlicht und stereotyp wiederholt: „Es habe damals Krieg geherrscht", „man habe nichts vom Holocaust geahnt", und „heute könne man darüber nicht urteilen, weil man sich gar nicht vorstellen könne, was es heißt, unter einer Diktatur zu leben." „Irgendwann muss doch einmal ein Schlussstrich gezogen werden" usw., usw. „Die da oben" waren als Übeltäter und Alleinverantwortliche ohnehin leicht auszumachen, fehlende Zivilcourage, gar eigenes Versagen wurden dagegen selten diskutiert und fast nie eingeräumt.

Das kann nicht verwundern bei einer Zivilgesellschaft, die sich in weiten Teilen an der Entrechtung ihrer jüdischen Bürgerinnen und Bürger mitschuldig gemacht hatte, indem sie einfach nur wegsah. Oder sie schwieg, applaudierte gar und profitierte von den leer gewordenen Wohnungen oder von den zurückgelassenen Wertsachen, die für billiges Geld erworben werden konnten.[2] All dies wollte die Mehrheit der Nachkriegsgesellschaft auch in Mannheim lange lieber verdrängen und vergessen – und verwies in den Erklärungsmustern immer wieder auf die staatliche Ebene, die mit Wiedergutmachungs- und Entschädigungszahlungen auf oberster Stufe das begangene Unrecht beglichen habe. Die ganz individuelle Ebene blieb lange ausgespart: die eigene Nachbarschaft, die Schule, der Verein, das Viertel, die Menschen vor Ort, mit denen zu reden oder Kontakt für eine ehrliche Aussöhnung zu suchen gewesen wäre. Indes ließ sich das Thema in den Familien nie völlig verdrängen und schimmerte zwischen den Generationen immer mal wieder auf. Es brauchte aber viel Zeit und mancher

Abb. 1
Deportation der pfälzischen Juden von Ludwigshafen aus
StadtA MA - ISG, Bildsammlung KF013153

sehr heftiger Dispute innerhalb gesellschaftlicher Gruppierungen wie auch innerhalb der Familien, ehe die Phase des Verdrängens und der Sprachlosigkeit allmählich überwunden werden konnte. Das war ein mühsamer Lernprozess hin zu einer Erinnerungskultur; räumt doch niemand gern eigene Schuld und eigenes Versagen ein.

Wäre jedoch die Wunde dieses Zivilisationsbruchs nicht behandelt, sondern einfach übergangen worden, dann wäre sie nie richtig geschlossen worden. Es wären immer wieder schmerzende Narben und neue Infektionen aufgetreten. Denn nur die Kenntnis des individuellen Geschehens, das Aufspüren einer verdrängten Vergangenheit und der Wahrheit wappnen uns Nachgeborene vor neuen Gefährdungen. Die Vergangenheit können wir bekanntermaßen nicht ändern, aber indem wir sie gerade an ihren schmerzhaften Bruchstellen und tiefsten Verwerfungen in den Blick nehmen, gewinnen wir einen Maßstab für das, was uns bei aller Individualität als Stadtgesellschaft kollektiv aufgegeben ist, damit wir solidarisch bleiben und nicht wieder neuen Demagogen folgen.

Die Aufarbeitung des Geschehens ist ein steter Prozess, für den es kein zu verordnendes Ende geben kann. Und sie wird umso wirkungsvoller sein, wenn sie von Vielen bejaht wird, wenn sich Viele daran aktiv beteiligen, ein Dialog zwischen den Generationen gelingt und gerade jüngere Menschen gewonnen werden, sich auf das Thema einzulassen, weil es helfen kann, Orientierung für ethisches Handeln in einer solidarischen Stadtgesellschaft zu erlangen. Wir erinnern uns, weil wir selbst am meisten dadurch gewinnen.

Abb. 2
Führung am 14. März 1965 durch den alten und neuen israelitischen Friedhof in Feudenheim mit Stadtsyndikus Dr. Karl-Otto Watzinger
StadtA MA - ISG, Bildsammlung, KF008874

Die Anfänge einer städtischen Erinnerungskultur waren gewiss mühsam und wurden zunächst nur von wenigen Einzelnen initiiert. Es waren in Mannheim vereinzelte Persönlichkeiten, die gleich dem inzwischen zur Legende gewordenen Fritz Bauer auch bei uns mutig Initiativen starteten, Kontakte knüpften und damit den Weg zur späteren Entwicklung ebneten. An dieser Stelle sei vor allem an den rührigen Dezernenten Dr. Karl Otto Watzinger (Abb. 2) erinnert,[3] selbst NS-Verfolgter, der in Mannheim als Stadtsyndikus vieles bewegt hat. Zusammen mit Oskar Althausen von der jüdischen Gemeinde suchte er früh den Weg des Erinnerns wie des Versöhnens. Noch im fortgeschrittenen Alter legte er sowohl eine Studie über Ludwig Frank sowie eine biographisch gehaltene Studie über bedeutende Mannheimer Juden vor.[4] Watzinger war es zu verdanken, dass dem damals jungen Hans-Joachim Fliedner eine mehrjährige Forschungsarbeit ermöglicht wurde, die 1971 unter dem Titel „Die Judenverfolgung in Mannheim von 1933 bis 1945" erschien und damals Maßstäbe setzte.[5] Sie stellt die erste Nachkriegspublikation des Stadtarchivs Mannheim überhaupt dar. Und damit wies Watzinger auch dem Archiv einen klaren Auftrag zu, dem wir bis heute nachzukommen bemüht sind. Schon in den 1960er Jahren wurden umfangreiche Sammlungen und Dokumentationen zur NS-Zeit angelegt, die seither permanent erweitert werden und das Fundament unserer Arbeit darstellen. Ergänzungen erhalten diese Dokumentationen von dritter Seite, etwa durch die gehaltvollen Publikationen über das jüdische Leben in Mannheim von Volker Keller.[6]

Die Geschichte des Aufbruchs seit der Ära Watzinger ist noch nicht geschrieben; sie konnte im Begleitbuch zur Liste der auf dem Kubus eingravierten Namen der Opfer der Shoa nur skizziert werden.[7] Aber schon in der Ära Watzinger wurde die Saat gelegt für eine langfristige Entwicklung, mit der gerade das Thema Gurs und die Arbeit mit Zeitzeugen eine wachsende Bedeutung gewinnen. Als im Jahr 1991 die zentrale Eröffnungsveranstaltung zur Woche der Brüderlichkeit in Mannheim stattfand, initiierte das hiesige Stadtjugendamt das

Projekt „Spurensuche - Jüdische Spuren in Mannheim". In den Jahren 1990 bis 1995 beschäftigten sich insgesamt 30 junge Mannheimerinnen und Mannheimer im Alter von 16 bis 27 Jahren unter der Anleitung mehrerer Gruppenleiter mit dem Schicksal der Juden ihrer Heimatstadt unter der nationalsozialistischen Gewaltherrschaft. Dieses Projekt gliederte sich in zwei Teile: Im ersten über „Jüdische Spuren in Mannheim" befassten sich die Teilnehmenden mit dem Leben jüdischer Bürger und ihrem Wirken in unserer Stadt. Die Schwerpunkte lagen hier auf der Erforschung historischer Spuren jüdischer Mitbürger, die maßgeblichen Einfluss auf das soziale, kulturelle und politische Leben gehabt hatten, sowie auf der Ermittlung biographischer Schnittpunkte Mannheimer und israelischer Bürger von den dreißiger Jahren bis zur Gegenwart.

Im zweiten Teil des Projekts, „Mannheimer Spuren in Palästina/Israel" genannt, erfolgten Besuche in Israel, um biographische Stationen ehemaliger Mannheimer Juden von der Emigration über die Teilhabe am Aufbau des Staates Israel bis zur Gegenwart aufzuzeigen. Wichtigstes Instrument beider Forschungsabschnitte war die Befragung von Überlebenden der Shoa.

Die Ergebnisse dieses Vorzeigeprojekts politischer Jugendbildung wurden zunächst von den Projektmitgliedern im Rahmen einer Ausstellung im Stadthaus N 1 präsentiert, sodann zusammenfassend dokumentiert in einer Publikation.[8] Die ebenfalls aus dem Projekt hervorgegangenen Videofilme „Das Leben ist stärker" sowie „Und dann ging das neue Leben los" sind bis heute wichtige Unterrichtsmittel in den Schulen Mannheims und der Metropolregion. Damals wurde der Kontakt unter anderem zur Zeitzeugin Amira Gezow (siehe Abb. 6) geknüpft, die als Kind mit ihren Eltern nach Gurs deportiert worden war. Das während des Projekts erarbeitete Gedenkbuch mit der Liste der Opfer der Shoa bildete später eine Grundlage für das auf den Planken errichtete Mahnmal zur Erinnerung an die jüdischen Opfer des Nationalsozialismus in Mannheim.

Der im Stadtarchiv - ISG vorliegende Aktenbestand zur „Spurensuche" stellt das Zustandekommen des Projekts, die Arbeitsweise der Projektmitglieder und ihre Ergebnisse dar. Die von den Interviews angefertigten Videokassetten gehören zu den wichtigen Bild- und Tondokumenten von Mannheimer Zeitzeugen des nationalsozialistischen Terrors. Ein Großteil dieser Zeugen hat uns inzwischen verlassen, ihr Zeugnis ist somit ihr Vermächtnis. Es ist unsere Aufgabe, das vorhandene Audio- und Videomaterial zu digitalisieren, damit langfristig zu sichern und der Allgemeinheit zur Verfügung zu stellen.

Die heutige Ausstellung steht in der Kontinuität des damaligen Projekts von 1991. Sie ist ein gelungenes Beispiel der notwendigen Vernetzung, denn sie wurde mehrfach in Mannheim und auch an anderen Orten schon gezeigt. Ihre Entstehung hat sie der gemeinsamen Initiative verschiedener Mannheimer Einrichtungen vor gut zehn Jahren zu verdanken: dem Stadtjugendring Mannheim, dem Bund der Deutschen Katholischen Jugend (BDKJ), der Abteilung Jugendförderung im Fachbereich Kinder, Jugend und Familie der Stadt Mannheim und dem Stadtarchiv Mannheim - ISG. Entwickelt wurde das System der Klapptafeln von einer Gruppe von 19 Jugendlichen während eines einwöchigen Besuchs der historischen Stätten in Gurs, bei dem sie ihre Erkundungen und Erlebnisse dokumentierten. Die Tafeln, die anlässlich von Gedenkwochen wie dieser immer wieder präsentiert werden können, stellen in konzentrierter Form die historischen Zusammenhänge dar, an die wir uns in den nächsten Tagen erinnern wollen. Sie zeichnen die Lebensgeschichten zweier Holocaust-Überlebender nach, die ihren Lebensabend der Aufklärung und Mahnung verschrieben haben: die gebürtige Mannheimerin Amira Gezow und der gebürtige Karlsruher Paul Niedermann (Abb. 3). Beide bildeten für die Teilnehmerinnen und Teilnehmer des „Gurs-Projekts" die Bezugspersonen, auf deren Erinnerungen später die Ausstellung und der dazugehörige Katalog aufbauen sollten.[9]

Solche Begegnungen wären niemals möglich geworden, hätten das Verdrängen und Vergessen die Oberhand gewonnen und hätte es nicht auch immer wieder Initiativen aus Verwaltung wie Stadtgesellschaft gegeben, sich der Schicksale zu erinnern.

Zugleich kann den einen oder anderen bei der Betrachtung einer solchen Ausstellung auch eine tiefe Sorge beschleichen. Denn wir sehen hier das Ergebnis eines Begegnungsprojekts, wie es in dieser Form bald leider nicht mehr möglich sein wird. 75 Jahre nach der Deportation sind von der Generation der Zeitzeugen nur noch sehr wenige

Städtische Erinnerungskultur als Selbstverpflichtung einer Stadtgesellschaft

Abb. 3
Paul Niedermann im Gespräch mit Teilnehmern des Gurs-Projekts 2005
StadtA MA - ISG, Bild privat

unter uns. Authentische Auftritte von ihnen werden damit immer seltener.

Man könnte nun beklagen, dass die Darstellung von nun an allein der Geschichtswissenschaft oder privaten Initiativen überlassen bleibt.

Dieses Unbehagen haben nicht wenige, die sich mit dem damaligen Geschehen intensiver befassen. Es ist aber unabwendbar. Doch gerade dieses Unbehagen ist vielleicht ein hoffnungsvolles Zeichen, dass sich partizipative Formen einer Zusammenarbeit zwischen allen relevanten Gesellschaftskreisen weiter entwickeln, so dass das Geschehene auch zukünftig nicht einfach nur historisiert wird.

Und es bleibt eine gemeinsame Daueraufgabe, alles an Zeugnissen über das vielleicht größte Menschheitsverbrechen für die Nachwelt zu sammeln, den Tod und das Leiden der Opfer zu dokumentieren. Zugleich ist diese Arbeit mit zahlreichen Aktivitäten für weitere Erinnerungszeichen zu begleiten: In Falle der Projektarbeit waren es eine Begleitbroschüre sowie das am Mannheimer Hauptbahnhof aufgestellte Gurs-Schild (Abb. 4), ein einfacher Wegweiser, der mit der Angabe der Entfernung zu dem fernen Pyrenäenort verstört und beim Betrachter die Frage nach den Zusammenhängen anregen soll.

Wir können die Arbeit mit lebendigen Zeitzeuginnen und Zeitzeugen nicht durch archivalische Dokumentationen und mediale Installationen allein ersetzen, selbst wenn diese auf modernen audiovisuellen Medien basieren. Die Aussagekraft, die die Vermittlung selbst erlebter Geschichte in der direkten Konfrontation mit den Menschen – insbesondere auch für Kinder und Jugendliche – hat, werden wir damit nicht erreichen.

Daher fällt uns heute vor allem auch eine Rolle als Vermittler zu. Dazu kann ich aus der Praxis berichten, wie sich diese Vermittlerrolle in der Arbeit des Stadtarchivs - ISG etwa bei der KZ Gedenkstätte Sandhofen entwickelt hat. In engster Zusammenarbeit mit dem Stadtjugendring und dem Trägerverein KZ-Gedenkstätte Sandhofen konnten dort die Besucherzahlen im Lauf der Jahre sukzessive gesteigert werden. Derzeit besuchen etwa 1.800 Personen jährlich, von denen im Schnitt zwei Drittel Kinder und Jugendliche bzw. Schulklassen sind, die Gedenkstätte. Viele Klassen verbinden den Besuch mit einer Führung im Stadtarchiv - ISG. In Sandhofen selbst werden aktuell drei unterschiedliche didaktische Module angeboten. Klassisch ist dabei die seit Bestehen der Gedenkstätte angebotene thematische Führung. Sie wird seit gut zehn Jahren zumeist von jungen Studentinnen und Studenten durchgeführt, die ein besonderes Engagement bezüglich der NS-Geschichte mitbringen. Finden doch gerade junge Erwachsene leichter Zugang zu Schülerinnen und Schülern.

Abb. 4 (rechts)
Enthüllung des Hinweisschildes „Gurs 1170 km" am 29. November 2006 auf dem Bahnhofsvorplatz
StadtA MA - ISG, Album 01612-9-113b

Ulrich Nieß unter Mitarbeit von Hans-Joachim Hirsch

Als zweites Angebot hat sich der Projekttag etabliert, der gleichfalls von jungen Erwachsenen ausgearbeitet wurde und der von den sich in Zeitabständen immer wieder neu formierenden Teams regelmäßig evaluiert wird. Diese Jugendlichen gehören als „Courage-Team Nordbaden" dem bundesweit aktiven Netzwerk für Demokratie und Courage an.[10] Die Ziele der sechsstündigen Projektarbeit bestehen

- in einer methodisch vielseitigen Wissensvermittlung zu den Themen KZ und Zwangsarbeit,
- in der Sensibilisierung der Schülerinnen und Schüler für die historische und bis heute gegenwärtige Dimension des Terrors der NS-Gewaltherrschaft,
- in der Wahrnehmung des Leids und der individuellen Geschichte der Opfer
- und vor allem im Aufzeigen von Möglichkeiten der Zivilcourage.

Den derzeit jüngsten und vielleicht mutigsten Ansatz aber bietet ein Angebot, das die Gedenkstätte zusammen mit der Gustav-Wiederkehr-Schule entwickelt hat und das von zwei jungen Gedenkstätten-Mitarbeitern im Tandem betreut wird. Es handelt sich dabei um eine freiwillige Arbeitsgemeinschaft, an der Kinder der vierten Grundschulklasse teilnehmen können und in der sie vorsichtig mit der Geschichte des Nationalsozialismus bekannt gemacht werden. Entgegen vieler Bedenken und auch Mahnungen war das Interesse der Kinder in den zwei Jahren dieses Modellversuchs sehr hoch, haben die intensiven Gespräche mit der Schulleitung und auch mit den Eltern der Kinder gezeigt, wie wichtig eine solche Arbeit als Prävention gegen historische Verdrehungen und Beschönigungen sein kann.

Zu dem bereits Dargelegten kommen zahlreiche weitere Aktivitäten hinzu. Seit Jahren ist das Stadtarchiv - ISG selbst der Ort für Arbeiten zur Erinnerungskultur und für Projektgruppen. So wurde etwa mit Jugendlichen aus Mannheim und aus Lyon neben der Gurs-Ausstellung beispielsweise die historisch angelegte Ausstellung „Mannheim – Izieu – Auschwitz" schon vor Jahren erarbeitet, die landesweit in Baden-Württemberg gezeigt wurde und noch immer nachgefragt wird. Sie thematisiert das Schicksal von vier jüdischen Jungen aus Mannheim, die in einem verdeckten Kinderheim im Süden Frankreichs zusammen mit anderen vor dem Zugriff der deutschen Besatzer verborgen waren und 1944 nach einer Razzia in die Vernichtungslager verschleppt wurden.

Ein Zeitzeugenprojekt mit Zwangsarbeitern aus Warschau (2010/11; Abb. 5) wurde mit einer filmischen Dokumentation abgeschlossen, die in einer Auflage von 1.000 DVDs Mannheimer Schulen zur Verfügung gestellt wurde und inzwischen, zumal vergriffen, auf Youtube abrufbar ist.[11] Sie wurde ergänzt durch die gerade frisch fertig gestellte DVD „Nie wieder diese Zeit".[12] Daneben wird seitens des Stadtarchivs - ISG das Stolpersteinprojekt unterstützt, bei dem inzwischen weit über 100 Steine in Mannheim verlegt wurden. Auch wurde gerne Luigi Toscano Hilfestellung bei seiner Porträtarbeit von Holocaust-Opfern (Abb. 6) gegeben, die unter dem Titel „Gegen das Vergessen" am 16. September 2015 als Installation an der Alten Feuerwache eröffnet und über mehrere Wochen hinweg gezeigt wurde.[13] Dies sind nur Schlaglichter unseres diesbezüglichen Arbeitsalltags, der stets auch um Geschichtsvermittlung an junge Menschen bemüht ist: etwa bei der Betreuung der von Jugendlichen mitgestalteten jährlichen Auschwitz-Gedenkveranstaltung am 27. Januar oder bei der Weiterentwicklung der APP „Verdrängt und ausgeplündert: Mannheimer Juden im Dritten Reich".[14] Unter den Netzwerkpartnern sei hier auch die Mannheimer Abendakademie mit großem Dank genannt, mit der zusammen ein Hörspiel uraufgeführt wurde, das die ergreifenden Briefe von

Abb. 5
Edward Majewski, 1944/45 polnischer Zwangsarbeiter im KZ-Außenkommando Sandhofen, im Gespräch mit Beteiligten der deutsch-polnischen Jugendbegegnung 2011
StadtA MA - ISG, Album 02568-56

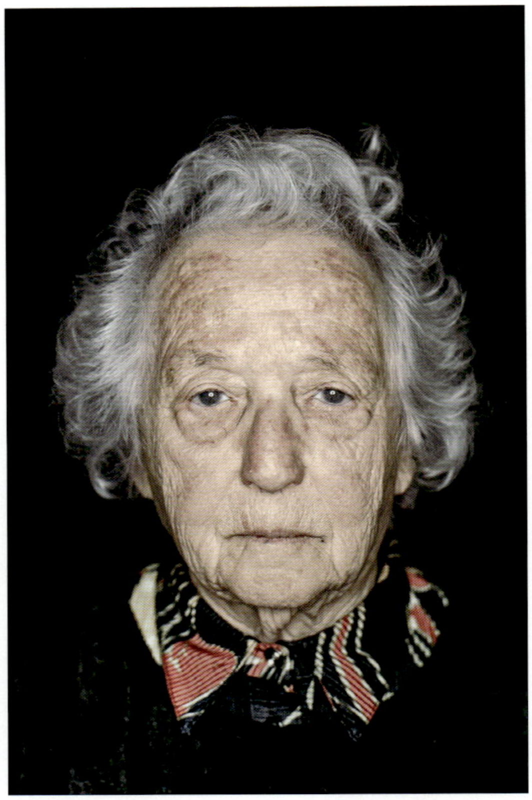

Abb. 6
Amira Gezow, porträtiert von Luigi Toscano

Hedwig Eppstein zwischen 1937 und 1943 rezitiert, die das Verfolgungsschicksal von Dr. Hedwig (Abb. 7) und Dr. Paul Eppstein bis nach Theresienstadt und Auschwitz authentisch aufscheinen lassen.[15]

Daneben beraten wir bürgerschaftliche Initiativen wie den Arbeitskreis Stolpersteine, den Arbeitskreis Justiz und Geschichte des Nationalsozialismus in Mannheim und den Arbeitskreis zur Betreuung des Mahnmals für die Opfer der Zwangssterilisierungen. Wissenschaftlich orientierte Forschungsaufgaben bilden gleichwohl ein Anliegen, um uns als Stadtgesellschaft voranzubringen. Die große Arisierungsstudie von Christiane Fritsche hat 2013 gezeigt, dass gerade auch eine wissenschaftlich fundierte umfassende Arbeit uns wach- und aufrütteln kann.[16] Noch nie hat eine Publikation des Stadtarchivs solche Wellen geschlagen, vielleicht auch deshalb, weil die Studie nicht 1945 endet, sondern bis in der 1960er Jahre Namen von Opfern wie Tätern nennt.

Abb. 7
Cover der Neuerscheinung „Jetzt denkt man nicht an das bisschen Ich“
StadtA MA - ISG

In Zusammenarbeit mit der Wissenschaft, allen voran mit der Universität Mannheim, liegt daher auch ein zukünftiges, noch nicht restlos erschlossenes Potenzial für unser Anliegen. Ist doch das jüdische Vereins- und Gemeindeleben erst in Einzelbereichen erforscht.[17] Viele Lebensschicksale der in Gurs Verfolgten sind noch keineswegs ausreichend geklärt. Und manches Einzelschicksal wäre noch in übersetzten und kommentierten Autobiographien vorzustellen. Die von Ilse Platzmann aus dem Englischen übertragene Lebensschilderung von Helen Marvill-Steiner ist bereits 2012 im Mannheimer Verlag Wellhöfer erschienen.[18] Ferner liegen die von uns mit Unterstützung des Büros 2020 der Stadt Mannheim herausgegebenen Erinnerungen von Ernest Michel (Abb. 8), betreut von Karen Strobel, im gleichen Verlag seit 2013 vor.[19]

Die Selbstverpflichtung unserer Stadtgesellschaft zur Aufarbeitung der dunklen Zeitabschnitte ihrer Geschichte ist für unsere Arbeit ein weites Feld. Forschung, Vernetzung und Vermittlung bedingen einander, und die Einbeziehung interessierter Bürgerinnen und Bürger, von Institutionen wie Initiativen, aber vor allem von jungen Menschen ist unverzichtbar. Es kann nicht unser Ziel sein, dass lediglich konsumiert und Wissen angehäuft wird, sondern es sollte so sein, dass gerade Schülerinnen und Schüler einmal selbst aktiv werden, gestalten, sich ganz vorne engagieren. Die Ausstellung „Gurs 1170 km“ ist dafür ein gutes Beispiel (Abb. 9).

Wir sind daher durchaus optimistisch, dass das neue NS-Dokumentationszentrum, wie es als Teil des neuen Stadtarchivs - ISG entstehen soll, den Bedürfnissen und dem historisch-politischen Bewusstsein der Mannheimer Stadtgesellschaft nicht nur Rechnung tragen kann, sondern als städtisches Zentrum der Erinnerungskultur maßgebliche Impulse setzen wird. Denn die Lücken, die blinden Flecken in der Erforschung

Abb. 8
Ernest Michel bei seinem Besuch in Mannheim im Februar 2007
StadtA MA - ISG, Bildsammlung, KF041887

der NS-Geschichte vor Ort sind nach wie vor groß. So wissen wir, trotz der Impulse seitens des Arbeitskreises Justiz, noch wenig über die Opfer von Zwangssterilisation und Euthanasie, ebenso haben wir bislang keine validen Opferzahlen. Die Opfergruppen der so genannten Asozialen oder der angeblichen „Zersetzer der Wehrkraft", der Deserteure sind noch kaum in unseren Blick gerückt. Und auch über die Biographien derjenigen, die vom Mitläufer zum Täter wurden, ist vergleichsweise wenig bekannt. Wie schnell einen hier die Vergangenheit einholen kann, erweist der Blick auf unsere badische Nachbarstadt Karlsruhe, wo es zu einer bemerkenswerten Debatte über ein 1964 aufgestelltes Ehrenmal für die Gefallenen der 35. Infanterie-Division kam, eine Division, die im Zweiten Weltkrieg an Kriegsverbrechen und Deportationen beteiligt war.[20] Es wäre verwunderlich, wenn sich in Mannheim, wo ab 1936 wieder vermehrt verschiedene Truppenverbände stationiert wurden, nicht auch Einheiten befunden hätten, die innerhalb der Wehrmacht an Verbrechen gegen die Zivilbevölkerung beteiligt waren. Schon die erwähnte Arisierungsstudie hat uns den Spiegel über das Maß an Verstrickung, an Verführbarkeit des Einzelnen auch in Mannheim vorgehalten.

Ein NS-Dokumentationszentrum wird gut daran tun, neben der Dokumentation der Opfer auch den Blick auf die Täter und die vermeintlich Unbeteiligten, die Mitläufer, zu richten, aber auch immer wieder an jene mutigen Frauen und Männer des Widerstands zu erinnern, die bewiesen haben, dass es auch ein anderes Mannheim gab. Sammeln, zur Verfügung stellen, erforschen, vermitteln und erinnern – mit dieser Daueraufgabe wollen und können wir den vielen Opfern ein Stück ihrer Würde zurückgeben, die ihnen in den NS-Jahren so brutal genommen wurde.

Abb. 9
Die Ausstellung „Gurs 1170 km" im Foyer der Mannheimer Abendakademie im November 2015
Foto: StadtA MA - ISG

Städtische Erinnerungskultur als Selbstverpflichtung einer Stadtgesellschaft

1 Leicht überarbeitete Fassung des Impulsreferats des Verfassers anlässlich der Ausstellungseröffnung „Gurs 1170 km" in der Mannheimer Abendakademie am 20. Oktober 2015. Besonderen Dank gilt dabei meinem Mitarbeiter Hans-Joachim Hirsch, der deshalb als Koautor ausgewiesen ist. Für kritische Durchsicht gilt der kollegiale Dank Herrn Dr. Hanspeter Rings. Für das Thema grundlegend ist der Sammelband Ernst Otto Bräunche und Volker Steck (Hrsg.): Geschichte und Erinnerungskultur. 22. Oktober 1940 - Die Deportation der badischen und saarpfälzischen Juden in das Lager Gurs, Karlsruhe 2010.

2 Vgl. Christiane Fritsche: Ausgeplündert, zurückerstattet und entschädigt. Arisierung und Wiedergutmachung in Mannheim, Ubstadt-Weiher 2013, hier besonders S. 478ff.

3 Hans-Joachim Hirsch und Elke Schneider: Nachruf auf Dr. Karl Otto Watzinger (1913-2006), in: Mannheimer Geschichtsblätter, N.F. 12 (2006), S. 303-307. Vgl. auch Hans-Joachim Hirsch: In Gurs lebt auch Mannheim - Gedenken, Versöhnung und Spurensuche nach dem Zweiten Weltkrieg, in: Ernst Otto Bräunche und Volker Steck, wie Anm. 1, S. 111-118.

4 Vgl. Karl-Otto Watzinger: Geschichte der Juden in Mannheim 1650-1945 mit 52 Biographien. Mit einer Übersicht über die Quellen im Stadtarchiv Mannheim zur Geschichte der Juden von Jörg Schadt und Michael Martin (Veröffentlichungen des Stadtarchivs Mannheim Bd. 12), Stuttgart u.a. 1987, sowie ders.: Ludwig Frank. Ein deutscher Politiker jüdischer Herkunft. Mit einer Edition Ludwig Frank im Spiegel neuer Quellen. (Quellen und Darstellungen zur Mannheimer Stadtgeschichte Nr. 3), Sigmaringen 1995.

5 Vgl. Hans-Joachim Fliedner: Die Judenverfolgung in Mannheim 1933-1945. Bd. 1: Darstellung. Bd. 2: Dokumente (Veröffentlichungen des Stadtarchivs Mannheim Bde. 1 u. 2), Stuttgart u.a. 1971. Eine zweite, inzwischen gleichfalls vergriffene Auflage erschien 1991.

6 Vgl. Volker Keller: Bilder vom jüdischen Leben in Mannheim (Sonderveröffentlichung des Stadtarchivs Mannheim Nr. 19), Mannheim 1988; ders.: Jüdisches Leben in Mannheim, Mannheim 1995, und ders.: Die Welt der Mannheimer Klaus. Lehrhaus und Synagoge in drei Jahrhunderten, Mannheim 2012.

7 Vgl. Hans-Joachim Hirsch: „Ich habe Dich bei Deinem Namen gerufen". Die Gedenkskulptur für die Jüdischen Opfer des Nationalsozialismus in Mannheim (Kleine Schriften des Stadtarchivs Mannheim 23), Mannheim 2005, hier besonders S. 77ff.

8 Vgl. „Auf einmal da waren sie weg": Jüdische Spuren in Mannheim; mit einer Gedenkliste – Jüdische Opfer der nationalsozialistischen Gewaltherrschaft aus Mannheim. Hrsg. vom Stadtjugendamt Mannheim und bearb. von Klemens Hotz und Leonore Köhler, Mannheim 1995.

9 Gurs 1170 km. Zur Deportation der badischen und pfälzischen Juden nach Gurs. Ausstellungs- und Projektdokumentation der Gruppe „Souvenirs des Gurs", Mannheim 2006.

10 Informationen über das Netzwerk im Land Baden-Württemberg : http://www.netzwerk-courage.de/web/147.html.

11 DVD-Dokumentation: Das kann man nicht vergessen, aber niemand erinnert sich daran. Abrufbar unter www.youtube.com/watch?v=77E8JowtTUM (URL-Abfrage 11.11.2015).

12 DVD-Dokumentation der KZ-Gedenkstätte Sandhofen: Nie wieder diese Zeit. Das Vermächtnis von fünf ehemaligen KZ-Häftlingen aus Polen – 70 Jahre nach der Inhaftierung und Zwangsarbeit in Mannheim, Mannheim 2015, beziehbar bei der KZ-Gedenkstätte Sandhofen.

13 Nähere Informationen unter: http://gegen-das-vergessen.gdv-2015.de/de. Parallel zur Ausstellung ist ein Bildband mit einer Sammlung der Fotografien erschienen: Gegen das Vergessen. Luigi Toscano, Mannheim 2015.

14 Die App kann kostenlos heruntergeladen werden unter https://itunes.apple.com/us/app/verdrangt-ausgeplundert/id934036125?mt=8 bzw. https://play.google.com/store/apps/details?id=de.appack.project.arisierung_ma&hl=de.

15 Veröffentlicht als Hör-CD unter dem Titel „Jetzt denkt man nicht an das bisschen Ich." Dr. Hedwig Eppstein – Auszüge aus ihrem Briefwechsel 1937-1943 (Stadtgeschichte digital), hrsg. vom Verein der Freunde des Stadtarchivs - ISG, Mannheim 2015.

16 Vgl. C. Fritsche, wie Anm. 2. Dieselbe Autorin hat zudem auf Bitten der Evangelischen Kirche in Mannheim eine Fallstudie vorgelegt: „Du sollst nicht begehren deines Nächsten Haus". Die „Arisierung" von Grundstücken in Mannheim durch Institutionen der Evangelischen Kirche, Ubstadt-Weiher 2014.

17 Hervorzuheben sind hier die Arbeiten von Volker Keller, wie Anm. 6. Welche Möglichkeiten sich in der Kombination von Quellenedition mit Kommentierung ergeben, beweist eindrucksvoll Susanne Schlösser: Das Goldene Buch des Liederkranzes. Die Chronik eines jüdischen Männergesangvereins in Mannheim 1856-1938 (Stadtgeschichte digital 1), Mannheim 2004.

18 Helen Marvill-Steiner: In Transit, Mannheim 2012.

19 Ernst Michel: Promises kept. Ein Lebensweg gegen alle Wahrscheinlichkeiten, Mannheim 2013.

20 Vgl. Ernst-Otto Bräunche (Hrsg.): Der Zweite Weltkrieg - Last oder Chance der Erinnerung? Widerspruch gegen das Ehrenmal der 35. Infanterie-Division in Karlsruhe, Karlsruhe 2015.

Andreas Krock und Thorsten Westphal

Das Geheimnis eines Bildes

„Die Lesende“ von Peter Paul Rubens und Jan Boeckhorst

Einleitung

Porträtausstellungen erfreuen sich zunehmend größerer Aufmerksamkeit und lockten in der Vergangenheit ganze Heerscharen von Besuchern in die Museen. Vor einiger Zeit waren es besonders die „Gesichter der Renaissance“, wovon die gleichnamige Ausstellung in Berlin und New York 2011/12 mit Meisterwerken italienischer Porträtkunst, aber auch schon die Londoner Ausstellung „Renaissance Faces: Van Eyck to Titian“ in der National Gallery 2008/09 beredtes Zeugnis ablegten. Es ist davon auszugehen, dass das Interesse an der Darstellung des Menschen in der bildenden Kunst kaum nachlässt, was sich auch in den Höchstpreisen äußerte, die in der Vergangenheit im Kunst- und Auktionshandel gerade für Porträtdarstellungen herausragender Künstler erzielt wurden. Als Beispiele sei hier nur aus jüngster Zeit das „Porträt eines Mannes“ von Rembrandt erwähnt, für das 2009 die bisherige Rekordsumme für ein Werk dieses niederländischen Malers in Höhe von 32 Millionen Euro bezahlt wurde.[1] Aber auch Kostümbilder oder Rollenporträts niederländischer Künstler wie zum Beispiel von Jan Lievens (1607-1674) oder Jacob Jordaens (1593-1678) wechselten für teilweise atemberaubende Summen in jüngster Vergangenheit den Besitzer.

Doch worin besteht diese Faszination für das menschliche Antlitz auf Holz, Leinwand oder Papier, das uns anlächelt, zu beobachten und kritisch in den Blick zu nehmen scheint oder in sich versunken mit sich selbst beschäftigt ist? Das Phänomen ist nicht neu, dass einige dieser Bildnisse im Laufe ihrer Geschichte geradezu Berühmtheit erlangten. Häufig waren es vor allem Frauengesichter, die auch in der Kunst die Blicke auf sich zogen. So seien hier mit Leonardo da Vincis „Mona Lisa“ sowie dem „Mädchen mit dem Perlohrring“ von Jan Vermeer nur zwei der bekanntesten genannt. Auch das eine oder andere Herrenbildnis erlangte nahezu Starkult, wenn auch vielleicht nicht ganz so stark wie ihre weiblichen Pendants. In diesem Zusammenhang sind besonders die Selbstporträts großer Meister wie Rembrandt und Rubens zu erwähnen. Aber auch Rollenbildnisse im Phantasiekostüm oder Studien- und Charakterköpfe forderten seit jeher die Aufmerksamkeit des Betrachters. Für sie hat sich in der Kunstwissenschaft der niederländische Fachterminus „Tronie“ durchgesetzt. Dabei handelt es sich um Studien- und Charakterköpfe nach einem lebenden Modell. Im Unterschied zum Porträt entstanden sie jedoch nicht in Erinnerung an bzw. stellvertretend für eine bestimmte Person. Sie waren hauptsächlich für den Ateliergebrauch gedacht, wo sie in der Regel zur Vorbereitung dienten und innerhalb der Bildkomposition eines späteren Werks zum Einsatz kamen. Der Schwerpunkt der Tronie lag dabei auf dem Gesicht als wichtigstem Bestandteil einer Figur, es diente Künstlern als Experimentierfeld ihrer künstlerischen Ausdrucksmöglichkeiten und repräsentierte zugleich einen bestimmten Personentypus. Zu denken wäre hier an bestimmte Charakterköpfe wie zum Beispiel an den des bärtigen Alten, den einer jungen oder alten Frau und ähnliche.

Eines der bekanntesten Beispiele hierfür ist der „Mann mit dem Goldhelm“, der kaum etwas von seiner Berühmtheit eingebüßt hat, seitdem er nicht mehr als Werk Rembrandts gilt. Auch Vermeers „Mädchen mit Perlohrring“ ist nicht als Porträt zu verstehen. Hier diente vielmehr ein wohl geeignetes Modell zur Umsetzung einer bestimmten Bildidee.

Neue Erkenntnisse zur „Lesenden" – Zur Geschichte der Provenienz

Seit über 200 Jahren befindet sich das Bild der „Lesenden" in Mannheim (Abb. 1). Seitdem ist es historischen Quellen zufolge immer wieder Peter Paul Rubens zugeschrieben worden. Wissenschaftliche Nachweise dafür bzw. Erkenntnisse aus technologischer Sicht, die diese These hätten unterstützen können, blieben jedoch aus. Seit einigen Jahren war das Bild nun Gegenstand zahlreicher Untersuchungen. Darüber hinaus wurde es einem aufwendigen Restaurierungsprozess unterzogen, in dessen Verlauf sich Rubens' Beteiligung an dem Werkprozess auf alle Fälle nachweisen ließ. Inzwischen

Das Geheimnis eines Bildes

Abb. 1
Peter Paul Rubens und Jan Boeckhorst
„Die Lesende"
Öl auf Eichenholz
1. Hälfte 17. Jahrhundert
rem
Die Abbildung zeigt das Bild vor der Restaurierung. Gut zu erkennen ist die mehrteilige Holztafel, deren Fugen sich geöffnet haben.
Foto: rem

ergaben sich weitere interessante Erkenntnisse, die durchaus wert erscheinen, hier ausführlicher beschrieben zu werden. Insofern war es an der Zeit, dem 2004 erschienenen Aufsatz zur Wiederentdeckung dieses Bildes[2], dem auch ein Vortrag vorangegangen war, einen erneuten Beitrag folgen zu lassen.

Im 19. Jahrhundert noch in der Schlossgalerie ausgestellt, wurde das Bild der „Lesenden" in der Folgezeit aufgrund seines schlechten Zustands im Depot verwahrt. Dort geriet es, wohl auch aufgrund zweier Weltkriege, immer mehr aus dem Blickfeld und damit zunehmend in Vergessenheit. Dies erklärt zumindest teilweise, weshalb das Bild der Öffentlichkeit verborgen und der Forschung bislang kaum bekannt war. Nach abgeschlossener Restaurierung 2004 (Abb. 2) wurde das Gemälde erstmals wieder anlässlich der Wiedereröffnung des Zeughauses zum 400-jährigen Stadtjubiläum Mannheims im Jahr 2007 der Öffentlichkeit zugänglich gemacht. Laut einem früheren Bericht ist davon auszugehen, dass an dem Gemälde seit 1937 oder wahrscheinlich sogar seit 1918 mit ziemlicher Sicherheit keine Restaurierung mehr vorgenommen worden ist.

Dank inzwischen erfolgter Restaurierung und konservatorischer Maßnahmen wie einer Stabilisierung des aus mehreren Brettern bestehenden Holztafelgefüges sowie einer Malschichtfestigung wurde das Gemälde inzwischen wieder mehrmals gezeigt. So 2011 in der Ausstellung „meisterhaft – von Cranach d. Ä. bis Kobell", wobei es auch im zugehörigen Katalog abgebildet und beschrieben wurde.[3] Im Zusammenhang mit erneuten Recherchen ergaben sich mittlerweile weitere Überlegungen zur Provenienz des Bildes.

Bereits dem Beitrag von 2004 war zu entnehmen, dass das Gemälde ursprünglich zur Kunstsammlung des Mannheimer Schriftstellers und Gelehrten Anton von Klein (1746-1810) gehört hatte. Seit 2007 liegt nun ein Katalog zu dieser Sammlung vor, der im Zusammenhang mit der Ausstellung „Anton von Klein und seine kunstgeschichtliche Lehrsammlung im Zeitalter der Aufklärung" in der Kunsthalle Mannheim erschien.[4] Der Begriff „kunstgeschichtliche Lehrsammlung" erklärt zugleich, weshalb Klein von einigen seiner Gemälde auch Reproduktionsstiche anfertigen ließ, um sie so einem größeren Publikum bekannt zu machen. Außerdem spricht Ulf Sölter in seiner Publikation zur Samm-

lung von Kleins noch einen weiteren Grund dafür an: „Darüber hinaus war die Reproduktion eines Kunstobjekts immer Zeichen dafür, dass es sich um ein begehrenswertes Kunstobjekt handelt. Die Kopie eines Gemäldes oder einer Zeichnung wertete die Arbeit auf, da sie anderen Interessierten die Anschauung ermöglichte und das Kunstwerk als etwas Einzigartiges publik machte. Der damit begründete Ruhm fiel nicht nur auf den schaffenden Künstler des Originals, sondern auch auf den Besitzer bzw. Sammler der Arbeit zurück."[5]

Bereits Ende des 18. Jahrhunderts hatte Klein den Kupferstecher und Schüler der Mannheimer Zeichnungsakademie Andreas Bissel (1773-1847) mit einer Radierung nach dem Bildnis der „Lesenden" beauftragt. Mit der Bildunterschrift „Rubens pinxit" wird Rubens schon zweifellos als Urheber des Gemäldes angegeben. Allerdings handelt es sich bei der Abgebildeten hier eindeutig nicht um die erste Ehefrau von Rubens, wie die französische Bezeichnung der Dargestellten als „Elisabeth de Brantes" vorgibt.

1810 verkaufte Klein, der unter Kurfürst Carl Theodor als Geheimsekretär und Hofgerichtsrat tätig gewesen war, seine Sammlung an den Großherzog Carl Friedrich von Baden, dessen Wunsch es war, für das Mannheimer Schloss wieder eine Gemäldesammlung zu erwerben, nachdem die Stadt und die rechtsrheinische Kurpfalz 1803 an Baden gefallen waren und Carl Theodors Gemäldesammlung bereits Ende des 18. Jahrhunderts in seine neue Residenz nach München verbracht worden war.

Andreas Krock und Thorsten Westphal

Durch die Beschäftigung mit der Familie von Stengel, die mit Johann Georg von Stengel (1721-1798) und dessen Sohn Stephan von Stengel (1750-1822) bedeutende und einflussreiche Beamte am Mannheimer Hof von Carl Theodor gestellt hatte, ergab sich schließlich eine neue gewichtige Vermutung. Schon Johann Georg von Stengel, unter anderem Direktor der Akademie der Wissenschaften, hatte eine umfangreichere Sammlung angelegt, unter der sich neben einer exquisiten Kupferstichsammlung mit Rembrandt-Graphik auch einige Gemälde befanden. Sein Sohn Stephan, der für den Kurfürsten als Kunstagent fungierte und selbst künstlerisch tätig war, setzte diese Sammeltätigkeit fort, die dementsprechend auf umfangreicher Kenntnis und hohem ästhetischen Empfinden basierte. Deshalb sind Vater und Sohn von Stengel auch in der Arbeit von Helmut Tenner über „Mannheimer Kunstsammler und Kunsthändler bis zur Mitte des 19. Jahrhunderts" verzeichnet.[6] Dort wird unter ihren Gemälden „Eine lesende Frau" von Rubens aus der Sammlung Johann Georg von Stengels als wertvollstes aufgeführt. Das Bild wurde nach von Stengels Tod 1798 für 133 Gulden aus dem Nachlass

Abb. 2
Peter Paul Rubens und Jan Boeckhorst
„Die Lesende"
1. Hälfte 17. Jahrhundert
Öl auf Eichenholz
rem
Die Abbildung zeigt das Bild nach der Restaurierung.
Foto: rem

veräußert, während ein anderer Teil der Bilder neben weiteren Kunstwerken von Angehörigen der Familie von Stengel übernommen wurde.[7]

Das früheste erhaltene Inventar der Gemäldesammlung Anton von Kleins aus dem Jahr 1822 lässt leider keine Rückschlüsse auf die Herkunft der Bilder im Einzelnen zu. Allerdings wird hier erstmals der Umfang mit „21 Stück Original-Gemählde" angegeben.[8] Kleins persönlich angelegtes Inventar, von dem der Schriftsteller und Komponist Daniel Schubart eine Beschreibung hinterlassen hat, gilt als verschollen.[9] Insofern lässt sich nicht mehr nachweisen, ob es sich bei der „Lesenden" aus Kleins Sammlung tatsächlich um dasselbe Bild wie das aus dem ehemaligen Besitz von Johann Georg von Stengel handelt. Aufgrund des geringen Abstands zwischen der Versteigerung der Kunstwerke von Stengels nach 1798 und dem Verkauf der Sammlung Anton von Kleins 1810 wäre es jedoch durchaus möglich. Außerdem ist nicht davon auszugehen, dass sich damals mehrere Rubensgemälde in privaten Mannheimer Sammlungen befanden. Auch im 18. und beginnenden 19. Jahrhundert waren Rubenswerke immer noch hauptsächlich in fürstlichen Sammlungen vertreten und wurden relativ selten oder nur extrem hochpreisig angeboten. Andererseits sagen aber auch Bildtitel nichts darüber aus, dass es sich unbedingt um ein und dasselbe Bild handeln muss. Mitunter sind diese Bezeichnungen zu ungenau oder zu undifferenziert, um zur Identifizierung dienen zu können. So ist beispielsweise in Johann Georg Riegers Gemäldeverzeichnis von 1824 bei dem Rubensbildnis in missverständlicher Weise vom „Kopf einer alten Frau, auf Holz" die Rede.[10]

Die dendrochronologischen Untersuchungen der Holztafeln

Mindestens ebenso spannend wie die Darstellung auf einem Gemälde ist häufig auch seine Geschichte. Jedes Bild hat seine eigene Vergangenheit, die mehr oder weniger bewegt oder geradezu spektakulär sein kann. Dabei können verschiedene Faktoren ausschlaggebend sein wie Künstler, Auftraggeber, Beweggründe für die Anfertigung eines Bildes, seine Datierung, seine Besitzer und vieles mehr.

In diesen Fällen bringt uns die alleinige Betrachtung oft nicht viel weiter, obwohl sie für den ersten, unmittelbaren Eindruck unverzichtbar ist. Und nicht nur dafür. Durch das genaue Betrachten eines Bildes lassen wir uns auf seine Darstellung ein, erkunden Malweise, Farbpalette, Malschichten und Pinselduktus. Daher lässt sich die Aura des Originals auch niemals mit seiner fotografischen Wiedergabe erreichen. Das direkte Gegenüber von Betrachter und Original schafft eine gewisse Vertrautheit zum Bild, nicht selten stellt sich dadurch ein Glücksgefühl ein, beim Besuch einer Ausstellung oder auch noch im Nachhinein. Insofern ist das unmittelbare Erleben von Kunstwerken wesentlich für die Empfindung und keineswegs durch die Wahrnehmung bei der Betrachtung virtueller Ausstellungen oder Bilderstrecken im Internet zu ersetzen.

Das wissenschaftliche Arbeiten erfordert allerdings zusätzliche und oftmals weitaus komplexere Methoden zur Erforschung eines Gemäldes. In dieser Hinsicht haben sich bei der Tafelmalerei, also bei Holztafeln als Bildträger, immer häufiger dendrochronologische Untersuchungen als hilfreich erwiesen. Dabei wird anhand der einzelnen Bretter, aus denen sich die Gemäldetafel zusammensetzt, eine Altersbestimmung des jeweiligen Holzes vorgenommen. Durch den Vergleich von Jahresringmustern mit Vergleichsreihen (Chronologien) kann das absolute Alter des Holzes bis zu 12.500 Jahre zurück bestimmt werden. Die dendrochronologische Analyse lässt jedoch nicht nur Rückschlüsse auf die zeitliche Einordnung des Bildes zu. Sie ermöglicht darüber hinaus Erkenntnisse über die Tafelherstellung sowie den Zusammenhang zwischen der Fällung der verwendeten Hölzer und der Entstehung des Gemäldes. Eine mehrteilige Holztafel aus verschiedenen Brettern, wie sie für die Darstellung der „Lesenden" verwendet wurde, kann unter günstigen Voraussetzungen Einblicke in die mitunter komplexe Entstehungsgeschichte eines Gemäldes gewähren.

Anfang 2015 wurden am Klaus-Tschira-Archäometriezentrum des 2004 gegründeten Curt-Engelhorn-Zentrums-Archäometrie in Mannheim eine dendrochronologische Arbeitsstrecke eingegliedert und ein entsprechendes Labor aufgebaut. Dadurch konnten die vor einigen Jahren im Labor für Computertomographie der Fachhochschule Aalen durchgeführten CT-Messungen an unserem Gemälde hier im Haus direkt ausgewertet werden.[11] Aufgrund des in Aalen vorhandenen 3D-Computer-

Röntgen-Tomographen war es möglich, entsprechende Messungen an der Bildtafel absolut berührungs- und zerstörungsfrei vorzunehmen. Das Entnehmen auch von nur geringen Holzproben hatte sich dadurch erübrigt. Mit Dr. Irmgard Pfeifer-Schäller von der FH Aalen stand bei den Untersuchungen eine äußerst kompetente und versierte Kollegin zur Seite, der für ihre Unterstützung an dieser Stelle ganz herzlich zu danken ist.

Holztafeln, Bildaufbau und Technik im Zusammenhang mit der Tafelmalerei bei Rubens

Bereits bis in die 70er Jahre war eine Reihe der Holzbildtafeln von Rubens dendrochronologisch untersucht worden. Dabei handelte es sich um mehr als 60 Werke aus unterschiedlichen Sammlungen und damit etwa um ein Viertel aller von ihm erhaltenen Gemälde auf Holz. Der 400. Geburtstag von Peter Paul Rubens (1577-1640) 1977 gab Anlass, die Ergebnisse zusammenfassend darzustellen, es werden weitere Forschungsarbeiten dazu erscheinen.[12] Auch das Verhältnis der Verwendung von Holztafeln gegenüber der von Leinwand als Bildträger bei Rubens wurde in diesem Zusammenhang erfasst.[13] Dabei zeigte sich, dass der Meister Eichenholz eindeutig den Vorzug gegeben hat. Mindestens die Hälfte seiner Werke ist auf Eichenholztafeln gemalt. Rubens folgte damit der Tradition seiner flämischen Malerkollegen des 16. Jahrhunderts, die das Holz der heimischen Wälder bevorzugt verwendeten. Allerdings handelte es sich dabei noch häufig um Pappelholz und weniger um das zunehmend importierte Eichenholz. Holz kam auch Rubens' Wunsch nach einer besonders glatten Oberfläche und einem hellen Malgrund für seine Gemälde entgegen. In der äußerst gekonnten Kombination einer streifigen Imprimatur einerseits, erzeugt durch einen dünnen, transparenten Farbauftrag, und dem Aufbau mehrerer lasierenden Schichten andererseits, wodurch eine emailartige Wirkung erzielt wird, besteht die außerordentliche Technik von Rubens (Abb. 3). Die durchscheinende Transparenz zeigt sich besonders im Inkarnat des Gesichts der „Lesenden". Weitergeführt und nachgeahmt wurde diese Maltechnik dann aber auch teilweise von seinen Schülern respective Mitarbeitern wie Antonis van Dijck (1599-1641) oder Jan Boeckhorst (1604-1668). Vor allem Boeckhorst bemühte sich, den Rubensstil täuschend echt und besonders virtuos zu beherrschen. Dies erschwert mitunter Zuschreibungen und veranlasste den Kunsthistoriker Ludwig Burchard sogar zu der Feststellung, man habe es bei Boeckhorst mit einem „besonders gefährlichen Doppelgänger von Rubens" zu tun.[14]

Im Zusammenhang mit der Verwendung von Holz anstelle von Leinwand als Malgrund kommt bei Rubens noch ein weiterer wichtiger Umstand hinzu. Selbst bei kleineren Formaten bestehen die Holztafeln selten aus einem Stück. Wie bei dem Bild der „Lesenden" sind in der Regel mehrere Bretter miteinander verleimt und durch Holzdübel untereinander verbunden. Im Vergleich zu Holztafeln aus einem Stück weisen diese mehrteiligen Malbretter auch geringere Formveränderungen durch Schwund während des Trocknens auf. Das Tafelbild in den Reiss-Engelhorn-Museen setzt sich aus verschiedenen Brettern zusammen. Dabei trägt die Kerntafel die von Rubens stammende Physiognomie einer nach unten schauenden weiblichen Person, darum gruppieren sich nochmals vier Bretter. Bei den Innenbrettern sowie einem äußeren Brett links wurden 2004 computertomographische Messungen durchgeführt, die jetzt entsprechend dendrochronologisch ausgewertet wurden (Abb. 4).

Bei allen vier analysierten Hölzern handelt es sich um Eiche (Quercus sp.). Die Bretter wurden durch meist radiales, in geringem Umfang leicht tangentiales Heraustrennen aus der im Stammquerschnitt innen liegenden, meist härteren und dunkleren Zone, dem Kernholz, gefertigt. Eindeutige Reste des äußeren, hellen Splintholzes konnten nicht erkannt werden.

Während der dendrochronologischen Analysen stellte sich heraus, dass die Auflösung der damaligen CT-Messungen für das partiell sehr engringige Brett 2 nicht ausreicht, um eine zweifelsfreie Ausmessung des gesamten Jahrringmusters zu gewährleisten. Zudem zeigte sich, dass für Brett 4 die Anzahl von nur 35 messbaren Jahrringen zu gering für eine dendrochronologische Altersbestimmung ist.

Bei den Brettern 1 und 3 ließen sowohl die Auflösung der CT-Aufnahmen als auch die Anzahl der vorhandenen Jahrringe eine dendrochronologische Altersbestimmung zu. Der letzte an Brett 1 erhaltene Ring datiert auf 1562, der auf Brett 3 hingegen auf 1598. Der Abstand von 35 Jahren zwischen den

Abb. 3
Detail aus dem Gemälde „Die Lesende"

Planung der CT-Messungen (Bild „Lesende“, Reiss Museum, Mannheim)

Abschätzung der Voxelgröße (abhängig von Brettbreite bzw. Diagonale und Abstand der Drehachse von der Röntgenröhre)

Messungen	B = Brettbreite (mm)	Berechnete Voxelgröße (mm) aus B	X = Abstand der Drehachse (mm)	Berechnete Voxelgröße (mm) aus X	zu erwartende Voxelgröße (mm)
Brett 1	150	**0,16**	510	0,135	ca. 0,16
Brett 2	130	**0,14**	370	0,098	ca. 0,14
Brett 3	130	**0,14**	410	0,108	ca. 0,14
Brett 4	110	0,12	505	**0,134**	ca. 0,134
Brett 5	70	0,07	525	**0,139**	ca. 0,139

Der größte Wert der Voxelgröße bestimmt die zu erwartende Voxelgröße!
Es sind fünf Einzelmessungen erforderlich. Die Messungen der Innenbretter (Brett 1, Brett 2, Brett 3) werden im Querformat durchgeführt, die Messungen der Außenbretter (Brett 4, Brett 5)im Hochformat. Die zu erwartende Voxelgröße von 0,14 mm bis 0,16 mm ist, nach Aussage von Herr Friedrich, grenzwertig, könnte aber bei breitringigem Eichenholz ausreichen!

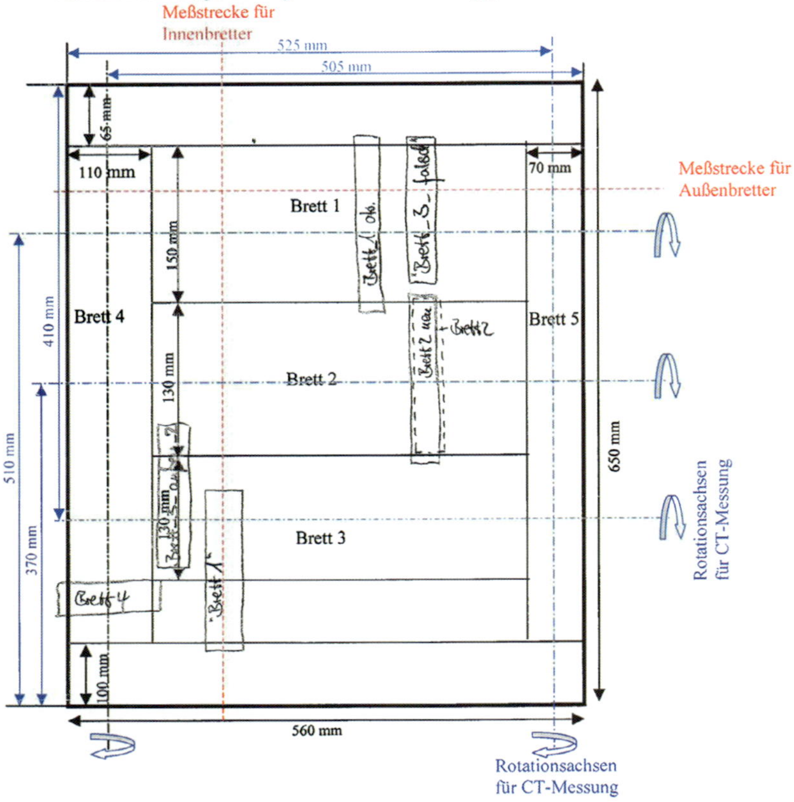

Abb. 4
CT-Messungen am Bild der „Lesenden"
rem

verwendeten Hölzern scheint auf den ersten Blick problematisch, ist aber bedingt durch die bei der Herstellung der Bildtafeln angewandten Verfahren. So ist die wohl aufgrund struktureller und technologischer Kriterien getroffene und sorgfältige Auswahl sowie das entsprechende Zusammenfügen der verschiedenen Bretter durch den Tafelmacher leicht zu erklären. Wie verschiedene dendrochronologische Untersuchungen ergaben, wurde bei Buchenholztafeln (wie sie zum Beispiel Lukas Cranach d. Ä. bevorzugte) oft nur die Rinde vom Holz entfernt.[15] Gemäldetafeln aus Eiche dagegen bestehen meist aus Kernholzbrettern. Bei diesen wurde in der Regel das Splintholz, gelegentlich aber zusätzlich auch Kernholz, abgetrennt. Hierbei kann die Abnahme von einem Zentimeter Brettbreite schon den Verlust von zehn bis 20 Jahrringen bedeuten.[16] Für die zeitliche Einordnung des jeweiligen Bildes ist daher der jüngste erhaltene Ring von Bedeutung. Eine Bestimmung des exakten Fälldatums ist jedoch mit diesem allein nicht möglich. Durch die Addition einer aus statistischen Erhebungen abgeleiteten Mindestanzahl an (ehemals vorhandenen) Splintholzjahren wird nur ein frühestmögliches Fälldatum erreicht. Für die „Lesende“ kann dieses mit „um oder nach 1618“ angegeben werden, womit der Rahmen zum jüngeren offen bleibt.

Eine weitere Unsicherheit liegt noch in der Zeitspanne zwischen der Fällung eines Baumes und der Verwendung seines Holzes. Für Eichen- und Buchenholztafeln aus dem 16. und 17. Jahrhundert ergaben sich im Rahmen größerer Untersuchungen Erfahrungswerte für die Lagerzeiten des Holzes bis zur der Bemalung der Tafeln von überwiegend zwei bis acht Jahren.

Geht man davon aus, dass zwischen dem Fällen der Bäume und der Bildentstehung oft nur wenige Jahre vergangen sind, ist damit eindeutig belegt, dass das Holz zu Lebzeiten von Rubens gefällt wurde. Die Bildtafel könnte also sogar aus einer Hochphase seines künstlerischen Schaffens stammen. Alter und Tafel betreffend ist „Die Lesende“ vergleichbar mit dem „Bildnis der Isabella Brant“, dem Bild von Rubens‘ erster Gemahlin, das sich in der Berliner Gemäldegalerie befindet.[17] Es stand ebenfalls bereits im Fokus entsprechender Untersuchungen, wobei für dessen Eichenholzbretter als frühestes mögliches Fälldatum 1618 errechnet wurde. Ähnlich wie bei der „Lesenden" ist die Bildtafel aus mehreren Holzbrettern zusammengesetzt, jedoch noch weitaus ungewöhnlicher, als dies bei dem Gemälde in den Reiss-Engelhorn-Museen der Fall ist. Es beweist nochmals, dass derlei Anstückungen gerade bei Rubens durchaus nicht unüblich waren und oft von den Tafelmachern je nach gewünschtem Format gefertigt wurden.

1615 hatte Rubens (Abb. 5) in Antwerpen sein fertiggestelltes Domizil am Wapper, das noch heute existierende Rubenshaus, mit seiner Ehefrau Isabella Brant bezogen. Das großzügige Anwesen umfasste Garten, Wohn- und Ateliertrakt. Die umfangreiche Werkstatt diente Rubens, seit 1609 als Hofmaler von Erzherzog Albert, dem Statthalter der Südlichen Niederlande, und seiner Gemahlin Isabella, als florierende Produktionsstätte seiner Werke, aber auch als Ausbildungsstätte für seine Schüler und Gehilfen. 1616 trat der 17-jährige van Dyck als Schüler und Gehilfe in die Werkstatt ein. Zwischen 1615 und 1620 entstanden neben Rubens' eigenständigen Werken auch zahlreiche Gemeinschaftsarbeiten mit Jan Brueghel d. Ä. (1568-1625) und dem Stillleben- und Tiermaler Frans Snyders (1579-1657). Dies war eine äußerst fruchtbare künstlerische Zeit in Flandern, während seit 1618 zeitgleich der Dreißigjährige Krieg tobte.

Im Fall der „Lesenden" liefert die dendrochronologische Untersuchung neben Angaben zur zeitlichen Einordnung noch eine weitere wichtige Information. Der Vergleich der Jahrringmuster der beiden datierbaren Bretter 1 und 3 zeigt die höchsten Übereinstimmungen mit den Chronologien von Tomasz Ważny für den Nordosten Polens, speziell für Ostpommern. Folglich dürfte das Holz für diese beiden Bretter dem Holzhandel aus dem Hinterland von Danzig entstammen und dementsprechend die Weichsel abwärts transportiert und in die Niederlande verbracht worden sein. Dies verwundert nicht, da verschiedene dendrochronologische Studien belegen, dass von den niederländischen Tafelmachern für die Herstellung von hölzernen Bildträgern, wie sie von Rubens, aber auch anderen Malern des 17. Jahrhunderts (zum Beispiel P. Brueghel d. J. 1564-1638) verwendet wurden, neben westeuropäischem Holz (aus Westdeutschland, Ostbelgien oder Nordostfrankreich) auch Eichenholz baltischer Herkunft genutzt wurde. Anfang des 17. Jahrhunderts war Antwerpen eine der wichtigsten Produktionsstätten von Gemälden in Europa. Die Tafelmacher versuchten, ihre Arbeit unter anderem durch die Spezialisierung der Produktionsstufen zwischen und innerhalb der Werkstätten zu rationalisieren, um ihre Produktion zu erhöhen. Trotz sparsamen Einsatzes des Rohstoffes Holz, der Verwendung von Brettern geringerer Qualität und der Rationalisierung der Produktion gelang es den Herstellern laut den schriftlichen Quellen nicht, der steigenden Nachfrage nach Bildtafeln nachzukommen.[18]

Angesichts der Tatsache, dass die meisten Werke von Rubens nicht datiert sind und mitunter eine äußert komplexe Entstehungsgeschichte aufweisen können, besitzt somit die dendrochronologische Datierung von Bildtafeln bei Rubens nochmals eine ganz besondere Bedeutung. Durch den frühesten möglichen Zeitpunkt für die Holzfällung – in unserem Fall 1618 – ergibt sich ein wichtiger Anhaltspunkt für die Bildentstehung. Ferner ermöglicht diese Untersuchungsmethode auch eine Berichtigung der Entstehungszeit von Gemälden, die bislang irrtümlich vor das Fälldatum des Holzes datiert wurden.

Der Mannheimer Rubens: Charakterkopf – Bildnisstudie – Phantasieporträt

„Mein teurer und vielgeliebter Lukas [Lucas Faydherbe (1617-1697), Bildhauer und ehemaliger Schüler von Rubens]

ich hoffe, dass Euch diese Zeilen noch in Antwerpen erreichen werden, denn ich brauche dringend die Tafel, auf der von meiner Hand drei Köpfe in natürlicher Größe gemalt sind, nämlich ein zorniger Soldat mit einer schwarzen Mütze auf dem Kopf, und zwei weinende Männer. Ihr werdet mir eine große Freude machen, wenn Ihr mir diese Tafel schicken oder, falls Ihr schon auf dem Sprung uns zu besuchen seid, bringen wolltet. Es wird gut sein, wenn Ihr die Tafel mit zwei Holzbrettern bedecken werdet, damit

Abb. 5
G. Eichler
Porträtminatur von
Peter Paul Rubens
Gipsrelief
Plastische Kunstanstalt
Berlin

man sie unterwegs nicht sehen kann [...]
Euer liebender Freund, Peter Paul Rubens"[19]

Mit dieser ursprünglich in Flämisch verfassten Notiz bat Rubens von seinem Landsitz Schloss Steen aus seinen damaligen Schüler um Unterstützung. Dieser kümmerte sich während der Abwesenheit des Meisters um dessen Haus und Garten in Antwerpen. Bei der Bildtafel mit den drei Köpfen in natürlicher Größe von Rubens' Hand ist, ähnlich wie bei der Holztafel der „Lesenden", eine Charakterstudie in Öl gemeint, die er während seines Aufenthalts auf seinem Landsitz für einen Werkprozess aus seinem Atelier benötigte. Der zornige Soldat und die beiden weinenden Männer gingen letztendlich in einer größeren Komposition von ihm auf, bei der der Streit zwischen betrunkenen Landsknechten und Bauern dargestellt ist.[20]

Interessant ist dabei, inwieweit Rubens von der Praxis Gebrauch machte, auf Kopfstudien im Zusammenhang mit späteren Gemälden zurückzugreifen. Während seines Aufenthalts in Italien (1600-1608) dürfte er diese Methode ausreichend kennengelernt haben. Aufgrund ihres vorbereitenden Charakters für eine spätere Ausführung ist ihre künstlerische Bedeutung keineswegs zu unterschätzen. Charakterstudien wie diese mit ganz typischen Physiognomien dienten ihm häufig zu einer ersten Bildidee in kompositioneller wie farblicher Hinsicht. Wünschte Rubens auf einem seiner Gemälde einen bestimmten Charakter darzustellen, konnte er gegebenenfalls in seiner Werkstatt bereits auf eine entsprechende Vorlage zurückgreifen. Nachdem die Komposition eines Bildes feststand, fügte er die Vorlage entsprechend ein und ging anschließend an die Ausarbeitung.[21] Insofern waren diese Charakterköpfe für seinen eigenen Gebrauch bestimmt und ermöglichten zugleich ein effizienteres Arbeiten. Mitunter konnten die Charakterstudien auch dem Auftraggeber eines Gemäldes eine erste Vorstellung vermitteln und ihm bereits Gelegenheit zu Änderungswünschen geben. Bei der Übertragung auf das große Format waren oft alle Mitarbeiter des Malers in seiner Werkstatt beteiligt. Überarbeitungen und Veränderungen nahm der Meister jedoch selbst vor.[22] Insofern vollzog sich die Umsetzung einer Bildidee bei Rubens oft nach demselben Prinzip: Die Basis bestand in einer ersten flüchtigen Kompositionsskizze auf Papier. Im Anschluss folgten differenziertere Ölskizzen, zum Beispiel zu den einzelnen Figuren, oder er griff, wie erwähnt, auf bereits vorhandene Charakterstudien zurück.

Die Anzahl dieser Charakterstudien muss entsprechend hoch gewesen sein. Noch nach seinem Tod befanden sich in seinem Atelier zahlreiche Vorlagen, die zum Teil von befreundeten Künstlerkollegen übernommen wurden. Sei es aus Bewunderung für den Meister, als Studienmaterial oder auch, um sie als Grundlage für eigene Arbeiten weiter zu verwenden. Dies galt damals keineswegs als unehrenhaft, man denke daran, dass im Nachhinein auch bei van Dyck Bildideen von Rubens in die späteren Werke miteinflossen. Daher ist es durchaus möglich, dass auch die Kopfstudie unserer „Lesenden" auf diesem Weg in das Atelier Jan Boeckhorsts gelangte, wo sie schließlich in der heutigen Komposition Verwendung fand. Zwei vergleichbare Gemälde dieser Art haben in deutschen Sammlungen Bekanntheit erlangt: „Das Mädchen mit dem Spiegel" in den Staatlichen Kunstsammlungen Kassel als Allegorie der Vergänglichkeit und der „Harfe spielende König David" im Städel Museum in Frankfurt am Main.[23] Das Bild der lesenden Frau in den Reiss-Engelhorn-Museen fügt sich mit seiner gewissermaßen vergleichbaren Entstehungsgeschichte in diese Reihe ein.

Der flüchtige Gestus des Körperhaften und die Behandlung des Gewands erinnern deutlich an Boeckhorst, ähnlich wie bei der Darstellung des Königs David im Frankfurter Städel. Selbst die Brosche am linken Ärmel der „Lesenden" ähnelt auffallend den sehr individuell gefassten Edelsteinen der doppelreihigen Kette, die der alttestamentarische König über seinem Hermelinkragen trägt. Die Kopfpartie mit dem im Halbprofil wiedergegebenen Gesicht lässt jedoch auf die Hand von Rubens schließen. Die Farben sind hier lasierend, in mehreren dünnen Schichten aufgetragen und verhelfen damit dem Inkarnat zu seiner durscheinenden Transparenz, wie sie für Rubens typisch ist.[24] Dabei handelt es sich bei der „Lesenden" um einen Frauentypus, wie er sich bei ihm häufiger findet (Abb. 6). Das Doppelkinn sowie das rötlich-braune, geflochtene lange Haar, das am Hinterkopf zu einem perlenverzierten Haarkranz aufgesteckt ist, unterstützen dessen Charakter. Daher ist davon auszugehen, dass es sich bei der Dargestellten um ein bevorzugtes Modell von Rubens (Abb. 7) handelte, von dem sich in der Devonshire Collection in Chatsworth eine sehr ähnliche Zeichnung erhalten hat.[25]

Ausblick

Der Schriftsteller Michael Frayn schreibt in seinem 1999 erschienenen Roman „Das verschollene Bild" zu Beginn des zweiten Kapitels „Was ist zu sehen?" zur Rezeptionsgeschichte einiger Bilder:

„Es gibt einige Gemälde in der Geschichte der Kunst, die sich, genau wie manche Menschen auch, aus der kleinen, engen Welt befreien, in die sie hineingeboren wurden. Sie verlassen das Elternhaus und lösen sich von den Traditionen, die sie geprägt haben und der sie zunächst ihre Bedeutung zu verdanken schienen. Sie wachsen über ihre Zeit, über ihre Umgebung hinaus und erlangen weltweite, unvergängliche Berühmtheit. Sie werden Teil jener gemeinsamen Währung von Namen und Bildern und Geschichten, die für eine ganze Kultur gültig sind. [...] So ist es einer geheimnisvoll lächelnden Toskanerin [Mona Lisa] ergangen und einem vergnügten Holländer [Frans Hals], einem Strauß provenzalischer Sonnenblumen [von Vincent van Gogh] und einem Liebespaar in marmorner Umarmung [Rodin]. Bereits in der Antike ist derlei vorgekommen, beispielsweise im Fall der knidischen Aphrodite von Praxiteles. Aber heute, da Bilder so leicht und präzise vervielfältigt werden können, im Zeitalter des Massentourismus und der allgemeinen Schulbildung, da sich Urlauber und Schülergruppen in den großen Museen der Welt drängen und man ein Gemälde kaufen und auf der Rückseite einen Gruß nach Hause schicken kann für den Preis einer Briefmarke, die man draufklebt, haben einige dieser Bilder noch größere Verbreitung gefunden als je zuvor."

Nun kann man gewiss nicht erwarten, dass „Die Lesende" in der Kunstgeschichte irgendwann einen ähnlichen Stellenwert einnehmen könnte wie die genannten berühmten Bildnisse. Allerdings wäre zu wünschen, dass sich durch die neuerliche Forschung und die dadurch gewonnenen Erkenntnisse ein weiterer interessanter Aspekt für die Rubensrezeption ergibt und dem Bild dadurch die Wertschätzung zukommt, die es verdient. Internationale Beachtung findet die Dame jetzt mit Sicherheit auch auf einer Ausstellungstournee durch China, zunächst von

Abb. 6
Peter Paul Rubens
Hygieia
1614-1615
Öl auf Holz
Fürstliche Sammlung des Hauses Lobkowicz, Schloss Nelahozeves (CZ)

Abb. 7
Peter Paul Rubens
Studienköpfe
Feder, Tinte, schwarze Kreide
Devonshire Collection, Chatsworth

Das Geheimnis eines Bildes

2016 bis 2017, bei der sie zusammen mit weiteren 30 Gemäldehighlights aus den Reiss-Engelhorn-Museen auf bisher vier Stationen gezeigt werden soll.

Zusätzlich ergab sich ein weiterer Hinweis im Zusammenhang mit unserer „Lesenden". In einem 2014 auf ARTE gesendeten Beitrag, betitelt „Unter dem Hammer der Nazis", über Nazi-Kunstraub wurden in einer Bildsequenz mehre Kunstwerke gezeigt, die sich in einem stillgelegten Stollen befanden (Abb. 8). Dabei tauchte ebenfalls die Profilansicht einer nach unten blickenden Frau in einem üppigen Barockrahmen auf, die unserer „Lesenden" erstaunlich ähnlich sah. Auch wenn das Buch auf dem Bild fehlte und die Frisur von unserer „Lesenden" etwas abwich, handelte es sich eindeutig um eine weitere Fassung und Variante dieses Motivs.

Abb. 8
Screenshot aus einem Beitrag des Senders ARTE zu Nazi-Raubkunst am 22. Dezember 2014

1 Artikel im Mannheimer Morgen, 10.12.2009.

2 Krock, Andreas: Der „Mannheimer Rubens" – mehr Licht im Dunkel eines Bildes. In: Mannheimer Geschichtsblätter – Neue Folge. 2004. Bd. 11, S. 243-253.

3 Alfried Wieczorek, Hans Jürgen Buderer (Hrsg.): meisterhaft - von Cranach d. Ä. bis Kobell, Mannheim 2011, S.122.

4 Sölter, Ulf: Anton von Klein und seine kunstgeschichtliche Lehrsammlung im Zeitalter der Aufklärung. Kat. Ausst. Mannheim 2007.

5 Sölter, wie Anm. 4, S. 112.

6 Tenner, Helmut: Mannheimer Kunstsammler und Kunsthändler bis zur Mitte des 19. Jahrhunderts, Heidelberg 1966, S. 28-35.

7 Tenner, wie Anm. 6, S. 30.

8 Sölter, wie Anm. 4, dort Anm. 231.

9 Sölter, wie Anm. 4, dort Anm. 305.

10 Sölter, wie Anm. 4, dort Anm. 232.

11 Gutachten des Dendrochronologischen Labors am Klaus-Tschira-Archäometriezentrum des Curt-Engelhorn-Zentrums Archäometrie Mannheim vom 09.06.2015, Labor-Nr. MAD 190-193.

12 Von Sonnenburg, Hubert: Rubens' Bildaufbau und Technik, in: Maltechnik/Restauro 2, 1979, S. 77-100. – Bauch, Josef/Eckstein, Dieter/Brauner, Gisela: Dendrochronologische Untersuchungen an Eichenholztafeln von Rubens-Gemälden, in: Jahrbuch der Berliner Museen, Bd. 20, Berlin 1978, S. 209-221.

13 Jahrbuch der Berliner Museen, wie Anm. 12, S. 210.

14 Glück, Gustav: Rubens, Van Dyck und ihr Kreis, Wien 1933, S. 391.

15 Klein, Peter: Dendrochronologische Untersuchungen an Gemäldetafeln und Musikinstrumenten. Dendrochronologia 3, 1985, S. 32.

16 Jahrbuch der Berliner Museen, wie Anm. 12, S. 216.

17 Jahrbuch Berliner Museen. wie Anm. 12, S. 212, 213.

18 Fraiture, Pascale/Dubois, Hélène: Dendrochronological and technical examination of painting supports. The case of Rubens's strudio practice, in: Tree rings, Art, Archaeology. Proceedings of an international Conference, Brussels 2011, S. 313-329.

19 Brief vom 17.8.1638, Rubens Briefe CCXX, S. 464, zit. nach Hans Gerhard Evers: Peter Paul Rubens, München 1942.

20 Hubala, Erich: Peter Paul Rubens. Die Gemälde im Städel, Frankfurt am Main 1990.

21 Tieze, Agnes: Fokus auf Peter Paul Rubens und Jan Boeckhorst: König David spielt die Harfe. Kat. Ausst. Frankfurt am Main 2007/08, S. 8.

22 Von Sonnenburg, wie Anm. 12, S. 95.

23 Krock, wie Anm. 2, S. 249; Tieze, wie Anm. 21, Inv. Nr. 1043.

24 Vgl. Fürstliche Sammlung des Hauses Lobkowicz, Schloss Nelahozeves (CZ): „Hygieia", 1614/15, Öl auf Holz.

25 Tieze, wie Anm. 21, Abb. S. 14.

Stephanie Herrmann

Spuren einer Reise – Das Graffito von Jakob August Lorent in der Sargkammer des Sennefer

Jakob August Lorent, der am 12. Dezember 1813 in Charleston im US-Bundesstaat South Carolina geboren wurde, einen Großteil seines Lebens jedoch in Mannheim verbrachte, zählt heute zu den Pionieren der Fotografie und war Zeit seines Lebens ein abenteuerlustiger Reisender. Ausgerüstet mit seiner Kamera durchstreifte er ferne Länder, stets getrieben von seinem Bestreben, mit seinen Fotografien „in ungeschmückter Wahrheit die Eindrücke vergänglicher Erscheinungen fest[zu]halten".[1]

Finanzieren konnte Lorent seine Reiseleidenschaft dank der soliden Vermögensverhältnisse seines Pflegevaters Jakob Eberhard August Steinmetz, mit dem er im Oktober 1818 als Fünfjähriger zusammen mit Mutter und Schwester von Nordamerika nach Mannheim übersiedelte. Bereits seine erste Reise durch Ägypten, zu der er nach seinem naturwissenschaftlichen Studium an der Universität Heidelberg im Herbst 1842 im Alter von 29 Jahren aufbrach, absolvierte Lorent als sorgloser Privatgelehrter und Privatier. Sie führte über Konstantinopel, Ägypten, Syrien und Mesopotamien bis nach Armenien. Gerade die beiden letzten Länder waren touristisch noch weiße Flecken auf der Landkarte, deren Erkundung Lorent umso mehr reizte. Seinem persönlichen Steckenpferd folgend – er ist 1833 Gründungsmitglied des noch heute bestehenden Mannheimer Vereins für Naturkunde gewesen – botanisierte er hier ausgiebig und brachte hunderte Pflanzenarten zur weiteren Bestimmung mit in die Heimat.[2] Doch unterstellte er seine erste Fernreise gen Osten nicht primär naturhistorischen Zwecken, vielmehr war seine Absicht, „nur im Allgemeinen den Orient, gewiß das interessanteste Land auf dem Erdenrunde kennen zu lernen".[3]

Die Sehnsucht nach dem Morgenland als verheißungsvollem Kontrapunkt zum mehr und mehr zivilisationsmüde gewordenen Abendland erfuhr im Kulturpessimismus des 19. Jahrhunderts einen neuen Aufschwung. Der Orient wurde einmal mehr zur exotisch verklärten Projektionsfläche eurozentrischer Ästhetisierung und Phantasterei. Wer es sich finanziell erlauben konnte, nahm eine Auszeit vom großbürgerlichen Alltag und erkundete die orientalische Pracht mit eigenen Augen. Dafür wurden selbst all jene Strapazen in Kauf genommen, die zu Beginn der touristischen Erschließung dieser Regionen noch mit dem Reisen einhergingen. Bereits eine exemplarisch ausgewählte Episode aus Lorents nach seiner Rückkehr veröffentlichtem Reisebericht lässt etwas von den Beschwerlichkeiten erahnen, die ihm während seiner Reise widerfahren sind.[4] So ließ der Komfort auf der kleinen, von Pferden gezogenen Postbarke, auf der Lorent den Mahmudie-Kanal, der seit 1820 den Hafen von Alexandrien mit dem Nil verband, befuhr, noch mehr als zu wünschen übrig. Wolken von Moskitoschwärmen verhinderten in der Nacht jeglichen Schlaf und ließen den übermüdeten Passagieren nichts anderes übrig, als „mit dem Fliegenwedel fechtend den Morgen zu erwarten; [...]".[5] Zu allem Überfluss vernichtete unter Deck eine Meute ausgehungerter Ratten und Mäuse sämtlichen für die Reisegäste vorgesehenen Proviant, was die Stimmung an Bord zusätzlich schmälerte. An Land waren die Reiseumstände kaum besser. Als Unterkünfte standen Lorent oft nur die so genannten Karawansereien zur Verfügung, jene ummauerten Übernachtungsstationen entlang der Handelsstraßen, die zwar seit jeher Reisenden Schutz boten und günstig waren, allerdings weder mit Möbeln noch sonstigen Bequemlichkeiten aufwarteten.[6]

Lorents erste Station in Ägypten war Kairo, von wo aus er in den letzten Oktobertagen des Jahres 1842 zu einer der obligatorischen Nilschifffahrten aufbrach. Der Zeitpunkt war mit Bedacht gewählt, die Monate Oktober und November boten sich dank der günstigen Windverhältnisse für die Passage stromaufwärts besonders an. Entlang der Uferseiten reihen sich die zahlreichen Sehenswürdigkeiten Altägyptens aneinander, von denen die Tempel und Grabanlagen in Theben zweifelsfrei zu den bedeutendsten zählen. Wie nachhaltig und prägend auch Lorent seinen Besuch in der alten Haupt- und Residenzstadt empfunden hat, spiegelt sich nicht zuletzt in den besonders ausführlich geratenen Kapiteln seines Reiseberichts wider. Aber selbst ohne dieses schriftliche Zeugnis hätte er seinen Aufenthalt in der thebanischen Gräberwelt nicht leugnen können. Das Corpus Delicti seiner Anwesenheit prangt bis heute und für alle nachfolgenden Generationen sichtbar an der Decke des Sennefer-Grabes, genauer gesagt der der Sargkammer.

Sennefer war unter der 18. Dynastie Bürgermeister von Theben. Sein Grab unterscheidet sich von anderen Privatgräbern aus dieser Dynastie vor allem durch die vollständige Ausschmückung sämtlicher Räume mit einem außergewöhnlich kunstvollen Dekorationsprogramm. Die für die Ausmalung der Decke beauftragten Künstler nutzten die bauliche Unzulänglichkeit der unebenen Decke in einzigartiger Weise, um den Raum und das Gewölbe teils in eine wuchernde Weinlaube, teils in ein mit bunten, geometrisch gemusterten Stoffen bedecktes Zelt von illusionistisch-dreidimensionaler Wirkung zu verwandeln.[7] Die insgesamt vier verwendeten Stoffmuster werden vom östlichen Eingang ausgehend durch ockerfarbige, Holzbalken imitierende Bänder unterteilt. Drei Balken enthalten Hieroglyphen, auf dem vierten erstrahlt in großen schwarzen Lettern der an dieser Stelle mehr als überraschende Schriftzug „Lorent 1842" (Abb. 1a und 1b).

Die Urheberschaft Lorents kann angesichts der Eindeutigkeit dieses Beweisstücks wohl kaum angezweifelt werden – selbst wenn er bei der Anbringung seines Namenszuges nicht selber Hand angelegt haben wird, worauf wir an späterer Stelle noch zurückkommen werden. Über das

Abb. 1a (oben)
Sargkammer des Sennefer-Grabes in der Nekropole von Theben
Nachdem das Grab aus der 18. Dynastie anscheinend schon in der Antike besucht wurde, was das Graffito eines gewissen Alexandros belegt, wurde es durch den frühen schottischen Ägyptenforscher Robert Hay im Jahre 1826 wiederentdeckt. Während die Wandmalereien an den Pfeilern und Seitenwänden der Sargkammer dem Grabherren gewidmet sind, zieren die Decke neben den für das Grab typischen Weinlaubranken vier verschiedene geometrische Muster. Dass die unterirdische Sargkammer weitgehend unzerstört blieb, verdankt sie wahrscheinlich ihrer Lage in der Tiefe der Felsen.

Abb. 1b (unten)
Detail des geometrischen Dekorationsprogramms an der Decke der Sargkammer des Sennefer-Grabes
Gut sichtbar ist bis heute das Graffito von Jakob August Lorent, das von seinem Besuch im Jahre 1842 stammt und mit schwarzem Ruß eingebrannt wurde.
Die Abbildungen zeigen das Innere der originalgetreuen Nachbildung im Rahmen der Ausstellung „Ägypten. Land der Unsterblichkeit" in den Reiss-Engelhorn-Museen Mannheim.

Fotos: rem, Carolin Breckle/Lina Kaluza

Stephanie Herrmann

Motiv, das ihn seinerzeit dazu getrieben hat, seinen Namen an solch prominenter Stelle zu hinterlassen, können wir heute nur spekulieren. Wir dürfen aber mit einiger Wahrscheinlichkeit annehmen, dass wir uns dem Resultat eines spontanen Aktes gegenübersehen, ausgelöst durch die übermannende Wirkung dieses einzigartigen Ortes. Schließlich fällt es einem noch heute nicht schwer, sich vorzustellen, wie überwältigend es für den jungen Ägyptenneuling Lorent gewesen sein muss, als er mit der Pechfackel in der Hand die dunkle unterirdische Sargkammer betrat und jede seiner Bewegungen neue faszinierende Bilder im Licht aufflackern ließ. Er selber bewertet in seinem Reisebericht diesen Grabbesuch als den beschwerlichsten, aber zugleich lohnendsten. Denn obwohl das Atmen in den engen, staubigen Gängen schwerfiel, war „die Überraschung [...] noch größer als die Mühe, wenn man in das erste Zimmer hinabgekommen, Licht macht".[8] Dass der Besuch der thebanischen Königsgräber selbst gestandene Archäologen nachhaltig beeindruckte, zeigen auch die niedergeschriebenen Erinnerungen von Emil Brugsch (1842-1930) in dem Fremdenbuch von Richard Lepsius: „Die Gefühle zu beschreiben, die mich ergriffen, als ich zum ersten Mal in den 13 Meter tiefen Schacht herunter gelassen wurde [...] waren so überwältigender Art, daß ich dafür keine Worte finden kann. Es sind dies Ereignisse, die man selbst erlebt haben muss und deren Erinnerungen unauslöschlich im Gedächtnis bleiben".[9] Der tiefempfundene Wunsch, das individuelle Erleben eines solch erhebenden Momentes auch für die Nachwelt zu dokumentieren, ist angesichts dieser emotionalen Ausnahmesituation und des starken Stimulus dieses magischen Ortes nur allzu menschlich.

Geritzt, gemalt, gebrannt: Inschriften und Graffiti als individuelle Zeugnisse des Reisens

Bezogen auf Lorents Namenszug in der Sargkammer des Sennefer ist es hilfreich, einen generellen Blick auf die kulturgeschichtliche Entwicklung dieser ganz besonderen Art individueller Selbstdarstellung zu werfen.

Die Forschung ist auf dem Gebiet historischer Graffiti in den letzten Jahren enorm vorangeschritten. Sie unterscheidet zwischen den Begriffen „Inschrift" und „Graffito" – so die Einzahl. Während Ersterer recht weitgefasst ist, erweist sich Letzterer besonders durch seine Motivation und Ausführung als eine spezielle Form der Inschrift. Denn in Abgrenzung zu sorgfältigen, teilweise kunstvoll gestalteten Inschriften handelt es sich bei den Graffiti um „Aufzeichnungen persönlicher und spontaner Mitteilungen, im allgemeinen veranlaßt durch eine augenblickliche Situation, geschrieben mit irgendeinem beliebigen Instrument [...] auf ein zufälliges und zum Schreiben nicht vorgesehenes Material unter Verwendung der Gebrauchsschrift.[10] Unkonventionalität und Spontaneität sind demnach wesentliche Merkmale von Graffiti, improvisierte, schnell auf dem Untergrund anzubringende Schreibtechniken wie Ritzen, Malen oder Brennen sind weitere mögliche Kennzeichen. Da die Grenze zwischen Inschriften und Graffiti jedoch selbst in den wissenschaftlichen Disziplinen nicht trennscharf gehandhabt wird und werden kann[11] und beide Bezeichnungen mitunter synonym verwendet werden, soll auch in diesem Beitrag von einer starren Unterteilung abgesehen werden.

Soziale und kulturelle Orte von außergewöhnlicher Bedeutung boten sich seit jeher für Graffiti als Form persönlicher Botschaften besonders an. Prominente Beispiele sind die Graffiti an der Agora in Athen, die pompejanischen Wandkritzeleien, die mittelalterlichen Runeninschriften an den Landungsbrücken in Bergen oder der Hagia Sophia in Istanbul, die Pilgerinschriften an den Kirchen und in den Katakomben von Rom oder Jerusalem, die Inschriften im Londoner Tower oder im Verlies der Inquisition in Palermo, ferner die studentischen Wandinschriften in den Karzern der europäischen Universitäten und schließlich die Gefangenengraffiti in den Gefängnissen der letzten beiden Weltkriege bis hin zu den Spuren des so genannten „I-was-here"-Syndrom unserer Tage, das als subkulturelles Phänomen überall im öffentlichen Raum auf Wänden in Erscheinung tritt und bereits seit den 1960er Jahren von der Soziologie und anderen wissenschaftlichen Disziplinen als lohnenswertes Forschungsthema entdeckt wurde.[12] Zu allen Zeiten waren und sind Graffiti auf bedeutenden Bauwerken und an exponierten Orten hinterlassen worden und bis heute zu finden, lediglich die Inhalte variieren je nach Entstehungszeit und Intention ihrer Produzenten.[13]

Schon bald nach der Entstehung der Schriftkultur in Griechenland ist auch für Ägypten der Typus so genannter Erinnerungsgraffiti belegt. Die an den Beinen der Kolossalstatuen im Tempel von Abu Simbel um 590 v. Chr. von griechischen Söldnern

Abb. 2
Ein Soldat der Ägyptenexpedition Napoleons ritzt voller Erobererstolz „Route de Paris" in eine Tempelmauer.
Horace Vernet
Um 1832
Bereits wenige Monate nachdem in Paris im August 1839 die Erfindung der Fotografie durch den Franzosen Jacques Louis Mandé Daguerre offiziell verkündet worden war, fertigte Horace Vernet in Ägypten erste Daguerreotypien an. Seine Aufnahmen haben sich nicht erhalten, dafür hat er als Maler ein großes Oeuvre hinterlassen.
Als Bonapartist spezialisierte er sich auf Sujets, die die Napoleonische Ära glorifizieren. Dabei verzichtete er zum Teil auf eine idealisierende Darstellung der Soldaten zugunsten einer mehr populären, ungezwungeneren Charakterisierung. Die im Zuge der neuen Napoleon-Begeisterung 1832 erschienene „Histoire de Napoléon" wurde unter anderem mit dieser Abbildung Vernets illustriert.

angebrachten Inschriften zählen zu den ältesten ihrer Art.[14] In gleicher Tradition steht das stereotype „hic fuit", das römische Legionäre als schlichte Meldung des Dagewesenseins an eben jener Stelle so zahlreich hinterlassen haben. Im 18. Jahrhundert setzten die Soldaten der Napoleonischen Armeen voller Erobererstolz ihre Namen und Inschriften auf die Pyramiden, Tempel und Statuen entlang der Route ihres Ägyptenfeldzuges (Abb. 2). Einen erneuten Aufschwung erfuhren die Erinnerungsgraffiti im Zuge einer sich rasch ausbreitenden zivilen Reisekultur. Von den spätmittelalterlichen Adelsreisen seit dem 14. Jahrhundert rühren zahlreiche inschriftliche und heraldische Zeugnisse an der Cheopspyramide und den Mauern der Wüstenklöster der Heiligen Antonius, Paulus und Macarius, die als damalige südliche Begrenzungspunkte der europäisch-mediterranen Welt und christliche Vorposten in der Einöde von westlichen Reisenden aufgesucht wurden.[15] Schriftliche Quellen berichten seit der Mitte des 16. Jahrhunderts vermehrt von Reisenden, die zur Dokumentation ihres Aufenthalts ihre Namen, Wappenschilder und Reisedaten an den Pyramiden und an anderen altägyptischen Stätten angebracht haben. Spätestens seit den bürgerlichen Bildungsreisen des 17./18. Jahrhunderts scheint das Hinterlassen von Namen und anderen Informationen an exponierten Steinquadern der Pharaonengräber gang und gäbe gewesen zu sein.[16]

Ein bis dahin ungekanntes Ausmaß erreichte die „Graffiti-Tradition" schließlich zu Beginn des 19. Jahrhunderts, als in Folge von Napoleons Ägyptenfeldzug ganz Europa in eine regelrechte Ägyptomanie verfiel und das Land, auch dank der rasanten Verbesserungen im Transportwesen – allen voran dem Aufkommen des überseeischen Dampfschiffsverkehrs mit regelmäßigen Liniendiensten – zu einer der bevorzugten touristischen Destinationen avancierte und für damalige Verhältnisse wahre Ströme des noch jungen Typus des Vergnügungsreisenden anlockte.

Zahlreiche seit der Mitte der 1840er Jahre entstandene Fotografien zeugen bis in die Gegenwart von dem touristischen Graffiti-Boom dieser Zeit. Auf den Aufnahmen der Monumente Altägyptens sind Namen, Jahreszahlen, ja bisweilen ganze Texte deutlich zu erkennen, sie treten teilweise beinahe in Konkurrenz zu den „rechtmäßig" hier angebrachten Hieroglyphen. Waren die Inschriften im Moment der Aufnahme gewissermaßen nur unbeabsichtigtes Beiwerk, so bilden diese Fotografien im Kontext der Graffitiforschung heute eine ergiebige bilddokumentarische Forschungsquelle.[17, 18] Besonders leicht zugängliche und exponierte Wandflächen waren von Inschriften oftmals geradezu übersät (Abb. 3a bis 3e). Unter den Namen finden sich neben allerhand unbekannten auch jene von größter Prominenz. So lesen wir noch heute an den Kolossalfiguren vor dem großen Tempel Ramses' II. in Abu Simbel neben dem Namenszug des Erbauers des Sues-Kanals Ferdinand de Lesseps (1805-1894) (Abb. 3c) auch jenen Herzogs Max in Bayern (1808-1888) (Abb. 3b), der es sich während einer Nilfahrt im Laufe seiner Orientreise ebenfalls nicht nehmen ließ, seinen Namen samt Datum (29/3 1838), ergänzt durch seinen herzoglichen Kurhut, für alle nachfolgenden Generationen sichtbar im Brustbereich einer Staue nördlich des Eingangs zu verewigen.[19]

Wie eingangs erwähnt, variierten die Techniken der Anbringung von Meißeln, Ritzen, Schneiden bis zu Malen und Einbrennen. Letzteres war vor allem in unterirdischen Grabkammern und Tempelräumen gebräuchlich, wo die Besucher als Lichtquelle und

Abb. 3a
Kolossalstatuen vor dem großen Tempel Ramses' II., Abu Simbel
Pascal Sébah
Um 1875
Unter Ramses II. verlief nahe des zweiten Nilkataraktes die südliche Grenze des Pharaonenreiches. Die dort errichteten Tempelanlagen von Abu Simbel sollten die Macht und ewige Überlegenheit Ägyptens über das tributpflichtige Nubien demonstrieren.
Vor allem die beiden nördlichen Kolossalstatuen der Eingangswand sind mit zahlreichen Inschriften und Graffiti von Reisenden übersät, was hauptsächlich dem Umstand geschuldet war, dass die Aufschüttungen von Flugsand die Tempelfiguren bis in Höhe des Brustbereiches leicht zugänglich machten. Erst 1909 war die Fassade des Großen Tempels vollständig vom Sand befreit.

Abb. 3b
Der Brustbereich der Statue mit dem Graffito von Herzog Max in Bayern
Herzog Max besuchte während seiner Orientreise Abu Simbel, wo er an einer der beiden nördlichen Kolossalfiguren seinen Namenszug samt Datum und Kurhut hinterließ. In seinem Reisebericht „Wanderungen nach dem Orient im Jahre 1838" erwähnt er diese Inschrift nicht explizit, vielmehr schildert er, wie er bei seinem Besuch des zweiten Nilkatarakts seinen Namen als bleibende Erinnerung in einen mächtigen Sandsteinfelsen oberhalb der Flussbarriere einmeißeln ließ.

Abb. 3c
Bereich rechts nebem dem Kopf der Statue mit unter anderem dem Graffito von Ferdinand de Lesseps an der Tempelfassade von Abu Simbel
Auch der Erbauer des Sues-Kanals ließ sich neben einer der Kolossalstatuen von Abu Simbel namentlich verewigen.

rem/Sammlung Wilhelm Reiss

Abb. 3d (oben)
Fassade des Hathor-Tempels zur Erinnerung an Nefertari in Abu Simbel
Pascal Sébah
Um 1875
Die Statuen zeigen Ramses II. und seine Gattin Nefertari als Hathor.

Abb. 3e (unten)
Detail mit zahlreichen Graffiti im Sockelbereich der Tempelstatuen am Hathor-Tempel
Wie schon am Großen Tempel in Abu Simbel haben auch an dem so genannten Kleinen Tempel, den Ramses II. für seine Frau Nefertari erbauen ließ, zahlreiche Reisende ihren Namen und teilweise das Reisedatum in die leicht zugänglichen Sockelquader gemeißelt beziehungsweise meißeln lassen. Neben ausgeschriebenen Namen wurden oftmals nur die Initialen hinterlassen, so dass man heute angesichts der Vielzahl der Reisenden nur selten die Chance hat, diese bestimmten Personen zuzuordnen.

rem/Sammlung Wilhelm Reiss

zur Abwehr von Fledermäusen Pechfackeln mit sich trugen. Im Allgemeinen überwog jedoch die Methode, Namen und Nachrichten tief und somit besonders dauerhaft in das Mauerwerk einzumeißeln. Die handwerkliche Umsetzung lag dabei in aller Regel nicht in den Händen der Reisenden selber, sondern wurde für ein entsprechendes Entgelt ganz oder hilfsweise von Einheimischen ausgeführt. So können wir davon ausgehen, dass auch Jakob August Lorent seinen Namenszug im Sennefer-Grab nicht eigenhändig mit dem Russ seiner Fackel oder Öllampe an der Decke eingebrannt hat. Das wäre alleine schon mit Blick auf die Entourage an einheimischen Führern und Trägern, die ihn wegen des Transports seiner schweren und umfangreichen Fotoausrüstung begleitet haben muss, unnötig gewesen. Wir dürfen aber annehmen, dass er sein Namensgraffito in Auftrag gegeben hat.

Auch Sir Thomas Lipton (1850-1931) hatte die Hilfe eines einheimischen Fellachen in Anspruch genommen, als er auf dem Rückweg seiner Orientreise 1882 am Eingang zur Großen Pyramide in Gizeh in unübersehbaren Lettern LIPTON SCOTLAND in die Quader graben ließ.[20] Für den erfolgreichen schottischen Unternehmer und Teehändler war die Verewigung seines Namens und seiner familiären Wurzeln an solch exponierter Stelle Ehrensache und anscheinend von ganz beson-

Stephanie Herrmann

derem Erinnerungswert. Während er in seiner Autobiographie die besagte Orientreise als solche mit keinem Wort erwähnt, findet das Ereignis der Inschriftensetzung sehr wohl seine gebührende Würdigung. Noch mehr hat es ihn allem Anschein nach gefreut, dass sein Schriftzug noch Jahre später für ein wenig Furore sorgte. Amüsiert schildert er in seinen Lebenserinnerungen die Anekdote, nach der der kürzlich von einer Ägyptenreise heimgekehrte presbyterianische Pfarrer von Liptons Heimatgemeinde in seiner Sonntagspredigt auf die scheinbar bis in das pharaonische Zeitalter zurückreichende Ahnenreihe des berühmten Gemeindemitglieds hinwies, da dessen Name schon auf den großen Quadern der Sphinx eingraviert stünde.[21] Es muss an dieser Stelle offen bleiben, ob der Geistliche in seiner Erinnerung die Anbringungsorte verwechselt hat – schließlich steht die Große Pyramide in unmittelbarer Nähe zur Sphinx –, oder ob Thomas Lipton gleich an beiden Monumenten seinen Namen hat eingravieren lassen (Abb. 4a und 4b).

Letzteres wäre durchaus denkbar, denn es war nicht unüblich, dass sich Reisende gleich an mehreren Bauwerken verewigten. Zu jenen, denen die in Stein gemeißelte Dokumentation ihrer Reisetätigkeit ein scheinbar elementares Anliegen war, zählt ohne Zweifel der wegen seines schillernden Lebenswandels und der Autorenschaft abenteuerlicher Reiseberichte schon zu Lebzeiten als Dandy und Draufgänger berühmte Fürst Hermann von Pückler-Muskau (1785-1871). Als er 1837/38 auf dem Weg von Algerien in den Sudan auch Ägypten bereiste, hinterließ er an nicht weniger als elf antiken Stätten Graffiti seines Namens, davon vier alleine in Theben, wo sich seine Inschriften auf den Tempelmauern in Karnak und Luxor, dem Ramesseum und im Tal der Könige wiederfinden.[22] Diese Tatsache könnte ungeachtet weiterer Fragestellungen so stehen bleiben, enthielte der von Pückler-Muskau über seinen Ägyptenaufenthalt verfasste Reisebericht nicht überraschenderweise Aussagen, die zumindest in Ansätzen ein durchaus ambivalentes Verhältnis zur Graffiti-Tradition erkennen lassen. Auf der einen Seite attestiert er den Inschriften als monumentalen Zeugnissen ehrenvoller Erinnerung und nationalen Stolzes eine gewisse geschichtliche Daseinsberechtigung, denen manches Mal lediglich eine kunstvollere Ausführung zu wünschen gewesen wäre, wie etwa den Inschriften auf der Wandfläche an der Pforte zum Isis-Tempel auf Philae, auf die er ausführlich eingeht: „In der Pforte, [...] ließen die Chefs der französischen Expedition, so wie die Gelehrten, welche sie begleiteten, eine lange Inschrift auf die linke, von Hieroglyphen freie Wand eingraben, und ein späterer Reisender dieser Nation hat alle andere neueren Inschriften daneben vertilgen, die Wand glätten und mit schwarzer Farbe darüber schreiben lassen: 'Une page de

Abb. 4a (rechts)
Touristen und einheimische Führer sitzen vor dem Eingang zur Cheopspyramide.
Abdullah Frères
Um 1875

Abb. 4b (links)
Detail mit dem Graffito von Sir Thomas Lipton am Eingang zur Cheopspyramide
Für die Verewigung seines Namens in Ägypten hätte der erfolgreiche Unternehmer Lipton kaum eine exponiertere Stelle als die glatt behauenen Steinquader am Eingang zur Cheopspyramide wählen können. Er selber gibt später in seinem autobiographischen Reisebericht zu Papier, dass er in dieser Zeit seiner aufstrebenden Geschäftsexpansion wohl selbst nicht davor zurückgeschreckt wäre, die Pyramiden von Gizeh als Werbeflächen anzumieten.

rem/Sammlung Wilhelm Reiss

l'histoire ne doit pas rester barbouillée par des noms insignifiants.' [...] Man hat indes die Anordnung respektiert, zu wünschen bliebe nur übrig, daß die Charaktere der eingemeißelten Namen der französischen Generale und Gelehrten, eben jene 'page de l'histoire', von einer geschickteren Hand ausgeführt worden wären, da solche, Gänsepfoten mehr ähnliche Buchstaben, den kunstreichen Hieroglyphen und Bildern der Alten grade gegenüberstehend, einen Begriff von Barbarei hervorrufen, der mit dem hochtrabenden Inhalt der Inschrift zu komisch kontrastiert, um nicht ein unwillkürliches Lächeln zu erregen."[23] Auf der anderen Seite verurteilt er das Gebaren vieler Reisegenossen als „unverantwortliche Barbarei", etwa wenn nach gängiger Praxis ganze Wände, Pfeiler und Figuren abgeschlagen und aus den Gräbern Thebens entfernt wurden. Dabei richtet er seine generelle Kritik am Raubbau an der Kunst auch gegen die vielen Inschriftensetzer, vor allem, wenn diese „die reizendsten Gestalten wählte[n], um quer durch sie hindurch einen vermaledeiten Namen einzumeißeln, der mit schamloser Brutalität sich hier selbst an den Pranger stellt".[24] Mit dem Wissen um diesen inneren Zwiespalt wundert es nicht, dass Pückler-Muskau die Rechtfertigung seiner eigenen Graffiti deutlich schwerer fällt, ihn bisweilen gar in einige Erklärungsnöte bringt. Zwar plagen ihn keine ernsthaften Skrupel, allerdings ist ihm die bisweilen anmaßende Wirkung auch seiner eigenen Namenszüge durchaus bewusst. Da kommt es ihm gerade gelegen, dass er zumindest in einem Fall die Schuld von sich ablenken kann. Als er beim Besuch der thebanischen Königsgräber nach beendetem Mittagsmahl, für das kurzerhand die Vorkammer eines Grabes zum Speisesaal umfunktioniert wurde, in die eigentliche Grabkammer eintritt, muss er zu seiner Überraschung und „wirklich mit einigem Entsetzen"[25] feststellen, dass sein angeheuerter Dragoman die Zeit der Rast genutzt hat, um mitten auf den Granitsarg mit schwarzer Ölfarbe und in großen Lettern den Namen seines prominenten Dienstherrn samt Wappenkrone und mystischem Glaubenszeichen zu schreiben. Auf den ersten Blick scheint es, als wäre selbst für seinen Geschmack hier eine Grenze überschritten. Allerdings bleibt seine Erschütterung äußerst vordergründig, auch kann die Halbherzigkeit und Ironie seiner Ausflüchte, mit denen er seine nichtstandesgemäße dauerhafte Präsenz im Königsgrab zu rechtfertigen versucht, nicht wirklich überzeugen: „Wäre ich nur noch ein wenig abergläubischer als ich es schon bin, so hätte mir dies als ein funestes Omen gelten können, so überwand das Lachen der [sic!] Ärger, doch verlangte ich die Auslöschung der 'untoward inscription'. Es war aber nur möglich, die Krone zu entfernen, der Name widerstand allen Bemühungen, und es bleibt mir daher nichts übrig, als den alten Herrscher Ramses V., dem das Grab gehört, hiermit feierlichst zu bitten, es mir [sic!] nicht entgelten lassen zu wollen, wenn mein Name sich so ungebührlich, aber wahrlich ohne meine Schuld, auf seinem königlichen Sarkophage 'eingeschwärzt' hat."[26]

Ägyptische Hochkultur versus touristische Gewohnheit – Im Zwiespalt zwischen persönlicher Selbstdarstellung und moralischer Verantwortung

An dieser Stelle schließt sich der Kreis zu Jakob August Lorent (Abb. 5a und 5b), dem wir beim Lesen seines Reiseberichts ebenfalls ein recht ambivalentes Verhältnis zur Graffiti-Gewohnheit attestieren müssen. Als er rund fünf Jahre nach Pückler-Muskau in die Gräberwelt Thebens hinabsteigt, ist er über die massenhaften Spuren seiner Vorgänger sichtlich schockiert. In harschen Beschimpfungen macht er seinem Unmut Luft: „Mehrere Sarcophage, von der allgewaltigen Habsucht zertrümmert, befinden sich in den verschiedenen Theilen; überall sieht man Spuren der Barbarei der Fremden, die, um der kleinlichen Eitelkeit zu fröhnen, und ein Bildchen aus Thebens Gräbern mit nach Hause zu bringen, zum Beweise, daß sie da gewesen sind, ganze Wände abmeißeln, bis es ihnen gelingt, ein gutes Stück zu bekommen. Andere haben die Bilder abgekratzt, um einen freien Raum zu gewinnen, ihren gleichgültigen Namen einzugraben. So zerstören gemeine Wanderer, was die hohe Kunst erschuf."[27] Als wären die massenhaften Inschriften jener anonymen „scriptores" noch nicht genug, mischen sich zu allem Überfluss auch prominente Namen unter die Grabschänder. Als er auf dem Sarkophag jenen besagten Schriftzug Pückler-Muskaus entdeckt, kennt sein Zorn kein Halten mehr. Maßlose Selbstüberschätzung ist der größte Vorwurf an den Vorgänger: „In Europa hast Du Deinen Namen zu einem der interessantesten

Abb. 5a (oben)
Jakob August Lorent
1859/1860
Memnonium, nördliche Seite des zweiten Hofes, Theben-West
Durch seine Aufnahmen der altägyptischen Monumente wurde auch Lorent zwangsläufig zum Chronisten der Graffiti-Tradition. Die Torsofragmente der am Boden liegenden Statue Ramses´ II. ziert deutlich sichtbar ein Graffito in geschwungener Schrift.

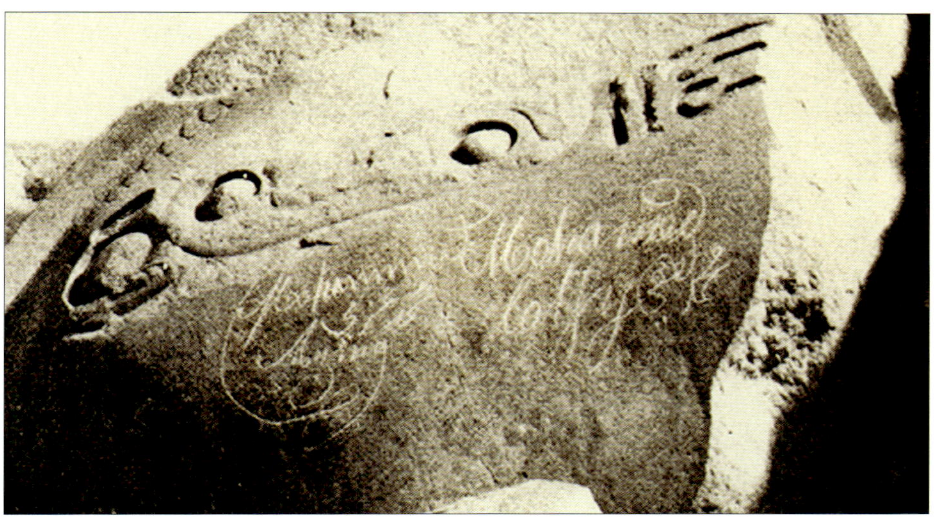

Abb. 5b (unten)
Detail des Graffito auf den Brustfragmenten der am Boden liegenden Statue im Memnonium in Theben-West
Der von Lorent als Bildtitel verwendete Begriff Memnonium hielt sich in der Reiseliteratur bis weit in die zweite Hälfte des 19. Jahrhunderts, und das, obwohl Jean-François Champollion bereits 1829 die Ruinen als Totentempel Ramses´ II. identifiziert und den Namen Ramesseum eingeführt hatte.

Foto: Südwestdeutsches Archiv für Architektur und Ingenieurbau (saai), Karlsruhe

gemacht, doch suche ihn nicht in Thebens königlichen Hallen auszubreiten, denn hier wo wir Sesostris Rhamses Züge suchen, hat er wirklich aufgehört zu glänzen und wird nur störend sich uns aufdringen."[28] Die vehemente Haltung Lorents gegenüber der touristischen Graffiti-Gewohnheit überrascht an dieser Stelle. Das Wissen um sein eigenes, eingangs erwähntes Namens-Graffito an der Decke des Sennefer-Grabs – das sich ebenfalls alles andere als harmonisch in das kunstvolle Dekorationsprogramm der Räume einfügt, sondern eher durch seine plumpe und ungefüge Ausführung daraus hervorsticht – hätte eine deutlich unkritischere Haltung zu dieser Thematik vermuten lassen. Verständlich wird dagegen, warum er seine eigene „Schandtat" in seinen ansonsten recht ausführlichen Beschreibungen der Grabkammer und deren Deckenmalereien geflissentlich verschweigt.

Die Ursachen für Lorents gespaltene Haltung dürften vielschichtig sein. Ihm angesichts der oben geschilderten Episode nur gekränkte Kritik à la „quod licet Iovi, non licet bovi" zu unterstellen, ist zu kurz gegriffen. Seine widersprüchliche Haltung ist vielmehr Ausdruck einer inneren Zerrissenheit, die so manchen Reisenden gerade in den Anfangsjahren des Ägyptentourismus plagte. Dem Wunsch nach persönlicher Selbstdarstellung und Verewigung eigener „magischer Reisemomente" sowie der Dokumentation der vollbrachten Reiseleistung stand die moralische Verantwortung für den Erhalt der kunstvollen Artefakte altägyptischer Hochkultur gegenüber. Getreu dem Motto, bereits den Anfängen zu wehren, sahen sich Reisende seit den 1830/40er Jahre in der Pflicht, nachfolgende Generationen auf die zerstörerische Wirkung und die überhand nehmenden Auswüchse dieser vermehrt um sich greifenden touristischen Gepflogenheit hinzuweisen. Denn wo eine einzelne, spontan gesetzte Inschrift vielleicht noch keinen nennenswerten Schaden anrichtete, da geriet das Übermaß an Inschriften zu einem zerstörerischen Übel und zu einem nicht revidierbaren Zeugnis touristischer Gewissenlosigkeit. Zu diesem Urteil gelangte letztendlich auch der englische Reisende George Alexander Hoskins (1802-1863). Hatte er sich als junger Reisender während seiner ersten Ägyptenreise selber noch zu einem Graffito hinreißen lassen, musste er im Zuge seines zweiten Aufenthaltes am Nil selbstkritisch und nicht ohne Reue feststellen, dass die anfängliche Tradition zu einer regelrechten Manie geworden war: „I can easily suppose such travellers would write their names on the frescoes of Raphael in the Vatican, if there were no custodi to prevent them. With the thoughtlessness of a young traveller, I confess, on my first visit to the Nile, (1832-1833) I wrote my name on one of the colossal statues in the interior of Aboo Simbel, and was greatly annoyed at what I had done when [...] I saw the destructive effect of an accumulation of such offences, [...]."[29] Nicht zuletzt Richard Lepsius (1819-1884) sah als herausragender Vertreter der preußischen Wissenschaften und Mitbegründer der Ägyptologie in Deutschland in der ausufernden Graffiti-Besessenheit eine zerstörerische Kraft, der es dringend Einhalt zu gebieten galt. Die Anlage seines Fremdenbuches war nicht zuletzt eine Prophylaxe gegen die „Unsitte" des Einmeißelns von Namen.[30]

Dass auch Jakob August Lorent sich nur im Zuge seiner ersten Ägyptenreise zu einem Namens-Graffito hatte hinreißen lassen[31], spricht für die These eines reflexiven Reifeprozesses, den zumindest ein Teil der Reisenden durchlief. Lorents eigene Erfahrungen werden auch dazu beigetragen haben, dass seine Prognose für die Entwicklung Ägyptens vor dem Hintergrund stetig zunehmender Touristenströme eher pessimistisch ausfällt, er vielmehr befürchtet, dass die heiligen Stätten, die über Jahrtausende von der Natur geschützt im Verborgenen lagen, innerhalb weniger Jahre durch die stetig steigende „Frequenz der Fremden [und] unter den Schlägen des Hammers"[32] zugrunde gehen werden. So können wir Lorents Namenszug in der thebanischen Sargkammer wohl als das werten, was er ist: eine der anfänglichen Unbekümmertheit und überschwänglichen Begeisterung eines Ägyptenneulings geschuldete „Jugendsünde", zusätzlich von Zeitdruck getrieben, da der Besuch des Sennefer-Grabes der letzte Grabbesuch dieser Reise war und somit die letzte Gelegenheit zur Verewigung bot.[33] Und auch wenn er es nicht offen eingestanden hat, so dürfen wir doch annehmen, dass er seine Leichtfertigkeit im Nachhinein bereut hat.

Insgesamt viermal bereiste Jakob August Lorent Ägypten. Seinem ersten Aufenthalt im Herbst 1842 folgten eine zweite Reise von Herbst 1844 bis Frühjahr 1845 sowie eine dritte, von der er im April 1860 nach Mannheim zurückkehrte. Sein letzter Besuch am Nil dauerte von April bis Mai 1864.[34]

Das Namens-Graffito an der Decke der Sennefer-Sargkammer ist vielleicht Lorents unkonventionellste Hinterlassenschaft, die bis heute an seine Ägyptenreisen erinnert, aber mit Sicherheit nicht seine kunstvollste. Diese Ehre gebührt zweifelsfrei den Fotografien, die Lorent während seiner dritten Reisen durch Ägypten 1860 angefertigt hat, und die bis heute durch technische Perfektion, durchdachte Kompositionen und hohen ästhetischen Reiz beeindrucken. Es haben sich 91 Positive und 152 Negative von seiner Ägyptenreise inklusive einem Aufenthalt in Smyrna erhalten.[35] Entstanden sind Lorents Aufnahmen nach dem von dem Engländer William Henry Fox Talbot (1800-1877) entwickelten Wachspapierverfahren, das unter dem Namen Kalotypie seit 1841 bekannt war und sich parallel zu der seit 1839 weitverbreiteten Technik der Daguerreotypie etablierte. Im Gegensatz zu dem Verfahren des Franzosen Louis Jacques Mandé Daguerre (1787-1851), das nur aufwendig zu vervielfältigende Direktpositive auf Metallplatten lieferte, hatte Talbot ein Negativ-Positiv-Verfahren entwickelt, dessen Methodik bis zum Aufkommen der heutigen Digitalfotografie grundlegend blieb. Um eine größtmögliche Schärfe seiner Aufnahmen zu erreichen bediente sich Lorent für seine Fotografien einer Weiterentwicklung der Kalotypie, bei der das Papiernegativ vor der Belichtung zunächst mit heißem Bienenwachs getränkt und transparent gemacht wurde. Da noch keine Vergrößerungen vom Negativ möglich waren, also die Größe des Negativs die Größe des Abzugs bestimmte, wählte Lorent möglichst große Negative. So beeindruckt bis heute nicht nur die Schärfe, sondern auch das Format seiner hauptsächlich etwa 45 x 55 cm messenden Ägyptenaufnahmen.

Jakob August Lorent, der am 8. Juli 1884 in seinem Altersruhesitz in Meran verstarb, verfolgte mit seiner Fotografie keine finanziellen Absichten. Vielmehr waren seine Aufnahmen stets das Produkt seiner ganz persönlichen Faszination und Verehrung für die Schöpfungen fremder Kulturen und vergangener Epochen. Im Morgenland und vor allem in Ägypten sah er die Wiege aller Kunst und einen ihrer „Culmintionspunkte"[36], wie er es in einer späteren Publikation in der Widmung an den badischen Großherzog formulierte. Dem Betrachter vermitteln Lorents Ägyptenfotografien bis heute etwas von der einstigen Erhabenheit der Landschaft und der Bauwerke und gleichzeitig von der Pionierleistung eines Mannes, der mit der Kamera vor Ort noch für Staunen und mit seinen Aufnahmen daheim für Bewunderung gesorgt hat. Denn trotz des rasanten Fortschritts, den die Fotografie seit ihrer Entdeckung gemacht hat, betrug die Zahl an Fotografen, die vor den 1860 Ägypten mit ihrer Kamera erkundeten, noch nicht einmal ein Dutzend.[37]

1 Widmung von J. A. Lorent an Großherzog Friedrich von Baden, zit. nach: Lorent, Jakob August: Egypten, Alhambra, Tlemsen, Algier. Reisebilder aus den Anfängen der Photographie. Hrsg. vom Institut für Baugeschichte der Univ. Karlsruhe, zusammengestellt von Wulf Schirmer, Werner Schnuchel und Franz Waller, Mainz 1985, unpaginiert.

2 Allein acht neue Pflanzenarten konnten dank der späteren Auswertung durch den Botaniker Christian Ferdinand Friedrich Hochstetter (1787-1860) neu bestimmt werden und tragen zum Teil neben dessen botanischem Kürzel auch den Hinweis auf ihren Entdecker Lorent im Gattungsnamen, wie z.B. Aegilops lorentii Hochst. Der Gattungsname Aegilops stammt von dem griechischen Wort aegilos, was „Ziege", „ziegenähnlich" bzw. „von Ziegen bevorzugtes Gras" bedeuten kann. Für die Gattung Aegilops lorentii Hochst. ist auch der Name „Lorent's goatgrass" geläufig. Mein Dank für diesen Hinweis gilt Dr. Franz Waller.

3 Lorent, Jakob August (Hrsg.): Wanderungen im Morgenlande während den Jahren 1842 – 1843, Mannheim 1845, S. 4.

4 Wie Anm. 3.

5 Ebd., S. 25.

6 Ebd., S. 38. Lorent benutzt in seinem Reisebericht die ebenfalls gebräuchliche Schreibweise „Kervan serai".

7 Eine originalgetreue Rekonstruktion der Sargkammer des Sennefer war Bestandteil der Ausstellung „Ägypten. Land der Unsterblichkeit", die von 16. November 2014 - 10. Januar 2016 in den Reiss-Engelhorn-Museen Mannheim gezeigt wurde. Vgl. auch den Katalog zur Ausstellung: Wieczorek, Alfried/Wichert, Susanne (Hrsg.): Ägypten. Land der Unsterblichkeit. Mit Beiträgen von Gabriele Pieke u. Lukas Bohnenkämper, Regensburg 2015.

8 Wie Anm. 3, S. 86.

9 Zit. nach Kischkewitz, Hannelore: Die Salamat von Theben. Richard Lepsius' Gästebuch von 1844, in: Kemet, Jg. 12, Heft 1 (Januar 2003), S. 58-59, hier S. 59.)

10 Pietri, Charles: s. v. „Graffito I" (lateinisch), in: Reallexikon für Antike und Christentum , Bd. 12, Stuttgart 1983, Sp. 637-667.

11 Der Vollständigkeit halber sei an dieser Stelle auch der Begriff „Sgraffito" genannt, der im Zusammenhang mit der Maltechnik der Kratzmalerei als intensivierende morphologische Variante Eingang in die Fremdwörterbücher des 19. Jahrhunderts fand. Vgl. Cherubim, Dieter: s. v. „Graffiti", in: Reallexikon der deutschen Literaturwissenschaft: Neubearbeitung des Reallexikons der deutschen Literaturgeschichte, Bd. 1 (A-G), 3. erw. Aufl., Berlin [u.a.] 2007, Sp. 739.

12 Der amerikanische Kunsthistoriker Robert Reisner prägte als Pionier der Graffiti-Forschung Ende der 1960er Jahre den Begriff des „I-was-here-Syndrome", mit dem er den individuellen Motivationskomplex benennt, die eigene Präsenz an einem Ort dauerhaft zu dokumentieren. Vgl. Reisner, Robert (Hrsg.): Graffiti – Two Thousand Years of Wall Writing. 1. Aufl., Chicago, Illinois 1971, S. 22.

13 Wie Anm. 9.

14 Ebd.

15 Kraack, Detlev (Hrsg.): Monumentale Zeugnisse der spätmittelalterlichen Adelsreise. Inschriften und Graffiti des 14.-16. Jahrhunderts, Göttingen 1997, zugl.: Diss. Universität Kiel 1994, S. 254 u. 257ff.

16 Ebd., S. 253.

17 Wie Anm. 12, S. 25f. Der hier von Detlev Kraack geübten Quellenkritik hinsichtlich des mangelnden Dokumentationspotentials historischer Fotografien für die Inschriften- und Graffitiforschung muss hier widersprochen werden. Alleine die Durchsicht der Bestände historischer Reisefotografie des Forum Internationale Photographie der Reiss-Engelhorn-Museen fördert zahlreiche gegenläufige Belege zutage.

18 Dass Graffiti im Kontext der Fotografie sogar zu einem eigenständigen Sujet avancierten, zeigt nicht zuletzt die Ausstellung von Brassaï (bürgerl. Gyula Halász, 1899-1984) über Graffiti an Pariser Hausfassaden im Jahre 1956 im Museum of Modern Art.

19 Vgl. zur Reise nach Nubien mit Aufenthalten in Malta, Ägypten, Palästina, Syrien von Herzog Maximilian Joseph in Bayern auch: Siliotti, Alberto (Hrsg.): Maximilian of Bavaria. A Journey to Nubia. In: Egypt Lost and Found. Explorers and Travellers on the Nile, London 1998, S. 254-265, hier S. 257. Der begleitende Maler Heinrich von Mayr (1806-1871), der im Nachgang zahlreiche Ölgemälde mit Sujets angeregt von dieser Reise gefertigt hat, hat seine Namen auf der gleichen Kolossalstatue hinterlassen, vgl. ebd., S. 264.

20 Mackay, James (Hrsg.): Sir Thomas Lipton - The Man Who Invented Himself. A Life of Sir Thomas Lipton, Edinburgh 1998, S. 137.

21 Ebd., S. 136.

22 Weitere Graffiti von Pückler-Muskau finden sich u.a. hier: Kolossalstatue am Eingangsportal von Abu Simbel, Pyramiden-Nekropole am Gebel Barkal, Chephren-Pyramide in Gizeh, Isis-Tempel auf Philae. Vgl. auch den Artikel-Link zu Pückler-Muskau auf URL: http://www.egypt-sudan-graffiti.be/ [Stand: 28.09.2015].

23 Zit. nach: Pückler-Muskau, Herrmann (Fürst von): Aus Mehemed Alis Reich. Ägypten und der Sudan um 1840. Mit einem Nachwort von Günther Jantzen und einem biographischen Essay von Otto Flake, Zürich 1985, S. 408f.

24 Zit. nach: ebd, S. 355.

25 Zit. nach: ebd. S. 364.

26 Zit. nach: ebd.

27 Wie Anm. 3, S. 83f.

28 Ebd., S. 84.

29 Hoskins, George Alexander (Hrsg.): A Winter in Upper and Lower Egypt 1860-61, London 1863, S. 210f.

30 Vgl. die Erläuterungen von Hannelore Kischkewitz zum Fremdenbuch von Richard Lepsius anlässlich der Vorstellung in den Ägyptischen Museen und Sammlungen Berlin am 6. Oktober 2002 unter URL: http://www.gitta-warnemuende.de/kuns10_2.htm [Stand: 29.09.2015].

31 Es kann und soll an dieser Stelle nicht mit absoluter Gewissheit ausgeschlossen werden, dass ggf. weitere Namens-Graffiti von J. A. Lorent existieren, die zum heutigen Zeitpunkt (noch) nicht bekannt sind. Für die Unterstützung bei der Recherche nach weiteren Graffiti von Jakob August Lorent in Ägypten danke ich Frau Dr. Gabriele Pieke.

32 Wie Anm. 3, S. 84. Für Griechenland konstatiert er ähnlich negative Einflüsse durch den Tourismus. Während seiner Griechenlandreise 1860 stellt er beim Besuch des Zeus-Tempels in Athen konsterniert fest, dass der ursprüngliche Glanz des Ortes, „wo einst Helden und Staatsmänner wandelten, Dichter, Künstler und Philosophen sich vereinigten, um im Austausch edelster Gedanken die Würde der Menschheit zu erkennen" im Laufe der Zeit einer profanen Nutzung gewichen ist: „auf dem einst geheiligten Raume stehen vor und zwischen den Säulen, Stühle und Tische benachbarter griechischer Kaffeehütten zur Bequemlichkeit der Touristen und zum Rendez-Vous der Müssiggänger, welche hier im Schatten der hadrianischen Schöpfung ihre unbeschäftigten Stunden verleben und ein kleinliches Bild der Gegenwart, von einer kolossalen Vergangenheit umrahmt, gewähren." Lorent, Jakob August (Hrsg.): Bilder aus Athen, Mannheim 1862, S. 68f. Vgl. zu Lorents Griechenlandreise und seinen dort entstandenen Fotografien auch den Katalog zur Ausstellung „Jakob August Lorent – Bilder aus Athen" im Reiß-Museum der Stadt Mannheim vom 25. Juni bis zum 28. August 1994: Waller, Franz (Hrsg.): Bilder aus Athen. Jakob August Lorent, Mannheim 1994.

33 Wie Anm. 3, S. 86.

34 Vgl. den biographischen Anhang „Wahren Werth hat allein die Photographie". Jakob August Lorent – ein deutscher Reisephotograph, in: wie Anm. 1, S. 231-241, hier S. 231.

35 Das Südwestdeutsche Archiv für Architektur und Ingenieurbau (saai) am Karlsruher Institut für Technologie (KIT) bewahrt heute den umfangreichsten Bestand an Fotografien von J. A. Lorent, darunter u.a. auch das Konvolut der Aufnahmen aus Ägypten.

36 Zit. nach: wie Anm. 1, S. 237.

37 An dieser Stelle sei auf drei weitere bedeutende Pioniere der Ägyptenfotografie verwiesen, ihre Reisedaten hier in Klammern: Maxime du Camp (1849 bis 1851), John B. Greene (1854), Francis Frith (1856 bis 1859).

Anna-Maja Lyko

Restaurierung einer Federkrone aus Guayana

Einleitung

Im Rahmen eines studienbegleitenden Restaurierungspraktikums der Fachhochschule Köln erfolgte die Untersuchung und Restaurierung einer guyanischen Federkrone im Jahre 2012 durch die Autorin unter der Betreuung der Textilrestauratorin Sylvia Mitschke und dem Ethnologen Martin Schultz an den Reiss-Engelhorn-Museen Mannheim.[1] Ziele der Arbeiten waren die Klärung des Sammlungshintergrundes und der Datierung. Zudem erfolgten materialtechnische Untersuchungen und die Dokumentation des Erhaltungszustandes. Anschließend wurden ein Restaurierungs- und Konservierungskonzept erstellt und die geplanten Maßnahmen praktisch durchgeführt.

In diesem Artikel werden ein Überblick über die Konstruktion der Federkrone gegeben und die durchgeführten Restaurierungsmaßnahmen beschrieben.

Das aus Südamerika stammende Sammlungsstück (Abb. 1) besteht aus einer mit Federn besetzten Federbinde (Inv.Nr. V Am 1947 b) sowie einem geflochtenen Kopfring (Inv.Nr. V Am 1947 a). Jener wurde auf das Haupt des Trägers aufgesetzt.[2] Der Kopfring wurde im Verlaufe der Untersuchungen als zu der Federbinde sammlungsgeschichtlich zugehörig erkannt.[3] Diese Federbinde wurde wahrscheinlich ursprünglich um den Kopfring gebunden und dadurch stabilisiert.[4] Die beiden Teile der Federkrone liegen in der Museumssammlung getrennt voneinander vor. Das Objekt im Besitz der Reiss-Engelhorn-Museen ist Eigentum des Mannheimer Altertumsvereins und wird im Baumann'schen Katalog des Großherzoglichen Antiquariums zu Mannheim von 1882 erstmalig erwähnt.[5] Datiert wird das Sammlungsstück deshalb auf die Zeit vor 1882.[6]

Konstruktion der Federkrone

Die Federbinde mit den maximalen Maßen von 92 cm Länge, 9 cm Breite und 9 cm Höhe besteht aus einem länglichen gesprangten, ungebleichten Baumwollnetz mit einem Lochmuster.[7] Über längs verlaufende Schnüre ist es mittels Florbindung mit Federn besetzt, die sich paarweise gegenüberstehen.[8] Diese verschieden hohen Federreihen bestehen aus braunen, blauen, roten und gelb-rot-blauen Federn von natürlicher[9] Färbung.[10] Braun wird dem Tucan (Ramphastos sp.) oder Ara sp. zugeordnet, türkisblau dem Gelbbrustara (Ara Ararauna) sowie rot dem Tucan oder Ara macao. Die Federn mit gelb-rot-blau gestreifter Zeichnung wurden als Ara (Ara chloroptera) bestimmt.[11] Das Netz der Federbinde wird zu beiden Seiten durch einen kurzen Stock begrenzt und endet jeweils in einem geflochtenen Band.[12] Diese Bänder können an ihren Enden zusammengebunden werden, wodurch die Fixierung der Federbinde auf dem Kopfring möglich ist.

Der Kopfring ist 22 cm lang und breit sowie 5 cm hoch.[13] Er besteht aus einem annähernd runden Geflecht aus schmalen, gespaltenen Baumbusstreifen.[14] Außen, nahe der oberen und unteren Kante, befinden sich zwei herausstehende gefloch-

Abb. 1
Diese schwarz-weiß-Fotografie des Inventars des Museums aus den 1930er Jahren zeigt eine frühere Montage der Federbinde auf dem Kopfring.
Foto: rem, 1930er Jahre

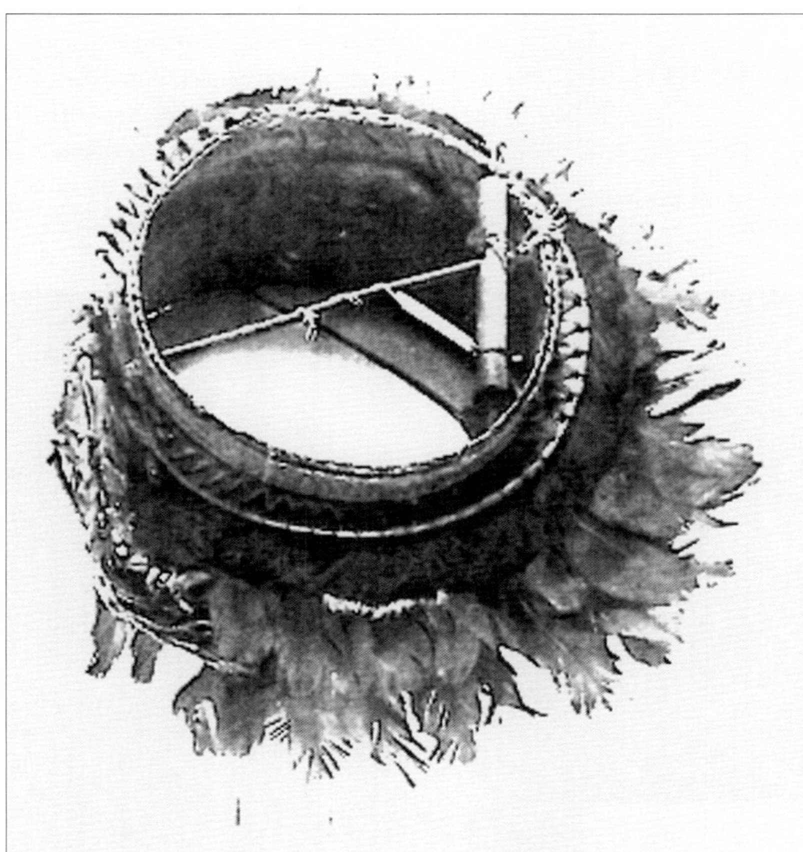

tene Reifen aus breiteren Baumbusstreifen. Diese sind in der Technik des umschlingenden Wickelns hergestellt.[15] Der Kopfring wird in der Mitte der oberen Kante mit einem diagonal verlaufenden, dünnen Hölzchen versteift. Mittig des Hölzchens befindet sich ein pendelndes Bambusrohr.[16] An der unteren Kante, diagonal des Kopfrings, ist zu zwei Seiten eine Halteschnur befestigt. Diese dient der Befestigung auf dem Haupt des Trägers.[17] Das Geflecht des Kopfringes weist ein aus Brauntönen bestehendes, zweifarbiges geometrisches Muster auf.[18] Mittig zeigt es ein Mäandermuster und ineinander liegende Quadrate. Zu den Kanten hin sind Streifen und auf den aufgesetzten Ringen aneinandergrenzende Dreiecke zu sehen.

Restaurierungsmaßnahmen

Beide Teile der Federkrone wurden im Zuge dieser Arbeit konserviert und restauriert. Alle durchgeführten Maßnahmen wurden schriftlich und fotografisch dokumentiert. Den angewendeten Verfahren liegen vorhergehende Tests zugrunde, auf die nachfolgend noch eingegangen wird.

Die Federbinde erforderte wegen ihres schlechten[19] Erhaltungszustandes[20] sofortige Maßnahmen und wurde daher im Schwerpunkt behandelt. Es lag eine starke Oberflächenverschmutzung aus Staub, Faser- und Federresten sowie verschiedenen Resten eines ehemaligen Insektenbefalls vor, die zu entfernen war. Insbesondere die Federn wiesen Fehlstellen und an den Fahnen und Kielen starke Fraßschäden auf, waren zudem strukturell gestört und daher sehr fragil. Einige der aus dem Gefüge gelösten oder gebrochenen Federn waren wieder zu stabilisieren. Die textilen Bestandteile waren durch aufstehende Fasern leicht aufgeraut. Teile des Netzes und der Bindebänder wiesen kleine Fehlstellen auf. Die textilen Anteile erwiesen sich daher als strukturell leicht instabil, waren aber durch konservatorische Maßnahmen zu stabilisieren.

Abb. 2
Federbinde, geschiente Federn

Der Kopfring befand sich in akzeptablem[21] Zustand[22], der keine sofortigen Maßnahmen erforderte. Es bestand neben einer leichten Verformung des Ringes sowie kleinerer Fehlstellen vorwiegend eine objektfremde Oberflächenverschmutzung aus Staub, Feder- und Kokon- sowie vermutlich Kotresten eines Insektenbefalls, die zu entfernen waren.

Für die Restaurierung der Federkrone erfolgte eine möglichst schonende Reinigungsform zur präventiven Entfernung dieser Oberflächenverschmutzung, da sie die Lesbarkeit des Objektes einschränkte.[23] Die Verschmutzung wurde mittels einer Trockenreinigung[24] – kontrolliertes Absaugen mit schwachem Sog durch die schmale Düse eines Spezialstaubsaugers sowie durch vorsichtiges Absammeln der Kokonreste mit einer Pinzette – stark verringert. Für die Stabilität des Kopfringes waren eine Rückformung und das Schließen der kleinen Fehlstellen bisher nicht notwendig.[25]

Die fragilen Federn der Federbinde wurden zur Wiederherstellung der Lesbarkeit und um weiterem Materialverlust vorzubeugen stabilisiert. Die Fraßschäden an ihnen wurden im Vorhinein mittels einer Kartierung dokumentiert.[26] Die Federfahnen[27] erlaubten trotz ihres schlechten Erhaltungszustandes eine Behandlung. Sie wurden durch gezieltes Bedampfen mit wenig entionisiertem Wasser mit dem Ultraschallvernebler sowie anschließend händischem Ausrichten wieder in Form gebracht, sodass das Haken-Bogen-System[28] größtenteils wieder fasst.[29] Schäden durch Quellprozesse[30] des Keratins werden mit diesem gezielten Verfahren vermieden.

Die aus dem Gefüge gelösten Federn wurden ihrer früheren Position wieder zugeordnet. Nach vorausgehenden Tests[31] wurden sie von innen her geschient (Abb. 2).[32] Dies erfolgte durch Einschieben schmaler Teile von Schäften der leicht zu verarbeitenden Kiwi- und Blaustirn-Amazonenfedern in die originalen Federschäfte.[33] Stark beanspruchte Schäfte wurden zusätzlich mit der zuvor getesteten Klebemittelmischung[34] „Fu-Nori-Fischleim 1:1" versehen. Federschäfte, die an der Florbindung[35] geknickt und dort gebrochen waren, konnten wegen des weit unten vorkommenden Knicks nicht geschient werden. Um das Gesamterscheinungsbild zu erhalten, wurde sich optisch einfügendes Polyestergarn[36] mit Klebemittel versehen und an den Federschäften im Gefüge fixiert. Anschließend wurde das Garn an dem in der Florbindung beteiligten Bastfaden befestigt. Je nach Durchführbarkeit wurde es in der Bindung geknotet oder um die Schnur geschlungen und auf der entgegengesetzten Seite der Federspule geklebt. Dadurch ließen sich die Federn wieder in ihrem natürlichen Erscheinungsbild aufstellen.[37] Stark von innen her geschädigte Federspulen, die durch mechanische Beanspruchung brechen könnten, wurden ebenfalls von außen mit einer kleinen Ergänzung einer Federspule stabilisiert. So kann zur Erhaltung der verbliebenen Federn beigetragen werden.

Einzelne, sehr stark durch Mechanik und Fraß beanspruchte Federfahnen wurden, mit dem letzten der möglichen Verfahren, partiell auf der Federrückseite hinterlegt und gestützt (Abb. 3).[38] Dies erfolgte durch mit Klebemittel versehenem Japanpapier. Alle genannten Restaurierungsmaterialien wurden zuvor ausführlich getestet.[39] Japanpapier kam wegen seiner nicht-gerichteten Struktur, seiner Mattheit und der guten Anpassungsfähigkeit zum Einsatz.[40] Es wurde mit Aquarellfarbe[41] der Federzeichnung entsprechend individuell pigmentiert, um das Erscheinungsbild optisch zu schließen. Als Klebemittel wurde eines aus natürlichen proteinhaltigen Bestandteilen verwendet, damit nur sich der Federstruktur annähernde Zutaten beigefügt wurden. Zum Einsatz kam erneut die Mischung aus „Fu-Nori-Fischleim 1:1".[42] Durch die Zufügung von Fischleim wird die Klebekraft von Fu-Nori deutlich erhöht.[43] Im Zuge der Arbeit durchgeführte Tests ergaben, dass die alleinige Nutzung von Fischleim zu starkem Versteifen der flexiblen Federn führt. Weitere Tests zeigten, dass die hier verwendete Mischung zu besseren Ergebnissen führt.[44]

Abb. 3
Federbinde, unterlegte Feder

Eine vollständige Ergänzung oder Rekonstruktion erfolgte nicht, die Unterlegung erhielt lediglich die noch erhaltene Federform. Ob eine partielle Hinterlegung notwendig war, hing vom Zerstörungsgrad und der Position der jeweiligen Feder im Gesamterscheinungsbild ab.[45] Zu berücksichtigen war, dass sich die Leichtigkeit einer Feder mit einer Hinterlegung verliert. Vorteil dieser Maßnahme ist, dass sich die stark geschädigten Federn wieder farblich ins Gesamtbild der Federkrone einfügen und stabilisiert werden. Bei jedem solchen Schritt war genau zu überlegen, wie nötig eine Hinterlegung für die Stabilität der einzelnen Feder ist.

Von einer erneuten gemeinsamen Montage der Objektbestandteile wurde wegen des schlechten Zustandes abgesehen.[46] Für Lagerung und Präsentation wurden beide auf zwei separaten bezogenen Tablaren[47] platziert (Abb. 4 und 5), um so den Erhaltungszeitraum zu verlängern. Mittels liegender Lagerung wird ein vermindertes Handling erreicht, das weiteren Materialverlusten vorbeugen kann. Zum Schutz vor Transportschäden wurde die Federbinde auf dem Tablar mit zwei mit Klettband versehenen Baumwollgurten fixiert. Das Tablar für den Kopfring ist für den leichteren Transport vertieft und so vor dem Verrutschen geschützt. Beide Objektteile kamen für die Lagerung im Depot auf ihren Tablaren in einen Archiv-

Abb. 4
Die restaurierte Federbinde auf ihrem Tablar für Lagerung und Präsentation mit der seitlichen Befestigung durch Gurte für den Transport

Abb. 5
Der restaurierte Kopfring auf seiner Präsentations- und Lagerungsunterlage

Abb. 2 bis 5:
Anna-Maja Lyko, rem, Manheim 2012

karton und stehen für kommende Ausstellungen bereit. Der Erhaltungszeitraum kann durch richtige klimatische Bedingungen, 15 bis 18 Grad C und eine relative Luftfeuchte von 50 bis 65 Prozent, verlängert werden.[48] Zudem sollte die Federkrone möglichst dunkel und unter Ausschluss von ultravioletter Strahlung für Ausstellung und Lagerung aufbewahrt werden. Die Farbstoffe der Federn können durch Lichteinwirkung ausbleichen. Bei Beachtung der empfohlenen Maßnahmen kann deren Stabilität und Leuchtkraft länger bewahrt werden.[49]

1 An dieser Stelle möchte ich mich für die außerordentlich gute und freundliche Zusammenarbeit bedanken. Zudem danke ich Matthias Feuersenger, Andreas Schlothauer und Annemarie Stauffer sowie Iris Edenheiser für ihre Unterstützung.

2 Baumann 1882, Süd-Amerika, 7. Vgl. Schomburgk 1847, Bd. 1, S. 152.

3 Inventarbuch rem. Auch Baumann 1882, Süd-Amerika, 7, sowie Objektdatenbank rem (siehe Foto aus den 1930er Jahren, hier Abb. 1).

4 Die Untersuchung der Anordnung von Federresten auf dem Kopfring sowie der Abgleich mit dem vorliegenden Foto unter Abb. 1 legten eine frühere Montage der Federbinde auf dem Kopfring nahe. Lyko 2013, S. 7, 14, 16-17. Objektdatenbank rem, Inv.Nrn. V Am 1947 a und b.

5 Objektdatenbank rem, Inv.Nrn. V Am 1947 a und b. Zur Geschichte der Sammlungen siehe z.B. auch Museum 1991, S.12-20.

6 Die Federkrone ist erstmals genannt bei Baumann 1882, Süd-Amerika, 7.

7 Das Lochmuster im gesprangten Netz ist durch Auslassen von ein bis drei Verdrehungen hergestellt worden. Lyko 2013, S. 4, 6, 13, 17, 35. Vgl. Seiler-Baldinger 1991, S. 114, Abb. 182A.

8 Vgl. Seiler-Baldinger 1991, S. 26 Abb. 24.

9 Vgl. Steffen 1998, S. 23-31.

10 Lyko 2013, S. 14.

11 Bestimmung der erstgenannten Federarten durch Matthias Feuersenger, Präparator, rem, frdl. mündl. Mitteilung am 15.08.2012. Identifizierung der zweitgenannten Federarten bzw. der lateinischen Bezeichnung durch Dr. Andreas Schlothauer, Ethnologe, frdl. schriftl. Mitteilung am 28.09.2012.

12 Lyko 2013, S. 13-14, 29-32. Vgl. Seiler-Baldinger 1991, S. 48, Abb. 72b.

13 Lyko 2013, S. 4, 6.

14 Lyko 2013, S. 15, 36-37. Vgl. Florian et. al 1991, S. 104-109.

15 Vgl. Seiler-Baldinger 1991, S. 36.

16 Vgl. Florian et. al. 1991, S. 104-109.

17 Lyko 2012, S. 16, 37. Vgl. Schomburgk 1847, Bd. 1, S. 152.

18 Lyko 2013, S. 18-19, 36, 38-39. Vgl. Adovasio 1977, S. 121.

19 Die Kategorisierung richtete sich nach Keene 1996. Der schlechte Zustand wurde nach dem Bewertungssystem der rem bestimmt. Schadenskategorien rem Mannheim.

20 Lyko 2013, S. 11-12, 33.

21 Der akzeptable Zustand wurde nach dem Bewertungssystem der rem identifiziert. Ebenda 19.

22 Lyko 2013, S. 12.

23 Vgl. Schäfer 1995, S. 139-140. Lyko 2013, S. 11-12.

24 Lyko 2013, S. 19-20, 22.

25 Vgl. Lyko 2013, S. 12.

26 Lyko 2013, S. 25-27.

27 Die Federfahne bezeichnet ein geschlossenes System beidseitig des Schafts. Von ihm aus entspringen Äste, die sich wiederum in Bogen- und Hakenstrahlen verzweigen und sich in einem Reißverschlusssystem verhaken können. Steffen 1998, S. 19.

28 Das Haken-Bogen-System der Federfahne besteht aus den vom Kiel der Feder her entspringen Ästen. Diese münden in Haken- und Bogenstrahlen, die wiederum ineinandergreifen können. Steffen 1998, S. 19.

29 Lyko 2013, S. 22, 29, 34.

30 Steffen 1998, S. 48-52.

31 Lyko 2013, S. 50-51.

32 Vgl. Steffen 1998, S. 64-65.

33 Lyko 2013, S. 21-22, 34.

34 Fu-Nori 63477, Kremer Pigmente GmbH & Co KG, 10% angesetzt. – Fischleim 63550, rein, Kremer Pigmente GmbH & Co KG.

35 Bei der Florbindung wird jeweils der Federschaft um einen Faden geknickt und mit einem weiten Faden durch einen Knoten fixiert. Daran schießen sich weitere Federschäfte an. Seiler-Baldinger 1991, S. 113-114, Abb. 182 a.

36 Gütermann, Skala 240: braun 696, braun 467, beige 722, goldgelb 591.

37 Ebenda 33.

38 Ebenda 33 und S. 25-37, 35.

39 Lyko 2013, S. 46-50.

40 Conservation Wiki <www.conservation-wiki.com> (01.09.2015), s.v. Japanese Paper.

41 Schmincke Akademie Aquarell: gelb 223, orange 220, rot 331, rot 333, braun 652, braunrot 654, schwarz, blau 443.

42 Lyko 2013, S. 50.

43 Vgl. Kremer Pigmente (1) <www.kremer-pigmente.de> (01.09.2015), s.v. Funori. – Vgl. Kremer Pigmente (2) <www.kremer-pigmente.de> (01.09.2015), s.v. Fischleim.

44 Ebenda 42.

45 Lyko 2013, S. 21-22.

46 Lyko 2013, S. 11-12.

47 Dafür verwendet wurden säurefreie Waben-Platten, gewaschener Molton zur Polsterung, blaues leicht anhaftendes Seidengewebe als Bezug (gefärbt, zuvor gewaschen und anschließend fadengerade ausgerichtet). Die Gewebe wurden auf den Rückseiten der Tablare mit Lascaux® 498 HV geklebt.

48 Steffen 1998, S. 69. Und Ewer / Lennard 2010, S. 212.

49 Vgl. Steffen 1998, S. 69-70. Auch Boersma 2007, S. 50, 101-103.

Literatur

Adovasio 1977: J. M. Adovasio: Basketry Technology, A Guide to Identification and Analysis, Chicago 1977

Baumann 1882: K. Baumann: Katalog des Großherzöglichen Antiquariums zu Mannheim, Mannheim 1882

Boersma 2007: F. Boersma: Unravelling Textiles, A Handbook for the Preservation of Textile Collections, London 2007

Conservation Wiki <www.conservation-wiki.com> (2015): Conservation Wiki: <http://www.conservation-wiki.com/wiki/BP_Chapter_29_-_Lining#29.3_Materials_and_Equipment> (Zugriff am 01.09.2015)

Ewer / Lennard 2010: P. Ewer, F. Lennard: C. Rendell: Preventive conservation solutions for textile collections, in: Textile Conservation: Advances in Practice, Oxford 2010

Keene 1996: S. Keene: Managing Conservation in Museums, Oxford 1996

Kremer Pigmente (1) <www.kremer-pigmente.de> (01.09.2015): Kremer Pigmente: < http://www.kremer-pigmente.com/media/files_public/63477.pdf > (Zugriff am 01.09.2015)

Kremer Pigmente (2) <www.kremer-pigmente.de> (01.09.2015): Kremer Pigmente: <http://www.kremer-pigmente.com/media/files_public/63550.pdf> (Zugriff am 01.09.2015)

Lyko 2013: A. Lyko: Dokumentation der Restaurierung und Konservierung einer Federkrone, Rem Mannheim, Unveröffentlichte Dokumentation, Mannheim 2013

Museum 1991: Museum für Archäologie und Völkerkunde und Museum für Naturkunde im Reiß-Museum der Stadt Mannheim, Braunschweig 1991

Schomburgk 1847: R. Schomburgk: Reisen in Britisch-Guayana in den Jahren 1840-1844, Band 1, Leipzig 1847. In: <www.about-amazonas.de/einzelstuecke/RichardSchomburgk/
Britisch-Guayana-Band1/slides/ZZ-RISC47,S.152b.html >(Zugriff am 13.08.2012)

Seiler-Baldinger 1991: A. Seiler-Baldinger: Systematik der textilen Techniken, Band. 32, Baseler Beiträge zur Ethnologie, Ethnologisches Seminar der Universität und Museum für Völkerkunde, Basel 1991

Florian et. al 1991: M. E. Florian, D. P. Kronkright, R. E. Norton: The Conservation of Artifacts Made from Plant Materials, Getty Trust Publications: Getty Conservation Instute, Los Angeles 1991

Schäfer 1995: S. Schäfer: Grundlagen wässriger Reinigung nach Richard Wolbers, in: Zeitschrift für Kunsttechnologie und Konservierung 9, 1995, S. 139-140

Steffen 1998: A. Steffen: Federn in völkerkundlichen Sammlungen, Diplomarbeit, Stuttgart 1998

Julia Echner

Ein Hängeleuchter aus der Sammlung Bumiller in den Reiss-Engelhorn-Museen Mannheim

Im Rahmen einer Schenkung ging der Hängeleuchter aus dem islamisch geprägten Raum mit der Inventarnummer As II 1067 im Jahre 1920 als Teil eines größeren Konvoluts an die ethnologische Sammlung des damaligen Schlossmuseums. Der Vorbesitzer Theodor Bumiller war ein bekannter Mannheimer Bürger, der sich an der kolonialen Eroberung Ostafrikas als Adjutant unter Hermann von Wissmann beteiligt hatte.[1]

Im Zuge einer Bachelorarbeit konnten der Bestand und Zustand des Objekts erfasst und Überlegungen zur Datierung, kunstgeschichtlichen Einordnung, restauratorischen Behandlung und verbesserten Aufbewahrung angestellt sowie erste Konservierungsmaßnahmen durchgeführt werden. Es handelt sich um einen elektrifizierten, mehrstöckigen Hängeleuchter von 192 cm Höhe aus dem islamischen Raum (Abb. 1). Er besteht aus verschiedenen Metalllegierungen mit Glanzoberflächen. Die verschiedenen Etagen sind über Strangelemente verbunden und zueinander beweglich, es gibt keine starre Achse. Direkt unter der Aufhängung sitzt eine kuppelartige Haube aus versilbertem Messing, verziert mit Durchbrüchen und einer gravierten Ornamentik aus arabischen Schriftzeichen[2] und verschlungenen Arabesken (Abb. 2). Die nächsten beiden Etagen bilden Blechreifen aus Neusilber mit umlaufendem Ornamentband[3]. Jeweils sechs Strangelemente aus langen Kettengliedern und filigranen Kugeln verbinden die Etagen miteinander. Die hohlen Filigrankugeln sind aus profiliertem und zu Schnörkeln gebogenem Draht hergestellt. Unter den Reifen verbreitert sich der Leuchter zu einem sechseckigen, ornamental verzierten Kranz aus versilbertem Messingguss (Abb. 3). Kettenglieder verbinden den unteren Reifen mit den Eckpunkten des Kranzes, dazwischen sind kürzere Kettenglieder kreuzförmig angeordnet, mit einer Filigrankugel in der Mitte. An den Kranzecken sitzen Porzellanfassungen für Glühbirnen, verdeckt durch glockenförmige Einfassungen aus Zinn. Die Verkabelung wird verdeckt durch einen Mittelstrang aus Spiralen und gegossenen Messingzierkugeln geführt, der von der Aufhängung bis etwa 30 cm unter das Niveau des Kranzes verläuft und in einer Kugel endet, an der vier Glühbirnenfassungen befestigt sind. Am Kranz teilen sich die Leitungen und führen unverdeckt weiter zu den einzelnen Fassungen. Die Kupferkabel haben eine textile Umwicklung, typisch für die Frühzeit der Elektrifizierung, Glühbirnen sind nicht erhalten. In einer früheren

Abb. 1
Gesamtansicht des Hängeleuchters nach dem Zusammenfügen der gelösten Teile
Foto: rem, Carolin Breckle

Abb. 2
Der Haubenkorpus mit durchbrochener Ornamentik und arabischen Schriftzeichen. Deutlich sind die oben herausragenden Enden der Verkabelung zu erkennen. Das Bild rechts zeigt Details der Ornamente
Foto: rem, Carolin Breckle

Konservierungsmaßnahme waren die Oberflächen mit transparentem Lack beschichtet worden, zum Schutz vor klimatischen und atmosphärischen Einflüssen. Kleinere Brüche und gelöste Verbindungen waren ebenfalls repariert worden.

Metallarbeiten haben eine lange Tradition in der islamischen Kunst, sie wurden von Anfang an kontinuierlich hergestellt und sind gut dokumentiert. Die Auslegung für elektrisches Licht spricht für eine Datierung des Leuchters nicht vor Ende des 19. Jahr-

Abb. 3
Der untere Reifen mit den Filigrankugeln über dem sechseckigen Kranz
Foto: rem, Carolin Breckle

hunderts, eher Anfang des 20. Jahrhunderts, denn im islamischen Raum hat die Verbreitung elektrischen Lichts später eingesetzt als in Europa. Der Tod des Vorbesitzers im Jahre 1912 gibt einen terminus ante quem. Das gilt für den Leuchter als Ganzes, seine einzelnen Elemente sind allerdings mit sehr unterschiedlichen Materialien und Techniken gefertigt. Es scheint sich um eine „Marriage" zu handeln, ein Objekt, das aus ursprünglich nicht zusammengehörigen Teilen gefertigt wurde. Dafür sprechen auch mehrere Vergleichsstücke von Moscheelampen (18./19. Jahrhundert), die mit der Haube verglichen werden können. Die Reifen aus Neusilber könnten eine spätere Zutat sein, die der Haube optisch ohne den Aufwand einer Versilberung gleichen sollten. Die Gussteile sind jünger, zumindest die gegossenen Kugeln, denn sie sind den Filigrankugeln nachempfunden, aber in einer Form gegossen.

Die originalen Sammlungslisten im Museum nennen „Persien" als Herkunftsort, was nicht zweifelsfrei bestätigt werden kann, schließlich sind gleiche Techniken und Verzierungen von Metallobjekten im islamischen Raum weit verbreitet. Es ist nicht bekannt, wo der Vorbesitzer Theodor Bumiller das Objekt erworben hat. Er ist viel gereist, auch in Gebiete unter islamischem Einfluss, zum Beispiel an die ostafrikanische Küste, nach Sansibar, auf den Balkan sowie ins Osmanische Reich. Zum Teil kaufte er auch von anderen Sammlern.[4] Das Konvolut, mit dem der Leuchter ins Museum kam, besteht vor allem aus Objekten, die in der damaligen Sammlungsdokumentation den Großräumen „Persien" und „Indien" zugeordnet worden waren.

Zu Bumillers Zeiten arbeiteten die Metallhandwerker in weiten Teilen der islamischen Welt häufig auf dem Bazar selbst, wo sich die verschiedenen Zünfte untereinander austauschten. Dies wäre eine naheliegende Erklärung für die unterschiedlichen Einflüsse, die in diesem Objekt vereinigt sind. Die älteren Teile könnten noch irgendwo vorrätig gewesen sein, sodass ihre Wiederverwendung hauptsächlich praktische Gründe gehabt hätte. Angesichts der Länge und der Pracht des Leuchters könnte er in einer öffentlichen Einrichtung wie einer Moschee oder einem Palast gehangen haben. Solche Orte hatten auch als Erste elektrischen Strom, in Privathaushalten ist lange noch Öl und Gas zur Beleuchtung verwendet worden. Erste Schäden am Objekt könnten schon während des Gebrauchs oder des Transports eingetreten sein. Es ist seit der Eingliederung in die museale Sammlung wahrscheinlich dauerhaft liegend und zusammen geschoben in einem Regal aufbewahrt worden (Abb. 4). Dadurch ist Druck auf die zum Teil sehr dünnwandigen bzw.

Abb. 4
Der Zustand vor der Bearbeitung: So war der Leuchter im Depot aufbewahrt worden. Vor allem der Aufbau der unteren Etagen war dabei kaum zu erkennen.
Foto: rem, Archivfoto

durchbrochenen Elemente ausgeübt worden, die Verbindungsstellen der beweglichen Teile wurden gestaucht, dies ergab Verformungen, Risse und Brüche. Vereinzelt gibt es kleine Fehlstellen in den Ornamenten. Im Inneren haben sich grau-weißliche, flockige Verbrennungsrückstände niedergeschlagen, was wieder für die Erstverwendung der Haube als Lampe mit Kerzenlicht spricht.

Die einzelnen Stege des sechseckigen Kranzes sind leicht verformt, die Eckverbindungen mehrfach gelöst. Die Lampenfassungen auf den Kranzecken stehen zum Teil schief oder sind ganz abgebrochen, sodass sie nur noch am Elektrokabel hängen. Die Oberfläche ist verschmutzt und verstaubt. Die flächig aufgetragene Beschichtung ist vergilbt und teilweise fleckig. Durch atmosphärische Einflüsse haben sich auf den stellenweise freiliegenden Metalloberflächen Oxidschichten gebildet, bis hin zu Patina und Kupferkorrosion, die vereinzelter, aber dann sehr ausgeprägt auftritt. Die äußere Schicht der textilen Kabelumwicklung ist stark verschmutzt und weist große Fehlstellen auf, die spiraligen Wicklungen sind mehrfach gerissen und locker. Stellenweise liegen die Kupferkabel frei und sind oxidiert. Die erste Konservierungsmaßnahme war die schrittweise Ausbreitung und Entwirrung der zusammengeschobenen Einzelteile im Liegen. So konnten erstmals Konstruktion, Zustand und Konservierungsbedarf umfassend festgestellt werden. Die Teile waren vollständig und stabil genug, um wieder zur Hängelampe zusammengefügt zu werden. Gelöste Kettenglieder ließen sich wieder einhängen, nur an einer Stelle musste ein verlorener Haken aus Draht nachgeformt werden. Der sechseckige Kranz konnte wieder zusammen gesetzt werden, dabei war eine abgenutzte Schraube zu ersetzen. Die konzipierten Reinigungsmaßnahmen konnten im Anschluss an die Bachelorarbeit von studentischen Praktikanten durchgeführt werden. Dabei wurden die oberflächlich aufliegenden Verschmutzungen entfernt, sie trüben den Metallglanz der polierten Oberflächen und binden dort Feuchte sowie Schadstoffe. Weiter sind die potentiell schädlichen Kupferkorrosionsprodukte abgenommen worden. Von einer Abnahme der Beschichtung und dem Blankputzen der Oberflächen wurde dagegen vorerst abgesehen, da der Leuchter wieder im Depot eingelagert werden soll. So erfüllt die Beschichtung weiterhin ihre Schutzfunktion, denn die Anlaufschichten sind stabil und schaden dem Metall nicht. Ihr Abreinigen wäre immer mit Materialabtrag verbunden, zudem haben viele Reinigungsmethoden unerwünschte Nebeneffekte.

Für den Fall einer Ausstellung des Leuchters könnten weitere Reinigungsmaßnahmen in Betracht gezogen werden, wobei aber auch Faktoren wie Standortbedingungen sowie Erwartungen an die Präsentation bedacht werden müssen. Eine Inbetriebnahme der Lampenfassungen mit batteriebetriebenen Glühbirnen im Zuge musealer Präsentation wäre durchaus vertretbar, so könnte die Funktion ohne Eingriffe in die Substanz wiederhergestellt werden. Der Leuchter ist künftig hängend aufzubewahren, durch das Liegen entstanden bereits Schäden, außerdem ist er liegend schwer zu handhaben. Da die Rollregale des Depots den Leuchter nun nicht mehr fassen können, wurde ein fahrbares Gestell aus Holz für ihn angefertigt. So kann das Objekt berührungsfrei bewegt werden und ist seitlich geschützt.[5] Dank der Wahl des Hängeleuchters zum Gegenstand einer Bachelorarbeit wurde er nun erstmals seit seiner Eingliederung in die Sammlung kunstgeschichtlich aufgearbeitet und restauratorisch behandelt, vor allem aber wurden seine Aufbewahrungsbedingungen deutlich verbessert.

1 Jourdan, Marion; Rehberger, Ralf: Ein alpiner Meteor am Berninahimmel. Über die Erstbesteigung des Piz-Palü-Mittelpfeilers durch Theodor Bumiller, in: Mannheimer Geschichtsblätter, Band 25/2013, S. 70-90.

2 Es handelt sich um eine Koransure, beginnend mit „Es gibt keinen Gott außer Gott....". (Übersetzung Sahra Latif).

3 Auch auf diesem Band befinden sich Schriftzeichen, die Allah und den Sultan preisen (mdl. Kommunikation Sahra Latif).

4 Übereinstimmende Sammlungslisten belegen, dass er große Teile seiner Ostafrikasammlung von dem deutschen Schriftsteller und Kolonialakteur Fritz Bley angekauft hatte.

5 Sollte direkte Handhabung dennoch vonnöten sein, sollte man zu zweit mit Handschuhen arbeiten und den relativ fragilen Kranz möglichst nicht berühren.

Constantin Beck

Kultur und Geld – Griechisch-phönikische Kulturvermittlung im Spiegel des Geldes

„[...] Alles muss, was ausgetauscht wird, irgendwie vergleichbar sein. Dafür nun ist das Geld auf den Plan getreten: Es wird in gewissem Sinn zu einer Mittelinstanz, denn alles lässt sich an ihm messen [...]. Denn wenn dies nicht so ist, kann es weder Austausch noch Gemeinschaft geben. Und diese proportionale Gleichwertigkeit kann es nicht geben, wenn die fraglichen Dinge nicht in irgendeiner Beziehung gleich sind. Es müssen sich also alle Dinge durch eine bestimmte Einheit messen lassen [...]. Diese Einheit ist in Wahrheit der Bedarf [...], als eine Art austauschbarer Stellvertreter des Bedarfs aber ist das Geld geschaffen worden [...]. Und es trägt den Namen „Geld" (nomisma), weil es sein Dasein nicht der Natur verdankt, sondern weil man es als „geltend" gesetzt (nomos) hat und es bei uns steht, ob wir es ändern oder außer Kurs setzen wollen."[1]

Im fünften Buch seiner Nikomachischen Ethik analysiert Aristoteles eines derjenigen Phänomene, das wie kaum ein anderes die Gegenwart zu beherrschen scheint: das vermeintlich alles quantifizierbare Universalmedium „Geld". Freilich darf man seine „existenzielle" Bedeutung, die heute Gesellschaften enthemmt und ganze Generationen an sich zweifeln lässt, nicht auf das aristotelische 4. Jahrhundert v. Chr.[2] übertragen. Dennoch hängt auch für ihn „Gemeinschaft" von Bedarf bzw. seinem „austauschbaren Stellvertreter", dem Geld, ab. Damit handelt es sich aber eben nicht um ein Geldsystem modernen Zuschnitts, sondern um eine der Gerechtigkeit dienliche Austauschkonvention, die zwar menschengeschaffen, allerdings auch nicht zu revidieren ist. Hier steht zunächst aber der Prozess des „auf den Plan"-Tretens, sowie die vermeintliche Tatsache, dass das „Händlervolk" der Phöniker dabei keine Rolle spielte, im Zentrum des Interesses.[3]

Es scheint seit Herodot[4] als Gemeingut zu gelten, dass „das Geld" im 7. Jahrhundert v. Chr. im Königreich Lydien „erfunden" und von dem mythisch überzeichneten König Kroisos im 6. Jahrhundert so extensiv angehäuft wurde, dass er für den sinnbildlichen Reichtum selbst steht. In der Forschung hat sich jedoch durchgesetzt, dass man mit den vermutlich ältesten geprägten Münzen aus Elektron – gefunden in den Fundamenten des lydischen Arthemisions von Ephesos – den „gesicherten Terminus ante quem ca. 560 v.Chr. hervorheben und zugeben sollte, dass wir nicht genau wissen, um wieviel früher die Münzprägung begann"[5]. Es fällt natürlich sofort auf, dass hier eine terminologische Unschärfe besteht, so selbstverständlich scheint die Gleichsetzung von Geld mit der speziellen Ausprägung Münze. Dass die von Aristoteles umschriebene Funktion des Geldes als Mittler prinzipiell mit allen materiellen Dingen, solange sie nur den allgemein anerkannten Konventionen von Partnern entsprechen, funktioniert, ist zunächst einmal festzuhalten. Dennoch waren es keine seltenen Steine, Muscheln oder Hölzer, die in ihrer natürlichen Erscheinung bearbeitet wurden, um sie vor Kopien zu schützen, sondern Gold und Silber bzw. Legierungen aus beidem, mit denen spätestens ab dem 6. Jahrhundert und dann in enormer Geschwindigkeit die Mittelmeerwelt monetarisiert wurde. Die Wahl dieser Materialien ist aber nur hinter einem bis in das dritte vorchristliche Jahrtausend zurück verfolgbaren Prozess zu verstehen, in dem von Mesopotamien aus bis in die Levante die schwer zu erschließenden Metalle Gold und Silber in verschiedenen Formen eine Geldfunktion neben dem Direkttausch innehatten.

Die Frühhistoriker sind sich darüber nahezu einig – und die archäologischen Befunde aus Hortfunden sind eindeutig[6] – dass premonetäre Gold- und Silbereinheiten im Nahen Osten, vor allem aber bei dem „Händlervolk" der Phöniker, als Handelsmedium eine zwar nicht sicher zu quantifizierende, aber doch identifizierbare Rolle gespielt haben müssen.[7] Während die Altphilologen den Phönikern die Ahnherrschaft des griechischen Alphabets seit langem zubilligen, wurde im Zuge der bisweilen überbeanspruchten „Entzauberung" der philhellenisch-klassizistischen Althistorie auch die Ansicht über deren Vorbildrolle für die griechische Polisordnung[8] und deren Handelssystem[9] geäußert. So soll es auch ein von den Phönikern übernommenes Währungssystem, bestehend aus Hacksilber bzw. Hackgold, im solonischen Attika des 7./6. Jahrhunderts gegeben haben und darüber hinaus in weiten Teilen der griechischen Welt.[10]

Hier soll nun die Frage nach gegenseitigen kulturellen und wirtschaftssystematischen Einflüssen zwischen Griechen und Phönikern ansetzen: Zunächst kann also gefragt werden, ob eine Premonetarisierung griechischer „Staaten" als Bestandteil der „Orientalisierung" des archaischen Griechenlands zu berücksichtigen sein sollte. Darauf ist aber auch nach einer Gegenbewegung zu fragen: Ausgehend von der Forschungsmeinung, dass „die Karthager ihre ersten Münzen auf Sizilien in der zweiten Hälfte des 5. Jahrhunderts produzierten"[11] (die phönizischen Städte der Levante begannen ungefähr zur gleichen Zeit Münzen zu prägen; zum Verhältnis „punisch-karthagisch" – „phönizisch" s.u.), ist zu überlegen, ob mit der Monetarisierung des phönikisch-punischen Westsizilien eine „Hellenisierung" zu konstatieren ist. Hier können die Münzbilder der so genannten „siculo-punischen" Prägungen in den Sammlungen der Reiss-Engelhorn-Museen als kulturgeschichtliches Diskussionsmaterial beispielhaft herangezogen werden.

Unzweifelhaft birgt es gewisse Schwierigkeiten, über Identitäten bzw. Akkulturationsprozesse anhand von Geldarten bzw. Münzbildern zu reflektieren, wenngleich die Auseinandersetzung mit diesen Medien im 6./5. Jahrhundert zwangsläufig zu Veränderungen in den zuvor gängigen – zumindest im Handel – Gewohnheiten geführt haben muss.[12] Die Begriffe „Orientalisierung" und „Hellenisierung" sind wie folgt zu verstehen:

Bei „Orientalisierung" handelt es sich um eine spezifische Ausprägung der in den letzten Jahrzehnten stark diskutierten Akkulturationsthesen in den Altertumswissenschaften. Der Altphilologe Walter Burkert beschreibt den Einfluss „orientaler" – also aus den Gebieten Kleinasien, Irak, Iran, Syrien, Palästina und Ägypten – Kulturen auf das minoisch-mykenische sowie archaische Griechenland als einen „Prozess der Akkulturation", in dem „immer wieder etwas Neues zustande gekommen ist, was für die Zukunft unverwechselbar griechisch sein und bleiben sollte, in Technik [...] und Kunst, in Literatur, Naturwissenschaft und Mathematik, im Stil der [sic!] Denkens und Diskutierens"[13]. Die Frage, ob dem auch das Geld beigefügt werden kann, soll hier betrachtet werden.

Der Begriff der „Hellenisierung" ist insofern für den hier interessierenden Zeitraum problematisch, weil mit ihm ein vielschichtiger Akkulturationsprozess allgemein in der Zeit zwischen Alexanderzug und arabisch-islamischer Eroberung bezeichnet wird. Jedoch lässt sich gerade für das hier interessierende 5. Jahrhundert in manchen Bereichen ein gesteigertes Interesse von nicht-„griechischer" Seite ausmachen, gewisse Fertigkeiten zu kopieren, zu denen neben Kunststilen und Kriegstechnik auch Münzprägung zählt. So ist beispielsweise bekannt, dass die Römer ihre Silbermünzen bis 269 v. Chr. bei ihren griechischen Verbündeten in Süditalien haben prägen lassen.

Die aus der Hellenisierung folgenden „Veränderungen hatten oft weitreichende Auswirkungen auf die kulturell-ethnische Identität der betreffenden Gesellschaft. Die Hellenisierung führte in unterschiedlichem Grad zum Bruch mit der Vergangenheit [...]". Jedoch, so wird in einer Definition fortgefahren, gab es „Sonderfälle [...], in denen die einheimischen Kulturmuster weithin bestimmten, was an griech[ischen] Kulturfertigkeiten als brauchbar für die eigenen Zwecke oder ungefährlich für die eigene Identität übernommen wurden, u.a. Rom [...] und Karthago, wo sich trotz umfangreicher H[ellenisierungs].-Prozesse die einheimische Identität in ungebrochener Traditionslinie behaupten konnte, zwar gewandelt, aber auch gestärkt".[14]

Wertmedien ohne geprägtes Geld?

Einen präzisen Abriss über die Entstehung des Wertmediums Geld bietet wiederum Aristoteles: „[...] Tauschhandel [...] entstand nur, um die Mängel auszufüllen, die der natürlichen autakeia des Lebens im Wege stehen; aber aus diesem entsprang jene Kunst [des Gelderwerbs] in sehr begreiflicher Weise. Denn da die gegenseitige Unterstützung durch Einfuhr des Mangelnden und Ausfuhr des Überflüssigen sich immer weiter örtlich ausdehnte, verfiel man notwendigerweise auf die Einführung des Geldgebrauchs. Nicht jedes der von Natur notwendigen Bedürfnisse war ein leichtbewegliches Gut, und so kam man dahin überein, zur Vermittlung des gegenseitigen Umtausches einen Gegenstand zu geben und zu nehmen, welcher, selbst zu den nutzbaren Dingen gehörig, zugleich noch den

Vorteil eines handlichen Gebrauchs für den Transport hatte, wie Eisen, Silber und was weiter dahin gehört, und zwar so, daß man anfänglich seinen Wert einfach nach Größe und Gewicht bestimmte, schließlich aber es auch mit einem Prägezeichen versah, um sich die Mühe des Abwägens zu ersparen, indem nämlich jetzt dieser Stempel als Zeichen des Wertes aufgeprägt wurde. Und als nun so aus dem unentbehrlichen Bedürfnis des Tausches einmal das Geld hervorgegangen war, da bildete sich [...] das Handelsgeschäft [...].“[15]

Freilich ist dem sachlich theorisierenden Aristoteles nicht zu entnehmen, wer genau die Handelspartner waren; es heißt lediglich „man kam überein“. Daher gilt es allgemeine Prinzipien festzuhalten, die von dem ca. 300 Jahre nach dem beschriebenen Prozess lebenden Philosophen geäußert wurden: 1. Ausdehnung von Import und Export bzw. Transport, 2. Metalle wurden nach Größe und Gewicht bewertet, 3. Handelsgeschäft folgt der Münzinnovation.

Die Quelle belegt weiterhin, dass schon für den antiken Autor premonetäre Wertmedien neben den reinen Tauschgütern existiert haben, nämlich „Eisen, Silber und was weiter dahin gehört“. Ihnen soll sich nun zugewandt werden.

Formen der Premonetarisierung im Nahen Osten

Es wird bisweilen von „primitive money“ geschrieben, wenn sich mit Bruchstücken von gegossenen Metallstücken, natürlichen Metallnuggets oder Metallschmuck als Wertmedien beschäftigt wird.[16] Eine Begrifflichkeit, die auch daher rührt, dass man die Quantität des Geldgebrauchs als sehr gering einschätzt. In der Tat sind für die Levante auch „nur“ 34 Silberhorte archäologisch belegt. Fakt ist allerdings auch, dass dieses Wert-System in großen Teilen durch das spätere Umprägen in Münzen transformiert wurde und somit über seine Quantität keine letzte Sicherheit existieren kann. Die generelle Bezeichnung für diese premonetären, rein auf augenscheinlichem Material (hier vor allem Silber und die natürliche Gold-Silber-Legierung „elektron“), Gewicht und Größe basierenden Wertmedien ist auch in der englischsprachigen Literatur „Hacksilber“. Herodot belegt diese Praxis noch für die Perser des 5. Jahrhunderts mit den Worten: „man schneidet, so oft man Geld braucht, ein entsprechend großes Stück von der Metallmasse ab.“[17] Dabei wird kein Unterschied gemacht, ob Hackstücke von größeren Barren, Schmuck oder metallenen Gefäßen – interessanterweise „hacken“ die Phöniker auch griechische Münzen bis weit ins 5. Jahrhundert – als Zahlungsmittel fungierten. So kommt es auch, dass in den diversen Hortfunden beschädigter Schmuck, Ringe und ähnliches, gefunden wurde.[18] In einigen Fundzusammenhängen findet man mehrere Metallstücke in einem Textil zusammen sortiert, das mit einer gesiegelten Bulle verschlossen und zudem mit einem Gewicht bezeichnet ist, was seine Bedeutung als Zahlungsmittel belegen kann. Bei einem solchen sehr frühen Hort aus dem 11. Jahrhundert, gefunden am ehemaligen Hafenort Tel Dor im heutigen Israel, wird davon ausgegangen, dass er einem phönizischen Händler gehört haben könnte, der das Geld für den Bau und Unterhalt von Schiffen für den Handel auf dem gesamten Mittelmeer verwendete.[19]

Ein besonders erwähnenswerter Fund aus Tel Dor sind die so genannten „Token“ – kreisrunde, flache, aber eben ungeprägte „Münzen“ –, mit denen sehr deutlich die bis heute anhaltende Formenentwicklung der Münze verdeutlicht werden kann.[20]

Aber gerade auch mit dem Phänomen des Siegelns von Wertbündeln kommt klar heraus, dass die damit verbundene Verifizierung von Gewicht und Reinheit – ebenso wie sie Aristoteles für die frühe Münzprägung beschreibt – eine verbreitete Praxis im Nahen Osten war, bevor sie von den Lydern und Griechen bei der Münzprägung übernommen wurde.[21] Es verbietet sich dem Historiker bei seiner Thesenbildung nicht, alle möglichen Quellengattungen in die Überlegungen einzubeziehen. Daher lässt sich neben dem archäologischen Befund eine Quelle aus dem Alten Testament heranziehen. Im 23. Kapitel des Buches Genesis findet sich eine interessante Transaktion: Abraham sucht nach einer Grablege für sich und seine Frau Sara und kommt dabei mit einem Hetiter namens Efron ins Geschäft. So spricht Abraham: „Er soll mir die Höhle [...] überlassen [...] am Rande seines Grundstücks. Zum vollen Geldwert soll er sie mir überlassen als eigene Grabstätte mitten unter euch. [...] Der Hetiter Efron antwortete Abraham [...]: Das Grundstück überlasse ich dir [...]. Begrab deine Tote! [...] Da sagte Abraham zu Efron [...]: Ich zahle das Geld für das Grundstück. Nimm es von mir an [...] Efron antwortete Abraham [...]: Land im Wert von vierhundert Silberstücken, was bedeutet das schon unter uns? Begrab nur deine Tote!

Abraham hörte auf Efron und wog ihm den Geldbetrag ab, den er in Gegenwart der Hetiter genannt hatte, vierhundert Silberstücke zum üblichen Handelswert."[22]

Widersprüchlich – wie nicht selten in den biblischen Texten – kann man hier eine Verhandlung auf höchstem Niveau beobachten: Der Hetiter verdeutlicht Abraham, dass er sehr wohl Geld für das Land erwartet und nennt seinen Preis. Offensichtlich hätte es sich aber gehört, dass er ihm das Land für das Totenbegräbnis unentgeltlich überlässt. Dennoch sind hier nicht nur der Verkauf von Land und dessen soziale Begleitumstände interessant, sondern gerade die Beschreibung von Abrahams Handlung: Er wiegt qualitativ ab, was er doch eigentlich quantitativ nur zählen müsste. Das verdeutlicht allerdings, dass es erstens eine allgemein anerkannte Bezugsgröße gab – möglicherweise Schekel[23], Mine[24] oder andere Einheiten, wie sie an anderer Stelle als Gewichte erwähnt werden – und zweitens, dass es eine zwar nicht so praktische Transaktion wie mit nur abzuzählenden Münzen – weil der Wert jeder einzelnen von einer „staatlichen" Autorität verbürgt ist –, aber doch jedenfalls praktikable Methode darstellt. Wenn das aber nun zwischen einem Israeliten und einem Hetiter funktionierte, warum dann nicht auch zwischen einem phönikischen und einem griechischen Händler?

Der graeko-phönikische Geldaustausch

Während es aufgrund der Fundzusammenhänge von Tel Dor mit einiger Sicherheit zu belegen ist, dass die gebündelten und in einem Stoff versiegelten Hacksilberstücke Handelszwecken dienten, wissen wir nicht mit letzter Sicherheit, welchem Zweck die Elektronprägungen aus dem Fundament des Artemistempels zu Ephesos dienten.[25] So ist beispielweise auch eine rein kultische Funktion denkbar.

Um einen Vergleich von premonetären Geld- und Handelssystemen in der Levante und der griechischen Welt anstellen zu können, bedarf es natürlich primär archäologischer Befunde premonetärer Erscheinungsformen des Geldes auch für die Griechen. Doch es gibt ein Problem: der fast vollständige Mangel an archäologischen Belegen für Hacksilber im Griechenland des 7. Jahrhunderts.

Es ist allerdings an verschiedenen archäologischen und literarischen Stellen überliefert, dass es Handel zwischen den Phöniziern und den Griechen gab.[26] Prinzipiell ist es möglich, dass es ausschließlich Tauschhandel war – wenngleich das nur schwer vorstellbar ist, und wogegen sich auch schon Aristoteles mit dem Verweis auf die pure Notwendigkeit von Geld im Fernhandel ausgesprochen hat.[27]

Von gesteigertem Interesse ist hier nun die von Kroll für das 7. Jahrhundert seit zwanzig Jahren stark verteidigte These: "The many hoards of Hacksilber from the Near East illustrate how pre-coinage silver circulated in the form of irregular ingots, ingot fragments, and scraps of broken jewelry, to be weighed out and cut up as transactions demanded. Since the monetary use of silver in Greece was receded by a value system based on iron spits (obols), I proposed that silver probably began to become plentiful enough to replace spits in the late 8th or early 7th century, near the start of the Orientalizing phase of Greek culture. At this time silver was becoming a major trading commodity, for example, among the Phoenicians."[28]

Zu belegen versucht er diese Entwicklung vor allem mit einem Fund von Hackgold aus Eretria des späten 8. Jahrhunderts, was natürlich der These eines argentum-basierten Geldsystems nicht weiterhilft.[29]

Als Kritik an seiner These – von mehreren Seiten geäußert – entgegnet vor allem David Shaps, dass schlicht die Quellen fehlen: "He would claim [...] that for a moment at the time of Solon – a moment otherwise invisible to the philologist´s eye and to the archaeologist´s spade – Archaic Greece worked on a system just like that of the East, before going off on a love-affair with coinage that the East took up only grudgingly centuries later."[30]

Der Einwand ist zwar methodisch folgerichtig, dennoch sollte man bedenken, dass es nicht nur ein möglicherweise aus dem Nahen Osten übernommenes System als Beleg eines wie auch immer gearteten Einflusses auf Griechenland zu berücksichtigen gilt, sondern alleine schon die Tatsache, dass die späteren Münzen aus Metall gefertigt wurden.

Bis hierher lässt der Befund keine wirkliche Aussage über die Veränderung griechischer Gewohnheiten zu, die mit „Orientalisierung" bezeichnet werden könnten. Alleine aber die Ausbreitung des sicherlich mitunter auf Geldmedien basierten Handels kann als premonetäre graeko-phönikische Interaktion geltend gemacht werden. Der Definition von Burkert kann allerdings insofern das Münzgeld hinzugefügt werden, weil es für die Zukunft bis in unsere Zeit als etwas „Lydisch-Griechisches" beschrieben wird, obwohl es eben auch seine Vorläufer hatte.

Monetarisierung als Teil der Hellenisierung? Die phöniko-punischen Prägungen Siziliens

Da sich im Folgenden mit Sizilien als kulturellem Verhandlungsort beschäftigt wird, vorab eine kurze Ausführung zur Ausgangssituation der phönizischen und griechischen Kolonisation der größten Insel im Mittelmeer:

Für die erste Phase der phönikischen Ansiedlungswelle in Form von enoikismoi, also Handwerkersiedlungen, im 10. bzw. 9. Jahrhundert fehlt für Sizilien jeder archäologische Beleg. Nachdem 814/13 mit der Gründung Karthagos in Nordafrika als apoikia (Tochterstadt) der phönizischen Mutterstadt Tyros eine gewisse Westverschiebung zu konstatieren ist, lassen sich aus dem späten 8. Jahrhundert – in der Forschung als zweite Phase phönikischer „Kolonisation" bezeichnet – erste archäologische Belege für phönizische emporia (Faktoreien) auf Sizilien festhalten: Die Inselstadt Mozia ganz im Westen lässt sich um 720 datieren, die Küsten- und Hafenstädte Solus und Panormus im Nordwesten wohl nur wenig später. Besonders erwähnenswert ist dabei die Tatsache, dass die Phöniker, denen als Siedlungsgrund allgemein vor allem das Vorhandensein von Metallvorkommen unterstellt wird, auf Sizilien siedeln, obwohl es hier keine gibt. Daher lassen sich die Siedlungen auch am ehesten mit der Funktion von Zwischenstationen auf dem Weg zur metallreichen iberischen Halbinsel erklären.

Zur ersten griechischen Siedlung auf Sizilien erklärt Thukydides das im Osten gelegene Naxos. Es liegt auf dem Weg zur später so genannten Meerenge von Messina, durch die man zu der noch früher besiedelten Insel Pithekoussai (Iskia) kommt, und wurde im Jahr 735 gegründet[31] – also nahezu zur gleichen Zeit wie die Siedlungen der Phöniker im Westen. Ein bedeutender Unterschied ist dabei jedoch, dass es sich hier um eine apoikia-Siedlung handelt, also eine auf Hinterlandbesitz angewiesene und danach strebende Tochterstadt der auf Euböa gelegenen Polis Chalkis.

Nur unwesentlich später – man geht von 734 aus – wird mit Syrakus die in den folgenden Jahrhunderten bedeutendste Griechenstadt Siziliens von Korinthern gegründet. Bei ihr gibt es auffallende geographische Ähnlichkeiten zu Mozia, auch hier ist dem Land eine Insel vorgelagert. Pausanias, ein griechischer Autor aus dem 2. Jahrhundert n. Chr., überliefert uns eine Beschreibung der die Kernstadt von Syrakus bildenden Insel Ortygia:

> Ortygia liegt im dämmernden Meer,
> Über Trinakria, wo des Alpheios´ Mündung aufsprudelt,
> Sich mischend mit den Quellen der schön fließenden Arethusa.[32]

Der Mythos erzählt, dass sich die Quellnymphe Arethusa – sie wird uns später noch interessieren – mit dem Flussgott Alpheios bei Syrakus vereinigte und als Quelle auf Ortygia hervortritt. Mit ihr haben wir eine starke lokale Identifikation zu vermuten.

Nach diversen weiteren Koloniegründungen im Osten Siziliens wird mit Himera 648 die nord-westlichste Siedlung unter griechischer Beteiligung gegründet. Interessant ist dabei zu vermerken, dass diese durch drei oikistes gegründet wurde, jeweils einem aus den beiden griechischen Städten Zankle und Syrakus auf Sizilien sowie einem drittem, möglicherweise einem Nicht-Griechen. Dieser integrative Akt verleiht Himera eine gewisse Sonderrolle.[33]

Im Südwesten wird mit dem von Megara bzw. deren sizilischer Tochterstadt Megara Hyblaea – in deren Gründung ebenfalls ein Nicht-Grieche involviert war – 628 gegründeten Selinus die westlichste Siedlung der Griechen errichtet.[34]

Die geographische Nähe der beiden zuletzt vorgestellten Städte, die die phönikischen Siedlungen – die allem Anschein nach nie von sich aus auf Expansion bestrebt waren[35] – gleichsam in die Zange nehmen, legt zwei Motivalternativen nahe: Einerseits können sie als „Phönikerpuffer", andererseits als griechischer „Brückenkopf" zum Handel mit dem „Händlervolk" gedient haben.

Mit dem 6. Jahrhundert beginnt das karthagische Engagement auf Sizilien, das die phönikischen Städte offensichtlich nicht erbeten haben, wird doch noch 580 ein griechisches Siedlungsbestreben von Rhodos und Knidos im Nordwesten Siziliens durch die phönikischen Städte ohne Hilfegesuch an Karthago abgewehrt.[36] In den folgenden Jahrzehnten gerät dann aber der Westen Siziliens immer mehr in die Expansionssphäre Karthagos, bis mit deren fataler Niederlage bei Himera 480 das Engagement auf Jahrzehnte unterbrochen, aber nicht aufgegeben wurde. Erst gegen Ende des 5. Jahrhunderts beginnt dann der große Showdown zwischen Karthago und dem zur Hegemonialmacht aufgestiegenen Syrakus.

Neben den Griechen – wobei man auch hier verschiedene, von den Mutterstädten abhängige Identitäten festhalten muss – und den Phönikern benennt Thukydides für das späte 5. Jahrhundert noch weitere zu berücksichtigende Ethnien:

„Die Sikaner sind [...], die Ersten gewesen, die dort siedelten [...]; sie bewohnen auch jetzt noch den westlichen Teil der Insel.

Nach der Eroberung von Ilion landeten einige Troer, [...] siedelten den Sikanern benachbart und erhielten insgesamt den Namen Elymer, ihre Städte waren Eryx und Egesta, In ihrer Nachbarschaft siedelten auch einige Phoker, [...].

Die Sikeler setzten von Italien – dort wohnten sie nämlich ursprünglich – nach Sizilien über, [...], so kam es, dass nach ihnen die Insel statt Sikanien Sizilien hieß. Sie besiedelten die fruchtbarsten Landstriche und behaupteten sie seit ihrer Überfahrt fast dreihundert Jahre, bevor die Hellenen nach Sizilien kamen; auch jetzt noch besitzen sie das Innere und den Norden der Insel.

Auch Phoiniker wohnten rings um ganz Sizilien, beschränkten sich aber auf die Küstenränder und vorgelagerten Inseln wegen des Handels mit den Sikelern. Als die Hellenen in großer Zahl über das Meer heransegelten, verließen sie einen Großteil ihrer Besitzungen – nur Motye, Soloeis und Panormos in der Nachbarschaft der Elymer bewohnten und besiedelten sie noch gemeinsam (mit diesen), gestützt auf ein Bündnis mit den Elymern und weil hier die kürzeste Entfernung von Sizilien nach Karthago ist.“[37]

Wie dieser Auszug zeigt, hat man es für das archaische Sizilien mit einem Identitätspluralismus zu tun. Alleine schon, dass der Grieche Thukydides des klassischen 5. Jahrhunderts den Sikanern und Sikelern zubilligt, sie siedelten „auch jetzt noch“ in gewissen Teilen der Insel, ist unter dem Gesichtspunkt von „Hellenisierung“ und möglichem Widerstand dagegen interessant festzustellen. So verwundert es auch nicht, dass den wohl nicht mehr gesondert zu identifizierenden Elymern und „Phokern“ ein griechisch-trojanischer Ursprung und damit ein typischer Topos der Hellenisierung zugesprochen wird. Wenn aber die Elymer aus der griechischen oikumene der Heroenzeit des Trojanischen Krieges stammen, so ist die Bemerkung, sie hätten ein Bündnis mit den Phönikern und wohnten darüber hinaus sogar zusammen mit jenen, ein erwähnenswertes Indiz für den Versuch einer Reflektion von graeko-phönikischer Interaktion bei Thukydides.

Münzen als Identitätsträger?

Das griechische Münzwesen einer Stadt war durch relativ hohen Konservatismus geprägt. Meistens gibt es die Darstellung einer Stadtgottheit bzw. eines Stadtheroen auf dem Avers und eines bisweilen der Gottheit attributierten Tiers oder anderer abstrakter Symbole auf dem Revers, zum Beispiel der sprichwörtlichen Eule aus Athen. Natürlich gibt es auch diverse Sonderformen und Kombinationsalternativen. Stefan Ritter stellt in seiner Studie über Bildkontakte zwischen griechischen Städten der klassischen Zeit mittels Münzbildern heraus, dass in der Forschungsdiskussion „Uneinigkeit darüber besteht, ob und, wenn ja, in welcher Hinsicht griechische Münzen Botschaften über das Selbstverständnis des verantwortlichen Staates [...] vermitteln sollten.“[38] Identität mit einer Stadt und seinem zugehörigen Gemeinwesen – dass es sich dabei keineswegs um ein statisches handeln muss, ist zu betonen – ist aber mittels eines gemeinhin anerkannten Symbols durchaus vorstellbar. Nicht zuletzt der Wettbewerbsgedanke zwischen Städten, der in vielen Bereichen der griechischen Gesellschaft zu fassen ist, kann als ein „wir“ gegen „euch“ – also Identität gegen Alterität – in dem hohen künstlerischen Aufwand greifbar werden, durch den sich die Prägungen ab dem 5. Jahrhundert auszeichnen.

Aber gerade in der wechselseitigen Auseinandersetzung zwischen zwei zwar nicht völlig fremden, aber doch zu unterscheidenden Gruppen über die Bedeutung ihrer jeweiligen hochoffiziellen – wir würden heute von Hoheitszeichen sprechen – Symbole lässt sich gerade eben nicht eine statische

Identitätskonstruktion identifizieren, sondern eine dynamische Interaktion mit dem jeweils „Anderen".

Ein dabei zu beachtender Punkt ist aber der Sonderfall der Übernahme oder Nachahmung fremder Münzbilder: Ritter stellt zwar fest, dass „dahinter in vielen Fällen die Absicht stand, Anschluß an eine etablierte Währung zu gewinnen und damit die Akzeptanz der eigenen Münzen zu gewährleisten [...]"[39], gerade aber die auffällige Übernahme und nur geringfügig abgeänderte Details machen Interaktion und vielleicht sogar Integration in eine andere Kultur in einem bestimmten Maße deutlich. Das Folgende beschäftigt sich deshalb mit der speziellen Ikonologie punisch-phönikischer Prägungen auf Sizilien und ihrer Anlehnung an benachbarte oder dominierende Griechenstädte.

„Coins of Punic Sicily"[40]

Auf die Begriffsproblematik „phönizisch – punisch – karthagisch" zur Beschreibung von Identitäten im westlichen Sizilien wurde bereits oben hingewiesen. Zu diesen reflexionsbedürftigen Begrifflichkeiten hat Jonathan Prag erläutert, dass "the basis of the terminological problem is that, if „Punic" replaces „Phoenician" as the general term for the western Mediterranean subsequent to the mid-sixth century, then that which is „Carthaginian" is „Punic", but that which is „Punic" is not necessarily „Carthaginian" (and ultimately all is still „Phoenician")".[41]

Zweifelsohne besteht ein gewisser Bruch, wenn man vom aus dem Griechischen stammenden „phönikisch" zum aus den lateinischen Quellen hergeleiteten „punisch" wechselt und dabei bisweilen unterstellt, die „Punier" hätten sich nicht mehr mit den Phönikern assoziiert, nur weil man ihnen einen anderen Namen gab.

Für unsere Frage interessiert es aber vor allem, inwiefern man die frühesten Münzprägungen der sizilischen Phönikerstädte, die ab der Mitte des 5. Jahrhunderts – und damit in der kurzen Zeit nach der Schlacht von Himera 480, in der sich das karthagische Engagement abgekühlt hatte – damit begannen, Münzen zu emittieren, überhaupt als „Coins of Punic Sicily" oder „Siculo-Punic Coinage"[42] bezeichnen sollte. Freilich ist Karthago als Hegemonialmacht nicht zu negieren, aber gerade bei den alten phönikischen Handelsniederlassungen, die auch was ihr Zentrum-Umland-Verhältnis anbelangt, eher der phönikisch-levantinischen Tradition verpflichtet gewesen sind als dem aporia-System der „Neu-Stadt" Karthago, sollte man nicht unreflektiert von einer „punischen" Identität im 5. und 4. Jahrhundert ausgehen.

Man sollte deshalb als Berücksichtigung beider Aspekte für das Sizilien der zweiten Hälfte des 5. Jahrhunderts von „phöniko-punischen" Identitäten ausgehen, deren Auseinandersetzungen mit den Griechen anhand ihrer Prägetätigkeit betrachtet werden sollen, um die These einer Hellenisierung zu prüfen.

Hierzu dienen die in den Reiss-Engelhorn-Museen aufbewahrten Exemplare der siculo-punischen Prägungen. Diese Auswahl ist natürlich stark verkürzt, kann aber die Übernahme griechischer Elemente sowie insbesondere die eigene Interpretation und identitätsreflektierende Auseinandersetzung über Bilder bei den phöniko-punischen Münzmeistern und Finanzbeamten verdeutlichen.

Ausgangspunkt ist die weltberühmte Arethusa: Auf der hier gezeigten syrakusischen Tetradrachme aus der Zeit der athenischen Sizilienexpedition (ca. 415 v. Chr.) ist im Revers die seit Jahrzehnten standardisierte Büste der Quellgöttin nach links, von Delphinen umgeben, dargestellt. Im Avers ist eine Quadriga nach links mit einer darüber fliegenden und den oder die Wagenlenker/in bekränzende Nike zu erkennen (Abb. 1). Zieht man nun eine um 400 v. Chr. zu datierende Prägung der Phönikerkolonie Panormos (das heutige Palermo im Nordwesten Siziliens) zum Vergleich heran, fallen die überdeutlichen Parallelen sofort ins Auge: Frauenkopf umgeben von Delphinen im Revers sowie Gespann mit Nike im Avers (Abb. 2). Auch die in die zweite Hälfte des 4. Jahrhunderts datierte Prägung Panormos´ nimmt das Bildprogramm – man möchte fast sagen „konservativ" – auf (Abb. 3). Doch handelt es sich eben nicht um einen reinen Kopiervorgang! Betrachtet man nämlich die Details, erkennt man sehr deutliche Abweichungen: Beide phönikische Prägungen setzen gewissermaßen einen anderen Fokus, der gewöhnlich als Qualitätsverlust beim Kopiervorgang interpretiert wird, tatsächlich aber auch genauso gut als ein willentlicher Akt – und damit mit einer Aussage verknüpft – interpretiert werden kann. Nicht die komplette Gespannszene im Avers wird kopiert, sondern nur die Pferde des Gespanns!

Kultur und Geld – Griechisch-phönikische Kulturvermittlung im Spiegel des Geldes

Abb. 1a und 1b (links)
Tetradrachme Syrakus
Arethusakopf nach links, umgeben von vier Delphinen
Quadriga nach links, darüber Nike nach rechts
AR
415/405 v. Chr.
rem, Inv.Nr. 998:8579

Abb. 2a und 2b (rechts)
Tetradrachme Panormos
Arethusakopf nach rechts, umgeben von vier Delphinen
Quadriga nach links, darüber Nike nach rechts
AR
400/380 v. Chr.
rem, Inv.Nr. 998:8578

Diese Pferdefokussierung kann noch weiter gestützt werden, wenn man die Bilder einer weiteren Tetradrachme heranzieht: Die ebenfalls in frühhellenistischer Zeit von einer bisher unbekannten siculo-punischen Münzstätte emittierte Prägung zeigt im Revers wiederum den kunstvoll gestalteten Kopf einer Frau nach links – allerdings ohne die umgebenden Delphine! – und nun im Avers die für die Siculo-Punier typische Darstellung eines Pferdekopfs und einer Palme im Hintergrund (Abb. 4). Bei dieser Bildentwicklung ist es wahrscheinlich, dass der starke Pferdebezug eine Aussage der phöniko-punischen Identität darstellt und somit das vermeintliche Kopieren der syrakusischen Prägung mehr – aber sicherlich auch – als die Anschlusssuche an eine etablierte „Währung" bedeutete.

Eine weitere Detailunterscheidung lässt sich anhand der Frisuren und des Schmucks machen: So zeigen die beiden weiblichen Büsten der hellenistischen Prägungen sowohl aufwendige Steckfrisuren als auch Schmuck an Ohr und Hals. Insbesondere das Ohrgehänge der beiden Siculo-Punier entspricht in seiner Form einander deutlich und könnte ein Identitätsmarker sein, wie er sich in fast jeder Gesellschaft über Schmuck und/oder Kleidung ausdrückt.

Das Fehlen der fast als kanonisch zu bezeichnenden Delphine wird verschiedentlich gedeutet: Jenkins sieht hier deshalb nicht den Kopf der Arethusa, sondern der Tannit, einer phönikischen Fruchtbarkeitsgottheit.[43] Auch wenn diese These nicht mit letzter Sicherheit belegt werden kann, so zeigt sie doch, mit welcher Leichtigkeit hier Bilder verändert und damit auch inhaltlich umgedeutet werden konnten: So wurde vielleicht aus der griechisch-mythologischen Quellgöttin – mit dem Wasserbezug durch die Delphine – eine phönizisch-syrische Fruchtbarkeitsgottheit, bei der ein Wasserbezug unstimmig gewesen wäre.

Zeitlich schon weit im Hellenismus angelangt, zeigt die siculo-punische Tetradrachme (Abb. 5) im Avers bereits ein Standardmotiv der Alexanderepoche: Ein männliches Gesicht, das die Züge des Makedonen tragen soll, mit einem aufgesetzten Löwenfell. Die griechische Welt erblickte in diesem Typus Herakles; für die Phönizier fiel die Gleichsetzung mit Melkarth leicht, dem Stadtgott der karthagischen Mutterstadt Tyros. Wir können hier die Adaption und Interpretation der eigenen Kultur in der Gegenüberstellung und Rückprojektion des jeweils anderen beobachten.

Im Revers dieser Münze ist wiederum der Pferdekopf mit der Palme zu sehen. Das Bild der Dattelpalme ist aber allem Anschein nach ein sprechendes Wappen, das erst in der griechischen Sprache seine Sinnhaftigkeit offenbart: Die Palme teilt sich im Griechischen das gleiche Wort mit der Bezeichnung für das „Händlervolk" an der Levanteküste: φοῖνιξ – phoinix.

Es wird also ersichtlich, dass mit der Übernahme der Münzprägung durch die Phöniker nicht nur eine griechische Ikonographie, sondern auch eine

Abb. 3a und 3b (links)
Tetradrachme Panormos
Persephonekopf nach links, umgeben von vier Delphinen
Quadriga nach links, darüber Nike nach rechts
AR
340/320 v. Chr.
rem, Inv.Nr. 998:8586

Abb. 4a und 4b (rechts)
Tetradrachme unbestimmter Münzstätte (siculo-punisch)
Persephonekopf nach links
Pferdekopf vor Palme nach links
AR
350/300 v. Chr.
rem, Inv.Nr. 998:8590

griechische Ikonologie – also die Sinnhaftigkeit hinter den Symbolen – benutzt wird. Unter der Einschränkung der im Laufe der Zeit wahrscheinlich werdenden Fehlinterpretationen, folgt aber daraus, dass man von einer Hellenisierung Westsiziliens und seiner Bewohner, eben auch der Phöniker, ab dem späten 5. Jahrhundert sprechen kann. Doch diese kulturelle Verhandlung zwischen Griechen und Phöniziern ist für uns bis heute ablesbar im Spiegel eines primär ökonomischen Mediums: Geld vermittelt Kultur.

Fazit

Anhand archäologischer und literarischer Quellen konnte herausgestellt werden, dass im Nahen Osten, lange bevor im 7. bzw. 6. Jahrhundert von den Lydern das gemünzte Geld „erfunden" wurde, eine Art von Geldverkehr mittels Edelmetallstücken, dem so genannten Hacksilber, existiert hat. Obwohl es überzeugende Argumente dafür gibt, dass um die Wende vom 7. zum 6. Jahrhundert auch die griechischen Händler eine Premonetarisierung erfahren haben, die ihnen gewisse unbestreitbare Vorteile für die Interaktion mit ihren nachweisbaren Fernhandelspartnern aus dem Osten mittels dieses Geldsystems brachte, so schweigen doch die Quellen. Dass sich jedoch gerade aus der Materie, die im Osten schon seit Jahrtausenden als Geld verwendet wurde, ab dem 6. Jahrhundert rasend schnell eine Monetaresierung des Mittelmeerraumes mittels geprägter Münzen entwickelte, spricht doch für einen Ost-West-Einfluss, der ja nicht gleich im Sinne eines Identitätswandels als „Orientalisierung" bezeichnet werden muss.

Abb. 5a und 5b
Tetradrachme (Sizilien)
Kopf des Melkarth-Herakles mit Löwenfell nach rechts
Pferdekopf vor Palme nach links
AR
300/280 v. Chr.
rem, Inv.Nr. 998:8589

Fotos: rem

Mit der Übernahme der bildhaften Münzprägung von den Griechen durch die phönikisch-punischen Städte Siziliens ist jedoch ein gewisser Grad an Hellenisierung zu erkennen. Er manifestiert sich vor allem darin, dass die Emittenten den Sinn ihrer Symbole griechisch denken und somit ihre vermeintliche Identitätsbeschreibung, als die man Münzbilder durchaus verschlüsselt sehen kann, gewissermaßen schon durch die griechische Brille sehen.

Was aber mit diesen beiden Teiluntersuchungen zusammenführend herausgestellt werden kann ist, dass es Phänomene gibt, die pauschal einer „Gesellschaft" bzw. einer Identität originär zugeschrieben werden; bei genauerem Hinsehen offenbart sich allerdings, dass es Vorläufer, Umwandlungen und ganz offensichtlich Aushandlungen und identitätsverändernde Interaktionen über diese gibt, auch wenn solche Prozesse über Jahrhunderte andauern. Als ein solches Phänomen ist auch das Geld zu sehen, das mit seiner Wandlung vom Hacksilber zu geprägten Münzen – uns allen ist das im Zeitalter der auf elektronische Ziffern transformierten Währungen bewusst – nicht die letzte Wandlung in der Geschichte der ökonomischen und kulturellen Interaktion von Gesellschaften durchlief.

1 Arist. NE, 1133a.

2 Alle weiteren Zeitangaben beziehen sich, soweit nicht anders vermerkt, auf die vorchristliche Zeit.

3 M. E. Aubet: The Phoenicians and the West. Politics, Colonies and Trade, Cambridge 2001, S. 138.

4 Hdt., 1,94.

5 C. Howgego: Geld in der Antiken Welt. Was Münzen über Geschichte verraten, Darmstadt 2000, S.2f.

6 Bspw. E. Stern: The Silver Hoard from Tel Dor, in: M.S. Balmuth (Hrsg.): Hacksilber to Coinage: New Insights into the Monetary History of Near East and Greece, New York 2001, S.19-26; S. Gitin and A. Golani: The Tel Miqne-Ekron Silver Hoards: The Assyrian and Phoenician Connections, in: Ebd., S.27-48.

7 Bspw. C. M. Thompson: Sealed Silver in Iron Age Cisjordan and the 'Invention' of Coinage, in: Oxford Journal of Archaeology 22/1 (2003), S. 67-107.

8 K. A. Raaflaub: Zwischen Ost und West: Phönizische Einflüsse auf die griechische Polisbildung?, in: R. Rollinger und C. Ulf (Hrsg.): Griechische Archaik: Innere Entwicklungen – externe Impulse, Innsbruck 2004, S. 271-289.

9 B. Patzeck: Griechen und Phöniker in homerischer Zeit. Fernhandel und der orientalische Einfluß auf die frühgriechische Kultur, in:

Münstersche Beiträge zur antiken Handelgeschichte 15 (1996), S. 1-32.

10 J. H. Kroll: Observations on Monetary Instruments in Pre-Coinage Greece, in: Balmuth, Hacksilber to Coinage, S. 77-91; ders.: The Monetary Use of Weighed Bullion in Archaic Greece, in: W. Harris (Hrsg.): The Monetary Systems of the Greeks and Romans, New York 2008, S. 12-37; ders.: Money of the Greeks and their Near Eastern neighbors before the advent of coinage, and after, in: M. Paz Gracía-Bellido et al. (Hrsg.): Barter, Money and Coinage in the Ancient Mediterranean (10th-1st centuries BC), Madrid 2011, S. 15-23.

11 Howgego, Geld, S. 2.

12 Nach den von U. Gotter: Akkulturation als Methodenproblem der historischen Wissenschaften, in: W. Eßbach (Hrsg.): wir/ihr/sie. Identität und Alterität in Theorie und Methode, 2001, S. 373-406 an Akkulturationsuntersuchungen anzulegenden Kriterien dürfte hier im engsten Sinne keine Frage nach Identitätswandel vorgenommen werden. In Ermangelung praktikablerer Begrifflichkeiten kann dem aber nicht voll entsprochen werden.

13 W. Burkert: Die Griechen und der Orient, München 2003, S.19.

14 J. Gerber: Art. „Hellenisierung", in: DNP online, http://referenceworks.brillonline.com/entries/der-neue-pauly/hellenisierung-e506840 (10.08.2015).

15 Arist. Pol, 1257a/b.

16 Aubet, Phoenicians, S. 138f.

17 Hdt. III, 96.

18 Thompson, Sealed Silver, passim.

19 Stern, Silver Hoard from Tel Dor, S. 22f., 25.

20 Thompson, Sealed Silver, S.75.

21 Thompson, Sealed Silver, S.96.

22 Gen, 23, 9-16.

23 Ex 38,24.

24 Ez 45,12.

25 Howgego, Geld, S. 3.

26 Patzek, Griechen und Phöniker in homerischer Zeit, passim.

27 Arist. Pol, 1257a.

28 Kroll (2001), Monetary Instruments in pre-coinage Greece, S. 77.

29 Kroll (2011), Money oft he Greeks, S. 18.

30 D. M. Schaps: The Conceptual Prehistory of Money and Ist Impact on the Greek Economy, in Balmuth, Hacksilber to Coinage, S. 93-104, hier S. 100.

31 Thuk. 6, 3f.

32 Paus. V, 7, 3.

33 A. J. Domínguez: Greeks in Sicily, in: Greek Colonisation. An account of Greek Colonies and other settlements overseas, Bd.1, hrsg. v. G. R. Tsetskhladze, Leiden 2006, S. 292, 296.

34 V. Reinhardt und M. Sommer: Sizilien. Eine Geschichte von den Anfängen bis heute, Darmstadt 2010, S. 44f.

35 M. I. Finley, D. M. Smith und C. Duggan: Geschichte Siziliens und der Sizilianer, übers. v. K. Brodersen, München[3] 2006, S. 19f.

36 H. G. Niemeyer: The Phoenicians in the Mediterranean. Between Expansion and Colonisation: A non-greek model of overseas settlement and presence, in: Greek Colonisation. An account of Greek Colonies and other settlements overseas, Bd.1, hrsg. v. G.R. Tsetskhladze, Leiden 2006, S. 162.

37 Thuk., VI, 2.

38 S. Ritter: Bildkontakte. Götter und Heroen in der Bildsprache griechischer Münzen des 4. Jahrhunderts v. Chr., Berlin 2002, S. 16.

39 Ritter, Bildkontakte, S.18.

40 Nach wie vor muss hier mit der Begrifflichkeit G.K. Jenkins: Coins of Punic Sicily, Nachdruck aus der Schweizerischen Numismatischen Rundschau, Zürich 1997 gearbeitet werden, die auf vier Aufsätzen aus den Jahren 1971-1978 beruht. Für die frühe Phase ist vor allem auf den ersten Teil hinzuweisen.

41 J. R. W. Prag: Poenus plane est – but who were the 'Punickes'? Papers of the British School at Rome 74, London 2006, 1-37, hier S. 6.

42 J.R.W. Prag: Siculo-Punic Coinage and Siculo-Punic Interactions, in: Bollettino di Archeologia online, Volume Speciale, Rom 2008, URL:http://151.12.58.75/archeologia/bao_document/articoli/2_PRAG.pdf (20.08.2015).

43 Jenkins III S.22; Taf. 18,229.

Küchengeschichten aus dem Mannheimer Schloss

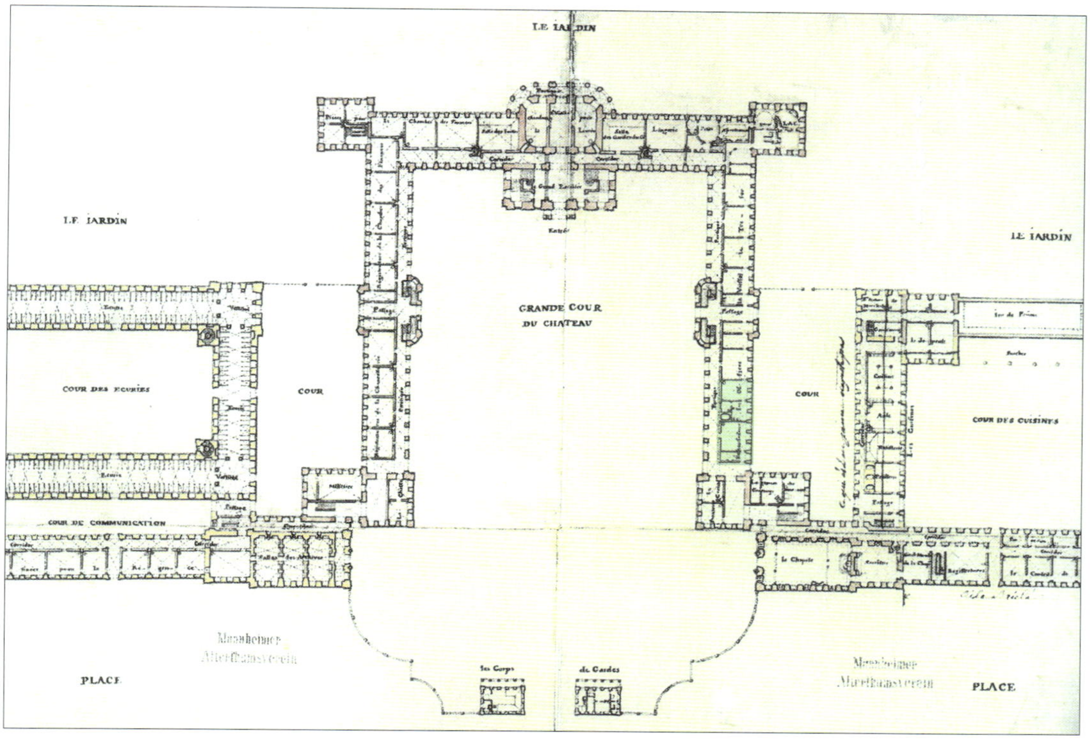

Abb. 1
Mannheim, Schloss
Grundriss des Erdgeschosses nach Plänen von Nicolas de Pigage 1750/51
Es handelt sich im Folgenden um die grün markierten vier Räume im rechten Flügel.
rem, Kunst- und Kulturgeschichte

Die Universität Mannheim plant die Errichtung eines Studien- und Konferenzzentrums in Räumen des Westflügels im Schloss (Abb. 1). Da die Hörsäle in großer Tiefe untergebracht werden sollen, wurden (bau-)archäologische Untersuchungen notwendig. Sie erbrachten in einem ersten Bauabschnitt die größte je in Mannheim geborgene Fundmenge „dorfzeitlicher" Objekte, Tongefäßscherben und Eisenschlacken von der Karolingerzeit (8./9. Jahrhundert) bis ins Spätmittelalter (13./14. Jahrhundert). Objekte aus der Gründungszeit des Dorfes „mannenheim" (1. Hälfte 6./7. Jahrhundert) dagegen fehlten.

Die weiteren Ergebnisse der archäologischen Begleitung im Überblick

Raum 1 (V nach Plänen von J. C. Froimon 1725 und Nicolas de Pigage 1750/51; 243 [1919])

Der 8,6 m lange und 6,2 m große Raum besitzt an seiner Nordwestseite zwei Fensterachsen. Eine an der Südostseite ursprünglich vorhandene Tür hinaus in den Arkadengang wurde nach 1960 auf ein Fenster zurückgebaut, das Fenster wurde vergittert. An den Sandsteinportalen haben sich Löcher für Stützkegel der Tür erhalten.

Der älteste nachweisbare Fußboden (18. Jahrhundert) hat aus Sandsteinplatten bestanden, die in Reihen unterschiedlicher Breite im Mörtelbett verlegt waren (Abb. 2), sechs verschiedene Breiten wurden verwendet. Einige Platten tragen römische Ziffern von I-VI. An wenigen Stellen hat sich eine Mörtelschicht auf den Platten erhalten. Darin befanden sich Abdrücke von Schuhen mit genagelten Sohlen (Abb. 3). Manche wiesen Kantennägel auf, solche wurden erst ab der Mitte des 19. Jahrhunderts verwendet.[1] Die Schuhgrößen legen nahe, dass sich auch Kinder im Mörtel verewigt haben. Von einem jüngeren Fußboden waren nur Hohlräu-

Abb. 2
Mannheim, Schloss
Raum 1
1 Heizungsschächte (20. Jahrhundert)
2 Fußboden aus Sandsteinplatten
3 Mörtelreste mit Schuhabdrücken
4 Ziegelfüllung zwischen Lagerhölzern der Fußbodenphase 2
5 Stufen zum Ausgang in die Arkaden

Abb. 3 (links oben)
Mannheim, Schloss
Raum 1
Mörtelreste mit Schuhabdrücken
A, B und C sind einzelne, gut erhaltene Abdrücke, 13 eine Befundnummer.

Abb. 4 (links unten)
Mannheim, Schloss
Raum 1
1 Schacht
2 Kanal aus Ziegelsteinen mit teilweise erhaltenem Gewölbe

Abb. 5 (rechts)
Mannheim, Schloss
Raum 2
1 Fundament des Backofens
2 Schornstein

me von ehemals verlegten Lagerhölzern sowie eine Lage Ziegelsteine erhalten. Die Lagerhölzer für den Dielenboden darüber (nicht erhalten) maßen 6 x 6 cm bzw. 6 x 8 cm. Sie waren beidseitig von starken Nägeln fixiert worden. Die Abstände der einzelnen Lagerhölzer voneinander betrugen 0,65-0,7 m. Der jüngste Fußboden lag auf einem Estrich, der eine verdichtete Kiesschicht als Feuchtigkeitssperre und Wärmedämmung abdeckte.

In der Südwestecke des Raumes hatte man im 18. Jahrhundert für einen Abwasserschacht von einem Meter Länge, 0,7 m Breite und 0,8 m Tiefe ein Loch in das Außenfundament gebrochen und an zwei Seiten vermauert. Der Abfluss führte nach außen. Diagonal durch den Raum verlief ein 0,8 m breiter, 1,5 m tiefer und auf einer Länge ca. 3,5 m freigelegter, tonnengewölbter Kanal aus Ziegelsteinen (Abb. 4), er stammt aus dem 18. Jahrhundert. Bei Ausgrabungen in den Jahren 2006/2007 ist die Fortsetzung dieses Kanals im Ehrenhof dokumentiert worden. Um das Jahr 1955 sind entlang der nordwestlichen Fensterseite wenige Dezimeter hohe Heizungsschächte aus gelochten Ziegeln gemauert worden. Auf der gegenüberliegenden Seite hatte man 1960 einen ca. 9,6 m^2 großen Raum für die Aufstellung von Gleichrichtern und Stromversorgern abgetrennt. Die technischen Geräte hatten auf mehrlagigen Ziegelfundamenten gestanden.

Nach der schriftlichen Überlieferung war dieser Raum im 18. Jahrhundert eine Küche; für 1804 ist die Bezeichnung „Alte Küche modò Speisekammer" überliefert; für 1814 und 1820 der Begriff „Vorratskammer" (Wiese 2007, 278).

Raum 2 (W nach Froimon; 244 [1919]; 8,6 m x 6,54 m; Fläche 56,24 m^2)

In der Nordostecke befand sich das drei Meter mal 2,6 m große, 0,8 m starke Fundament für einen Backofen (Abb. 5). Die Rauchgase waren über einen Rauchfang in einen Schornstein geleitet worden. In einem Bauplan von Nicolas de Pigage von 1750/51 erkennt man an dieser Stelle eine Konstruktion mit ovalem Grundriss, die man als Backofen deuten kann (Abb. 6). Im frühen 19. Jahrhundert hatte man ihn durch einen Zugofen ersetzt, der als gemauerter Ofen von vorne beheizt wurde (Vorderlader). Er stand zum ehemaligen Backofen um 45 Grad verdreht in der Raumecke (Abb. 7). Die Standfläche umschloss eine verrußte Fläche von 0,8 m x 0,7 m.

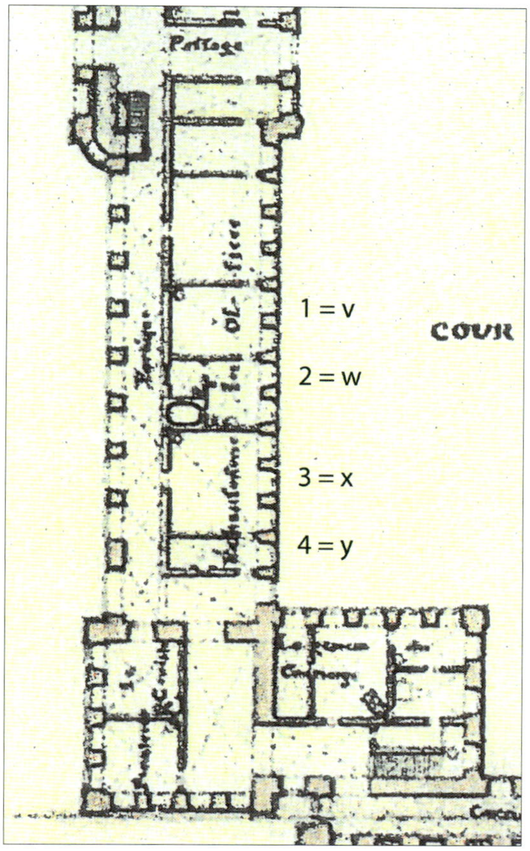

Abb. 6 (links)
Mannheim, Schloss
Raum 2
Grundrissplan von Pigage 1750/51 mit Ausstattungsdetails in den Räumen 1-4 (v, w, x, y) (Detail aus Abb. 1)
rem, Kunst- und Kulturgeschichte

Das kreisförmige Ofenloch im Schornstein befindet sich ca. 2,2 m über dem Fußboden aus Sandsteinplatten, diese hatten nach Nordwesten ein leichtes Gefälle. Im Bereich zwischen den Durchgangstüren waren die Platten sehr stark abgenutzt, was weniger auf häufiges Begehen als auf Oberflächenwasser zurückzuführen ist, das sich dort nach dem Nassreinigen des Backküchenbodens angesammelt hatte.

Dieser Raum hatte nach der schriftlichen Überlieferung bis 1820 die Funktion einer „Backküche" (Wiese 2007, 278).

Raum 3 (X nach Froimon; 245 [1919])

Der 9,9 m lange und 8,6 m breite Raum (Fläche 85,14 m²) besitzt an der Nordwestseite drei Fensterachsen. Anstelle des Fensters in der Wand gegenüber befand sich ursprünglich eine Tür zum Arkadengang, wie in Raum 1 ist sie vermauert worden. In der Südost-Ecke hatte auf dem Plattenboden aus Sandstein ein Kachelofen gestanden, der als Hinterlader vom Arkadengang aus beheizt wurde (Abb. 8). Der Ofen konnte nur indirekt durch die verrußte Innenwand sowie durch die mit Sandsteinen eingefasste, aber später vermauerte Öffnung in der Außenwand nachgewiesen werden. Im 19. Jahrhundert wurde der große Raum geteilt. Die Trennmauer besteht aus einem massiven Fundament aus Sandsteinbruch und bildete die Rückwand eines 8,6 m langen und 2,9 m breiten Raums mit unbekannter Funktion.

In der Südostecke, am Standort des ehemaligen Kachelofens, wurde ein 1,5 m langer und 1,8 m breiter Probeschnitt ca. 2,5 m tief in den Boden vorgenommen (Abb. 9). Damit sollte ein Einblick in den Schichtenaufbau gewonnen werden, um die folgenden archäologischen Arbeiten zeitlich kalkulieren zu können. Im Bodenprofil wurden nur Auffüllschichten aus Sand festgestellt, in die das archäologische Fundgut eingebettet war. Der Sand wurde vollständig gesiebt. Der Großteil der Funde besteht aus mittelalterlicher Gefäßkeramik (Abb. 10) und eisernen Schmiedeschlacken (Abb. 11). Die ältesten Stücke stammen aus der Karolingerzeit.[2] Eine Scherbe trägt eine charakteristische Stempelzier. Eine Randscherbe sowie drei Wandscherben gehören ins Hochmittelalter (10.-12. Jahrhundert), die meisten Scherben sind dem 13./14. Jahrhundert zuzuordnen. Der Anteil an Glasgefäßen aus dieser Zeit ist dagegen sehr gering, es überwiegen Teile von doppelko-

Abb. 7 (rechts oben)
Mannheim, Schloss
Raum 2
Standort des Kachelofens als Vorderlader

Abb. 8 (rechts unten)
Mannheim, Schloss
Raum 3
1 Zusetzung der Durchgangstür
2 Fußboden aus Sandsteinplatten
3 Fundament
4 Standort des Kachelofens

nischen Flaschen. Zerbrochene Ofenkacheln sind ebenfalls im Fundgut vertreten. Darunter befinden sich auch glasierte Stücke mit zeittypischem Dekor aus dem 14./15. Jahrhundert. Die jüngsten Funde gehören bereits der barocken Epoche an. Es handelt sich um Tellerfragmente mit Malhorndekor sowie um Tonpfeifenfragmente. Eines von ihnen trägt die Umschrift „AИO 1688" und wurde in einer Werkstatt der damaligen Kurpfalz produziert.

Wie kommen diese stadtgeschichtlich bedeutenden Objekte an diese Stelle? Vermutlich wurden sie zusammen mit der Erde aus dem Aushub der Baugrube für den Westflügel zunächst auf Halde seitlich gelagert und später bei der Verfüllung der Baugrube wieder mit eingebracht. Man kann annehmen, dass die Funde aus einem Siedlungszusammenhang stammten, der beim Bau des Westflügels zerstört wurde.

Für diesen Raum sind in den Schriftquellen folgende Begriffe überliefert: 1750 „Echardonerie", 1804 „Spülküche", 1814 „Kleine Spülküche".

Raum 4 (Y nach Froimon; 249 [1919])

Das Sandsteinportal der Tür zu Raum 3 (8.6 m x 2,83 m; Fläche 24,3 m²) wies außer einer vollständigen Abfolge von Putz- und Farbfassungen auch die bauzeitlichen Stützkegel für die zweiflügelige Durchgangstür auf (Abb. 12, 13). In der zweiten Hälfte des 18. Jahrhunderts wurde die Funktion des Raumes verändert. Man entfernte die Türen und vermauerte den Durchgang mit großformatigen Ziegelsteinen (Abb. 14). Diese wurden verputzt und mit grauer Farbe gefasst. Diese Baumaßnahme begann nach 1750/51, da der Durchgang in den Plänen von Pigage noch geöffnet war.

Die Schriftquellen überliefern folgende Raumfunktionen: 1746 „Kleine Mundküche", 1804/14/20 „Mundküche".

In den vier untersuchten Räumen lieferten die Innenseiten der Türeinfassungen Hinweise auf Farbfassungsabfolgen, die die Farbdekoration im gesamten 18. Jahrhundert charakterisieren. Es wurden historische Überarbeitungsphasen festgestellt, die mit Eingriffen in den Putz auch bauliche Veränderungen mit sich brachten. Diese beziehen sich nicht nur auf die Türdurchgänge, sondern auch auf

Abb. 9 (oben)
Mannheim, Schloss
Raum 3
Blick in die Sondage auf die Verfüllungen der Fundamentgräben (Befundnummer 32, 45), anstehender Sand (Nr. 49)

Abb. 10 (Mitte)
Mannheim, Schloss
Fundauswahl Keramik
1 Karolingerzeit
2 Hochmittelalter
3, 4 und 5 Keramik, Glas, Ofenkacheln aus dem Spätmittelalter
6 Tonpfeifen, Kalksteinkugeln, Bleikugel aus dem 17./18. Jahrhundert

Abb. 11 (unten)
Mannheim, Schloss
Eisenschlacken aus dem Mittelalter

Veränderungen von Beheizungssystemen sowie auf Anpassungen von Bodenbelägen an die entsprechenden Bodenniveaus. Es erscheint möglich, Dekorationssysteme an Wandflächen zu definieren.[3]

Man darf darauf gespannt sein, welche weiteren spannenden Geheimnisse der Schlossbau noch freigibt.[4]

Klaus Wirth

Abb. 12 (links oben)
Mannheim, Schloss
Raum 4
1 Durchgang zu Raum 3
2 Fußboden aus Sandsteinplatten
3 Sekundär verlegte Sandsteinplatten
4 Fundament aus Ziegelsteinen

Abb. 13 (rechts oben)
Mannheim, Schloss
Raum 4
Nach Entfernen der Zusetzung der Tür zu Raum 3 zeigen sich Farb- und Putzschichten aus dem gesamten 18. Jahrhundert sowie ein Stützkegel aus der Frühzeit des Westflügels.

Abb. 14 (echts unten)
Mannheim, Schloss
Raum 3
Vermauerung der Tür zu Raum 4 mit großformatigen Ziegelsteinen im Binderverband

1 Ein herzlicher Dank für viele sachdienliche Hinweise geht an Frank Becker, den Leiter der Mittelalterlichen Sammlung im Deutschen Schuhmuseum Hauenstein.

2 Die Bestimmung der keramischen Warenarten nahm Dr. Uwe Groß vor, Landesamt für Denkmalpflege im Regierungspräsidium Stuttgart.

3 Die sachliche Bewertung erfolgt durch die Arbeitsgemeinschaft Inge Kumlehn/Dr. Wilfried Maag, Sandhausen.

4 Mein besonderer Dank für die gute Zusammenarbeit und vielfältige Unterstützung gilt dem Amtsleiter Herrn Bernd Müller und Frau Tina Schwesinger, Vermögen und Bau Baden-Württemberg, Amt Mannheim und Heidelberg, Dienstsitz Mannheim. Darin einschließen möchte ich Frau Kerstin Högel, schneider + schumacher Planungsgesellschaft mbH sowie die Mitarbeiter der ausführenden Baufirma. Die Teilnehmer der Grabung waren Benedikt Stadler M.A., Angelika Bertram, Günter Held, Norbert Knopp, Sebastian Rehbein und Horst-W. Seifert.

Abb. 2 bis 5 und 7 bis 14
rem, Archäologische Denkmalpflege und Sammlungen

Literatur

Ferdinand Werner: Die kurfürstliche Residenz zu Mannheim, Worms 2006

W. Wiese: Grundrisse. Raumkonkordanzen. In: Staatliche Schlösser und Gärten Baden-Württemberg (Hrsg.), Krone der Kurpfalz. Barockschloss Mannheim. Geschichte und Ausstattung, Petersberg 2007, S. 266-267, 278

J. R. Wolf: Jean Clemens Froimon (um 1686 - 1741) und der Bau des Mannheimer Schlosses für Kurfürst Karl Philipp von der Pfalz. Ein unbekannter Rechenschaftsbericht. Mannheimer Geschichtsblätter N.F. 1, 1994, S. 109-180

Abb. 1
Yellow Plate
Sammlung mudac, Lausanne
František Vízner, 2003
Glas, formgeschmolzen, geschliffen, mattiert und poliert
© František Vízner
Foto: Sammlung mudac, Lausanne, Cedric Bregnard

Abb. 2
Von links nach rechts: Eva-Maria Günther, wissenschaftliche Kuratorin; Dr. Susanne Wichert, Direktorin der rem gGmbH; Alissa Gerber, Vertreterin der Familie Engelhorn; Stifterin Traudl Engelhorn; Chantal Prod'Hom, Direktorin des mudac Lausanne; Michael Grötsch, Bürgermeister für Wirtschaft, Arbeit, Soziales und Kultur und Prof. Dr. Alfried Wieczorek, Generaldirektor rem und rem gGmbH in der Ausstellung „ZART & RAU"
Foto: rem, Lina Kaluza

Abb. 3
Toró
Sammlung mudac, Lausanne
Pablo Picasso / Egidio Costantini, 1966
Fucina degli Angeli, Murano
Glas massiv, geformt, mit plastischen Aufschmelzungen
© Sucession Picasso / VG Bild-Kunst, Bonn 2015
Foto: Sammlung mudac, Lausanne, Claude Bornand

Eröffnung der Sonderausstellung „ZART & RAU – Neues Glas aus der Sammlung Peter und Traudl Engelhorn des mudac Mannheim"

Am 28. November 2015 wurde die Sonderausstellung „ZART & RAU" in den rem festlich eröffnet (Abb. 2). Anlässlich dieses Ereignisses konnte Prof. Wieczorek die Mäzenin Frau Traudl Engelhorn persönlich begrüßen. Die Ausstellung markiert den Anfang einer langjährigen Kooperation mit dem Musée de design et d'arts appliqués contemporains (mudac) in Lausanne. Diesem Museum übergab die Familie Engelhorn Anfang der 70er Jahre ihre bedeutende Sammlung zeitgenössischer Glaskunst.

Als Peter Engelhorn und seine Frau Traudl – beide schon immer begeistert vom Material Glas – mit dem Aufbau dieser Sammlung begannen, wurde ihnen schnell deutlich, dass dieser Werkstoff in Deutschland seinen Platz in der Kunst noch nicht gefunden hatte. Die noch junge Studioglas-Bewegung, die zu Beginn der 1960er Jahre parallel zu anderen „Aufbrüchen" in neue bildnerische Bereiche entstand und dem zähflüssigen, unendlich formbaren Werkstoff Glas neue Potenziale bildhauerischer Gestaltung erschloss, war, im Gegensatz zur Kunstszene in Amerika, in Europa relativ unbekannt. Die Künstlerinnen und Künstler hatten kaum ein Forum und das Publikum nur wenige Möglichkeiten, diese Form der Kunst kennen zu lernen. Mit großer Leidenschaft baute das Ehepaar Engelhorn seine Sammlung auf, aus deren Bestand die Ausstellung schöpft, einzelne Facetten der modernen Glaskunst vorstellt sowie verschiedene Entwicklungsschritte der Glaskunst präsentiert. Die Schau, in der sich Gefäßobjekte mit Unikatcharakter, Glaseditionen und Skulpturen finden, wobei die Ofentechniken ebenso vertreten sind wie Schliff und Gravur, wirft ein Schlaglicht auf die Glaskunstszene seit den 60er Jahren bis in die Gegenwart und ist insofern ein Spiegel der damaligen und heutigen Vorlieben und Orientierungen. Dabei stehen einzelne Künstler mit einem exemplarischen Werk im Zentrum, flankiert von ihren Künstlerkollegen. So entsteht ein „Schaufenster" der modernen Glasgeschichte, das einen ausgezeichneten Einblick in die verschiedenen Entwicklungsstufen bietet. Zwei Werke bilden das Entree: Picassos „Toró" und Vizners „Yellow Plate" (Abb. 3 und 1). Beide markieren den Anfang und die Gegenwart der Kunst in Glas. Picasso ließ seine Werke noch in Venedig von Glasbläsern auf der Basis einer Entwurfszeichnung fertigen, Vizner repräsentiert die Künstlergeneration danach, die selbst die Glasmasse gestaltet. Während der Stier aus Glaspaste eine recht raue Oberfläche aufweist, zeigt die gelbe Schale aufs Beste, wie zart und geschmeidig die Glasmasse bei entsprechender Bearbeitung wirken kann. Beide Objekte illustrieren die Bandbreite, in der sich die Erscheinung des exzeptionellen Werkstoffs Glas bewegt – ein Material zwischen zart und rau.

Doch warum Glas? Es ist das scheinbar Flüchtige und Vergängliche. Die Herausforderung des Materials, das nur im Augenblick der Verarbeitung dehnbar ist, in erhärtetem Zustand spröde und zerbrechlich. Ziel der ersten Ausstellung ist es, den Besuchern eine Vorstellung vom Facettenreichtum und der Bedeutung zeitgenössischer Glaskunst zu vermitteln und es ihnen zu ermöglichen, einzelne Kapitel dieser Geschichte zu ergründen. Ihnen soll der Zugang zu Meisterwerken aus der Sammlung Peter und Traudl Engelhorn eröffnet werden, ohne sie mit allzu viel Material zu erdrücken. Die Sonderausstellung gewährleistet ferner, dass die Objekte, die meist in den Magazinen den Blicken entzogen sind, gebührend ans Licht gelangen. Hauptanliegen ist es, zur Kontinuität in der Erfolgsgeschichte der Glassammlung beizutragen. Hierbei erfährt das Museum nach wie vor Unterstützung: einerseits von Frau Traudl Engelhorn, der an dieser Stelle ganz, ganz herzlich gedankt sei. Und andererseits durch die treffliche Kooperation mit dem mudac in Lausanne, dessen Direktorin Frau Chantal Prod'Hom, aber auch Herrn Prof. Alfried Wieczorek, Generaldirektor der rem, ein herzliches Dankeschön.

Eva-Maria Günther

Und auch in den Reiss-Engelhorn-Museen Mannheim ...

Schädel des erwachsenen Anatotitan mannheimensis („riesige Ente aus Mannheim")
Knochen
Das Kunstwerk entstand speziell zur Mannheimer Präsentation.
© interDuck

Mit „Die DUCKOMENTA – Weltgeschichte neu ENTdeckt" widmen sich die Reiss-Engelhorn-Museen erstmals einer faszinierenden, wenn auch bislang vollkommen unbekannten Zivilisation: den Anatiden. Parallel zu den Menschen hat sich diese Spezies bisher unauffällig in der Weltgeschichte verewigt. Die DUCKOMENTA bringt sie ans Licht der Öffentlichkeit.

Enten damals wie heute

Von der Zeit der Dinosaurier bis zur Mondlandung zeigen die Exponate die Geschichte der rätselhaften Zivilisation: Sie reichen von uralten archäologischen Zeugnissen wie der Venus von Willenduck und der berühmten Eisenten-Mumie Dötzi, geheimnisvollen ägyptischen Funden wie der Büste der Königin Duckfretete über bedeutende mittelalterliche Handschriften und herausragenden Gemälde wie die Mona Lisa bis zu Meilensteinen der Moderne.

Altbekanntes in neuem (Feder)Kleid

Die einzigartigen Ausstellungsstücke laden zu einem überraschenden Wiedersehen mit bekannten Kunst- und Kulturobjekten von Weltrang ein. Goethe, Sissi, Che Guevara – sie alle haben Pendants in der Welt der Anatiden, die uns auf eine Reise durch eine andere Weltgeschichte mitnehmen.

Der Siegeszug der Ente

Hinter der amüsanten Umdeutung unserere Weltgeschichte steht die Berliner Künstlergruppe interDuck, die sich seit 1986 in immer neuen Facetten dem Entenuniversum widmet. Die Ausstellungen führten zu begeisterten Reaktionen, schon mehrt als 1, 5 Millionen Besucher haben die DUCKOMENTA gesehen und Weltgeschichte neu ENTdeckt. Mit mehr als 300 Exponaten präsentierte sich im Museum Weltkulturen der rem die bisher größte DUCKOMENTA Deutschlands.

Duckaeopterix Lithographica
Fossil in Solnhofer Plattenkalk
© interDuck

Ausgestellt in der neuaufgestellten Antikensammlung der Reiss-Engelhorn-Museen im Zeughaus:
Weinkanne (Oinochoe) des Malers von Toronto 919.5.110
Korinth, um 630-620 v. Chr.
Ton, dunkelbrauner Malschlicker, rote, gelbe und weiße Deckfarbe
Die in Korinth gefertigte Kanne mit dem kleeblattförmigen Ausguss zeigt in der Bauchzone einen Tierfries: Zwei grasende Steinböcke, ein Löwe, zwei Panther, ein Stier und ein Damhirsch sind scheinbar friedlich nacheinander aufgereiht. Solche Tierfriese haben ihre Vorbilder in der Kunst des Vorderen Orients.
Foto: rem, Jean Christen

Impressum

Herausgeber
Hermann Wiegand
Alfried Wieczorek
Ulrich Nieß
Günter Eitenmüller

Inhaltliche Konzeption
Claudia Braun
Wilhelm Kreutz
Ulrich Nieß
Hermann Wiegand

Wissenschaftliche Redaktion
Wilhelm Kreutz
Christoph Popp
Luisa Reiblich
Hanspeter Rings

Lektorat
Luisa Reiblich
Jutta Hitzfeld

Graphische Gestaltung
Luisa Reiblich

Autoren
Stefan Bechtold
Constantin Beck M.A.
Dr. Hans-Jürgen Buderer
Julia Echner B.A.
Eva-Maria Günther M.A.
Stephanie Herrmann M.A.
Hans-Joachim Hirsch
Dr. Michael Kost
Dr. Martin Krauß
Andreas Krock M.A.
Dr. Christoph Lind
Anna-Maja Lyko B.A.
Dr. Ulrich Nieß
Dr. Hanspeter Rings
Dr. Monika Ryll
Lina Scholl
Dr. Karl-Robert Schütze
Dr. Harald Stockert
Sumeyya Soylu
Dr. Thorsten Westphal
Prof. Dr. Alfried Wieczorek
Dr. Klaus Wirth
Dr. Thomas Wirth
Lisa Wolter

Produktion
verlag regionalkultur,
Heidelberg – Ubstadt-Weiher
– Basel

Abbildungen
© Reiss-Engelhorn-Museen Mannheim (Fotografen Jean Christen, Carolin Breckle oder rem-Archiv), und Stadtarchiv Mannheim - Institut für Stadtgeschichte, wenn nicht ausdrücklich andere Rechteinhaber oder Fotografen benannt sind.

ISSN 0948-2784
ISBN 978-3-89735-952-9

Abbildung auf der Vorderseite:
Detail der „Lesenden", siehe Seite 109

Abbildung auf der Rückseite:
Weiblicher Kopf
Um 340 v. Chr.
Tarent?
Gelbbrauner Ton, gebrannt und bemalt
rem
Foto: rem, Jean Christen

Abbildung auf Seite 57:
Peter Anton von Verschaffelt
Jugendlicher Engel
Um 1737/38
Heller Rötel
rem, Graphische Sammlungen

Für Publikationsanfragen wenden Sie sich bitte an das Redaktionsteam in den rem:
Dr. Claudia Braun
Luisa Reiblich
Reiss-Engelhorn-Museen
D 5, Museum Weltkulturen
68159 Mannheim

Für unverlangt eingehende Manuskripte wird weder Haftung noch eine Publikationsgarantie übernommen.

Norbert Oberschmidt

Das Rad

Eine bewegte Geschichte

Das Rad ist eine der bedeutendsten Erfindungen der Menschheitsgeschichte. Aber wo liegen die Ursprünge des Rades? Wann wurde erstmals ein Rad benutzt? Wer hat es erfunden?
Dieses Buch beschreibt die Geschichte des Rades von den Anfängen und seine Entwicklung bis heute und legt seinen Schwerpunkt auf die Darstellung der wichtigsten technischen Entwicklungsschritte in der Automobilindustrie.

Hrsg. von der RONAL AG.
256 Seiten mit 395 Abb., 79 Diagrammen und Tabellen, fester Einband. ISBN 978-3-89735-869-0. € 24,80

Frank-Uwe Betz

Verfolgte · Widerständige · Ausgebeutete

Über die Nazizeit in der Region Schwetzingen – Hockenheim

Marie Schäfer aus Schwetzingen äußerte sich zur Zeit des Zweiten Weltkriegs couragiert gegen „Führer" und Krieg, wurde denunziert und von den Nazis in Berlin-Plötzensee hingerichtet. Es sind Fälle wie dieser, die das konkrete Funktionieren des NS-Regimes und Formen der Verfolgung exemplarisch verdeutlichen. Auch aus Schwetzingen, Hockenheim und den Gemeinden im Umland ist so von Mutigen zu berichten, die politischen Widerstand leisteten, sich widerständig und solidarisch verhielten.
Doch mehr noch ist auf das Leiden vieler Opfer der Nazis einzugehen. So geht es um die jüdischen Familien Adelsberger, Stern, Ohlhausen, die Eigentümer der Schwetzinger Zeitung, Moch, um „Gemeinschaftsfremde", „Euthanasie"-Opfer und die Ausbeutung von Zwangsarbeiter/innen auch in den Orten der Region.
Über fünfzig fundierte Beiträge über Gegebenheiten und Folgen des NS-Regimes „vor Ort" werden nun in diesem Buch dargelegt. Die meisten davon basieren auf Artikeln von Frank-Uwe Betz, die er in den vergangenen über zehn Jahren in der „Schwetzinger Zeitung" veröffentlichte, einige auf Zeitzeugen-Interviews mit jüdischen Verfolgten. Sie erhellen viele, oft lange verschwiegene Aspekte der NS-Stadt- und Ortsgeschichten.

Hrsg. von Frank-Uwe Betz und dem Arbeitskreis Freundliches Schwetzingen - Verein für regionale Zeitgeschichte e.V.
176 S. mit 72 Abb., Broschur. ISBN 978-3-89735-924-6. € 13,90

Rüdiger Lenz

Das Haus Baden auf Zwingenberg

Eine mittelalterliche Burg im Besitz einer Fürstenfamilie

Die herrliche Lage hoch oben über dem Neckar auf einem Bergsporn und der Charakter einer seit dem frühen 15. Jahrhundert unzerstörten und seitdem bewohnten Burg ziehen jeden Besucher in einen magischen Bann. Neben der Burg führt die berühmte Wolfsschlucht in das Mittelgebirge des Odenwaldes hinein, und die Zwingenberger Schlossfestspiele sind seit Jahrzehnten eine feste Größe im Kulturleben des Neckar-Odenwald-Kreises und darüber hinaus. Über die Geschichte der Burg Zwingenberg bis ins frühe 19. Jahrhundert gibt es eine Reihe von Veröffentlichungen. Weit weniger bekannt ist jedoch die jüngere Vergangenheit der Anlage, die sich seit 1808 im Eigentum der Grafen von Hochberg, der Markgrafen bzw. der Großherzöge von Baden befindet.
Das Werk von Dr. Rüdiger Lenz, dem Leiter des Kommunalen Verbundarchivs Eberbach, betritt mit dem Thema Neuland und ist damit zugleich ein Beitrag zur Erforschung der badischen Landesgeschichte. Denn Burg Zwingenberg war nicht nur Sitz von Angehörigen des Hauses Baden, sondern gleichzeitig auch Mittelpunkt einer Standesherrschaft im Großherzogtum.

Hrsg. vom Kreisarchiv des Neckar-Odenwald-Kreises.
Beiträge zur Geschichte des Neckar-Odenwald-Kreises, Bd. 6.
208 S. mit 85 farbigen Abb., fester Einband.
ISBN 978-3-89735-912-3. € 18,90

Jörg Koch

Bismarckdenkmäler und Bismarckgedenken am Oberrhein

Über die Nazizeit in der Region Schwetzingen – Hockenheim

Nein! Das macht Otto von Bismarck (1815–1898) so leicht keiner nach: Begründer des Deutschen Kaiserreiches (1871), 19 Jahre lang deutscher Reichskanzler, 28 Jahre preußischer Ministerpräsident, 40 Jahre lang Frieden in Mitteleuropa als Folge seiner geschickten, vorausschauenden Diplomatie, wegweisende Sozialgesetze für die Arbeiter im Deutschen Reich, aber auch – heute unverständlich – Kulturkampf gegen die Katholiken und Sozialistengesetze gegen die Sozialdemokratie. In der zeitgenössischen Beurteilung überwog das Positive seiner Politik und überall im Kaiserreich wurde eine unüberschaubare Zahl von Denkmälern zu seiner Verehrung und Würdigung erstellt, Schulen, Straßen und Plätze wurden nach ihm benannt.
Die vorliegende Darstellung beschreibt diese bronzenen und steinernen Zeugen wie auch andere Formen der Bismarck-Verehrung – Gedenkfeiern und die Verleihung der Ehrenbürgerwürde. Der renommierte Autor Jörg Koch stellt eine große Fülle von Beispielen in der Region am Oberrhein (zwischen Freiburg und Ingelheim) detailliert und anschaulich vor und zeigt, wie präsent der Name Bismarck noch heute ist.
Mit einem Vorwort von Vera Lengsfeld.

192 S. mit 77 überwiegend farbigen Abb., fester Einband.
ISBN 978-3-89735-877-5. EUR 19,90

verlag regionalkultur

versandkostenfrei für Endkunden innerhalb der Bundesrepublik Deutschland
Bahnhofstraße 2 • 76698 Ubstadt-Weiher • Tel. 07251 36703-0 • www.verlag-regionalkultur.de